縄文時代の歴史

山田康弘

講談社現代新書
2510

目次

はじめに

皆さんは縄文時代・文化というと、何をイメージされるだろうか。大型の建物が復元され、教科書にも掲載されている青森県の三内丸山《さんないまるやま》遺跡だろうか。それとも、炎のように大胆な装飾が施された縄文土器だろうか。あるいは大きなメガネをかけたような土偶《どぐう》だろうか。もちろんどれもが代表的なものではあるが、縄文時代・文化全体からみた場合、それらはごくごく一部に過ぎず、それだけで縄文時代・文化を語ることはできない。

本書は、このように多様で奥深い縄文時代・文化を知るために、手軽に読むことのできる概説書を目指したものである。そのためにできるだけわかりやすい叙述を心がけたつもりだが、通りいっぺんの初心者向け入門書ではなく、学術的にもそれなりのレベルを確保した一冊とするために、縄文時代・文化を理解する上でどうしても必要とされる考古学的な専門用語や概念、考古学独特の考え方についても本書では取り上げている。これらについては適宜、説明を加えたが、本書をより楽しんでいただくためには、あらかじめ読者の皆さんにも少々専門的な知識を持っていただいた方がよい。そこで、本書に出てくるさまざまな概念や、ベースとなる専門的知識について、最初にごく簡単にQ&Aの形でまとめてみた。本文に入る前に、ぜひともご一読いただきたい。

Q1：縄文時代・文化とはなにか？

A1：縄文文化とは、時間的に最も長く考えた場合、土器の出現（最も古い場合は約一万六五〇〇〇年前）から、灌漑《かんがい》水田稲作が開始されるまで（早くは三〇〇〇年ぐらい前、遅くとも約二四〇〇年前）の日本列島域において、狩猟・採集・漁労を主な生業とし、さまざまな動植物を利用し、土器や弓矢を使い、本格的な定住生活を始めた人々が残した、日本列島各地における文化群の総称である。このユニークな文化が展開した時期を、日本の歴史では縄文時代と呼ぶ。

Q2：縄文時代・文化は一万年以上も続いたのか？

A2：一見、数字の上ではそうなるが、縄文時代・文化にも大きな時期差・地域差があり、これを一つの時代・文化として取り扱うことは必ずしも適切ではない。私たち考古学研究者も、縄文時代・文化を一括して叙述するようなことはせず、いくつかの時期や地域に分割して研究を行うことが多い。なお、現在縄文時代は大きく次の六つの時期に区分されている。

草創期：一万六五〇〇年前〜一万一五〇〇年前頃（だいたい五〇〇〇年間）。縄文時代に先行する旧石器時代の文化から、A1で述べたような本格的な縄文時代の文化へと次第に移り変わっていく時期である。

早期：一万一五〇〇年前〜七〇〇〇年前頃（だいたい四五〇〇年間）。この時期には気候が急激に暖かくなったため海水面が上昇し、日本列島域における沿岸部の地形や自然環境が大きく変化した。日本列島域の各地では、新しい環境に適応して次第に定住生活が始まった。また、試行錯誤の結果、新しい自然環境における動植物の中から食べられるものが見つけ出され、食料の種類は以前よりも豊富になった。特に魚介類は、新たに食料の中に加えられたものも多く、それにより各地では貝塚《かいづか》が形成されるようになる。縄文文化の基礎がつくられた時期として理解できるだろう。

前期：七〇〇〇年前〜五四七〇年前頃（だいたい一五三〇年間）。気候が最も温暖化し、関東地方では海が現在の栃木県栃木市《とちぎ》あたりまで大きく入り込んでいた時期にあたる。この時期の海水面の上昇を縄文海進《じようもんかいしん》と言う。台地の上を居住地点として、規模の大きな集落がつくられた一方で、台地に隣接する低地の開発が進み、水場（飲料水を得るだけでなく、ドングリなどの堅果類《けんか るい》のアク抜きなど水を利用したさまざまな作業を行う場所）として利用されることも多くなった。ウルシの利用も本格化するなど、さまざまな植物利用が行われるようになる。遺跡数、ひいては人口も増加し、早期の文化を発展継承して、縄文文化が大きく花開いた時期でもある。

中期：五四七〇年前～四四二〇年前頃（だいたい一〇五〇年間）。地域によっては一〇〇棟以上の住居からなる大型の集落が形成されたとともに、人口数も全国で二六万人を超え、最も多くなった時期である。前期までの発展をさらに拡大させていく時期でもあり、縄文文化の高揚期である。一般に縄文土器として紹介されることが多い、派手で大ぶりな文様《もんよう》が付けられた土器や、国宝の土偶「縄文のビーナス」のように妊婦を模している土偶の多くはこの時期につくられた。一般書や雑誌などに縄文文化を代表する時期として取り上げられることも多く、縄文時代のイメージを形作っている時期でもある。

後期：四四二〇年前～三二二〇年前頃（だいたい一二〇〇年間）。中期の終末から後期の最初の頃に、気候的に冷涼となる時期があり、これによって中期までの集落のあり方や墓のあり方、社会構造や精神文化などが変化を起こした。そのために縄文文化の変容期とされる時期である。後期後半には北海道や東北地方北部などで、特別な墓がつくられるなど、従来のイメージにあるような単純な平等社会とはやや異なった状況がみられるようになる。

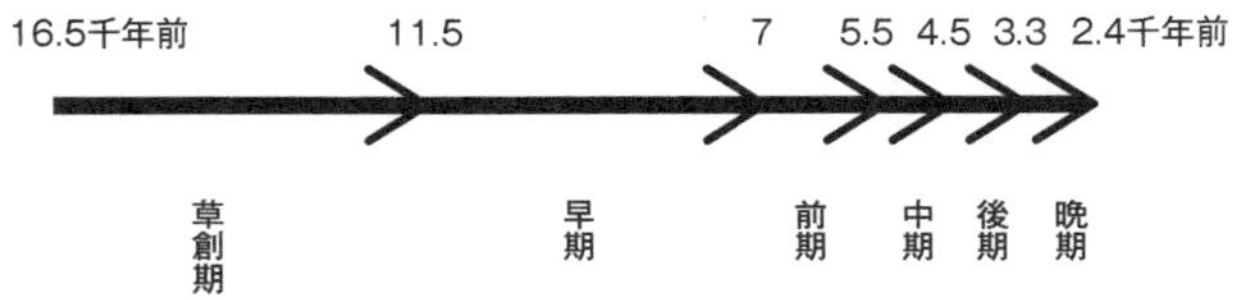

図1　縄文時代各時期の長さのイメージ

晩期：三二二〇年前〜二三五〇年前頃（だいたい八七〇年間）。東北地方において、精巧な亀《かめ》ヶ岡《おか》式土器や遮光器《しゃこうき》土《ど》偶《ぐう》を生み出した亀ヶ岡文化が発達した時期のことを、日本列島域一律に縄文時代晩期と呼んでいる。ただし、九州においては三〇〇〇年くらい前から灌漑水田稲作が開始されるため、晩期の期間は二〇〇年程度しかない。弥生時代・文化との連続性をめぐってさまざまな議論が行われている時期である。

年代については最新の研究を参照したが（小林二〇〇八）、さまざまな議論が存在するので（たとえば最古の土器の年代など）、あくまでも大体の目安として捉えてほしい。これら各時期の年代幅を矢印の長さで表現すると、図1のようになる。これをみてもわかるように、縄文時代の時間幅の約三分の二は草創期と早期が占め、前期以降の期間は全体の三分の一ほどの時間幅しかない。したがって、あたかも縄文文化の代表例として取り上げられることが多い中期の火《か》焔型《えんがた》土器や、晩期の遮光器土偶は、縄文時代の後葉三分の一の時間における一時的なものに過ぎないことになる。このような縄文文化の変遷を陸上のトラック競技にたとえるならば、草創期という長い助走があったあと、早期で次第にピッチをあげていき、前期・中期（ここで一息ついて）・後期・晩期と一気に加速して駆け抜けていくようなイメージになるだろうか。

ただし、このような動向をよりダイナミックに叙述するには、以下の四時期区分の方がよいのではないかと、私は考えている。すなわち本書では、草創期を旧石器時代から縄文時代への移行期としてのⅠ期、早期を定住生活の確立、そして縄文文化の確立期としてのⅡ期、前期・中期を縄文文化の発展・社会複雑化の開始・進展期としてⅢ期、後期・晩期を、中期末から後期初頭の社会変質期を経ての社会複雑化の発達・脈動期としてⅣ期に区分し、これを章立てとしたい。

Q3：縄文時代は日本にしかないのか？

A3：縄文時代という時代区分は、日本の歴史という一国史的観点から設定されたものであり、当然ながら日本にしか存在しない。これを世界史の区分と比較すると、およそ次のようになる。

世界史的には文字が使用されていない時代（これを先史時代と言う）のうち、多くの道具を石でつくった石器時代（青銅でつくれば青銅器時代、鉄でつくれば鉄器時代となる）は、大きく旧石器時代と新石器時代に分けることができる。旧石器時代は、石を打ち欠いてつくった打製《だせい》石器を主に使用する時代で、新石器時代とは打製石器に加えて、石を磨いて刃部をつくり出すなどした磨製《ませい》石器を中心に使う時代のことである。

縄文時代では、石鏃《せきぞく》（矢じり）や石匙《せきひ》（万能ナイフ）などの鋭い刃物類には打製石器を用いたが、石斧《せきふ》（樹木伐採用の斧《おの》）や石皿《いしざら》（堅果類をすりつぶす臼《うす》）の他、石棒《せきぼう》や石冠《せっかん》などの呪術具に磨製石器を多く使用している。その意味では、縄文時代は新石器時代に含まれる。しかしながら、ヨーロッパやアジア大陸では、新石器時代に農耕や牧畜が起こり、その後の社会も大きく発展したことから、これを「新石器革命」と呼んで、この時代を特別視することがある。その基準からすると、縄文時代には確実な農耕や牧畜の存在が確認されていないため、新石器時代にはあたらないことになってしまう。

しかし本書で述べるように、縄文文化には一メートルにも及ぶ柱材を使用するような大型建物をつくる建築技術があり、クリ林の管理や漆《うるし》工芸などをはじめとするきわめてすぐれた植物利用技術があり、各地の環状列石《かんじょうれっせき》（ストーンサークル）や土偶などに見られるように複雑な精神文化があった。農耕・牧畜はなくとも、十分に「新石器革命」に比肩できる内容を持っており、むしろ日本列島域に展開したユニークな新石器時代として捉えるべきと、私は考えている。その一方で、縄文は縄文で世界に誇るべき特別な文化であり、新石器時代の枠組みに無理矢理入れて考える必要もないのではとも考えている。
次に縄文文化を理解するにあたって、ぜひ基礎的知識として知っておいていただきたい具体的な文化内容について記しておこう。

Q4：縄文時代の家や集落はどんなものだったのか？

A4：当時の人々は、基本的には地面を掘りくぼめた竪穴式住居《たてあなしきじゅうきょ》（最近では式を抜いて竪穴住居と呼ばれることもある。この他、用途を住居と限定せずに竪穴建物と呼ぶこともある）の中で寝起きしていたようだ。また、発掘調査では四角形や六角形に配置された柱の痕（柱穴）しか見つからないので掘立柱《ほったてばしら》建物跡と呼ばれるが、これも多くは地面を掘りくぼめない平地式の住居であったと考えられている。
したがって、縄文時代の住居には竪穴式と平地式の二種類があったことになる。これが季節や用途などによって使い分けられていたのかどうかという点についてはまだ解明されていないが、縄文時代の後半に平地式住居の数が多くなるという傾向が見られることは確かである。しかしながら、掘立柱建物跡の中には高床式《たかゆかしき》の倉庫であった可能性のあるものもあり、一律に掘立柱建物跡＝平地式住居跡とすることはできず、発掘調査時における慎重な判断が必要とされる。

集落に関しては、その規模や構成などを含め時期差・地域差が非常に大きかったことがわかっている。たとえば、中期の関東地方では、全時期合計で一〇〇棟を超える数の竪穴式住居跡が円形（環状）に配置された大規模な環状《かんじょうしゅうらく》集落が目立つが、同じ時期の西日本には住居跡が数棟しかない小規模な集落が多い。しかし、縄文時代全体を眺めると、本来的にはこのような小規模な集落の方こそが一般的であり、大規模な環状集落の方がむしろ特殊なものであったこともわかっている。

Q5：縄文時代の墓はどんなものだったのか？

A5：縄文時代の墓にはいろいろなものがあった。代表的なものは、地面を掘りくぼめただけの土坑墓《どこうぼ》と呼ばれるものである。また、土坑墓の墓穴の中や上に石を何個も置いた配《はい》石墓《せきぼ》と呼ばれるものもある。東北地方などに見られる環状列石は、この配石墓がいくつも集まってできたものである場合が多い。この他、一度、遺体を骨にして再び埋葬を行った、複葬（再葬）例も確認されている。基本的には大人も子どもも同じような墓に埋葬されたが、産まれてすぐに亡くなった子どもは特別に土器の中に入れて埋葬されることもあった。また、大人の骨を土器の中に入れて再埋葬することもあった。このようなものを土《ど》器《き》棺墓《かんぼ》と言う。

集落内において墓が地点的に集まっている場所を墓域と言う。また、集落とは完全に分離されて、墓だけで遺跡ができている場合、これを墓地と呼ぶ。規模の大きな墓域や墓地の場合、その内部にさらにいくつかの墓が集中する地点が存在することがある。このような墓の集中地点を埋葬小群と呼び、三世代くらいにわたる家族の埋葬地点であったと推定されている。

Q6：縄文時代の人々はどんなものを食べていたのか？

A6：縄文時代の人々は、自然から集めることのできる食物は、何でも食べていたようだ。しかし、その量はクリやクルミ、トチ、ドングリなどの堅果類や、シカ・イノシシといった陸獣、タイ・スズキ・サケといった魚類など特定の種類のものに偏る傾向がある。このような食料をメジャー・フードと言う。また、山間部と沿岸部などのように自然環境の差によって、メジャー・フードの内容が各地で異なっていたこともわかっている。

縄文時代の人々の食事を復元してみると、炭水化物やタンパク質などについては栄養学的にも十分足りることがわかってきたが、味覚的にはどうしても甘みが足らない。そのため、おそらくアケビやコクワ(サルナシ)、ヤマブドウなどといった野山の果実類やハチミツなどを好んで食べていたことだろう。さらには、カミキリムシの幼虫などを対象とした昆虫食も行われていたようである。また、ニワトコの種が多量に捨てられていたような事例も見つかっており、これは果実酒をつくる際にでた搾《しぼ》りかすではないかとの説もある。果実酒が飲まれていた可能性は高いが、日常的な飲酒ができるほど生産量が多かったとは考えられず、おそらくは儀礼や祭祀《さいし》用だったと思われる。

集めた食料は、もちろん鮮度の高いうちにも食べただろうが、多くの場合はいろいろな形で加工され、保存された。ドングリなどの堅果類は、地面に穴を掘ってつくった貯蔵穴に入れて保存したり、あるいはカゴなどに入れて、住居の中につくられた棚の上に置いたりしていた。また、西日本では小川の側など、地下水位の高いところに貯蔵穴をつくり、わざと堅果類を水漬けにしていたところもある。このような貯蔵穴を低地型貯蔵穴と呼ぶ。おそらくは実についていた虫を殺したり、水溶性のアクを少しでも除去するためのものであったと思われる。

ハマグリなどの貝類は、いったん煮てから干し貝などの加工食品にしていたようだし、一度に大量にとることのできるサケやマスなどの魚類や、シカ・イノシシなどの肉類も多くは干し魚や干し肉、燻製《くんせい》といった形で保存食品にしていたらしい。このような保存用の加工食品は、住居の中や高床式の倉庫のようなところで保管されていたようだ。

このように、縄文時代の人々はとれた食べ物をその日のうちに食べ尽くしてしまうような「その日暮らし」の生活をしていたのではなく、採取したものを一年間を通じて食べ続けることができるようにさまざまな工夫をし、計画的に消費を行っていた。ただし、これらの保存された食料も、貯蔵された期間は一年程度であったろう。基本的に自家消費する分には次の採取時期まで持てばよいのであって、もし余剰が出た場合には祭祀時の饗宴（宴会）などによって消費されたと思われる。

Q７：縄文時代に農耕はあったのか？

A７：最近の研究では、縄文時代にもダイズやアズキなどのマメ類がつくられていたことが明らかにされている。これをもって縄文時代に農耕があったと断定する論調があるが、私にはかなり違和感がある。まずは当時の食生活におけるマメ類の比率がどれだけのものであったのか、メジャー・フードたりえたのかを考える必要があるだろう。また、農耕の存在を証明するためには、耕作地点（畑）の痕跡を探し、その検討を行うことが不可欠だが、縄文時代の畑はまだ見つかっていない。したがって、現在の研究段階ではまだ作物の確定ができただけで、農耕の存在を証明できてはいない。さらに、このようなマメ類が縄文時代の関東や中部地方における大型集落を支えたとする説もあるが、それについても現状では証拠不十分な仮説の域を出ていないと言えよう。

Q8：縄文時代の交易はどんなものだったのか？

A8：縄文時代の人々は、ヒスイやコハク、黒曜石《こくようせき》やアスファルトなど、産出地が限定される有用な物資を遠くにまで運んでいく遠隔地交易を行っていた。また、加工された干し貝や干し魚、塩などは内陸部の集落にも運ばれ、物資の交換が行われた。この他、石鏃や磨製石斧などの石器類、貝輪《かいわ》（貝製腕飾り）や土製耳飾り、そして漆器なども交易の対象となった。このような交易を行うことができた理由としては、当時すでに集落間に張り巡らされた高度な物流ネットワークが存在していたためと推定されている。このネットワークは交易だけでなく、婚姻や祭祀などさまざまな情報交換の際にも活用され、当時の社会に大きな影響を与えていたと考えられる。縄文時代の集落を維持していくためには、このネットワークに「つながっている」ことが非常に重要であった。

Q9：縄文時代の社会構造はどんなものだったのか？

A9：縄文時代の社会は、集落間におけるネットワークによって支えられていたが、これを新規に構築したり、維持したりするために結婚が社会制度として利用されていたようだ。結婚によって他の集団との関係を開拓ないしは維持するためには、外婚制《がいこんせい》を採ることが普通である。外婚制とは、結婚相手を自分の帰属する集団以外から求める婚姻制度のことを言う。また、この外婚の単位となる集団のことを出自集団と言う。結婚した一組の夫婦はそれぞれの出自集団が異なることになり、このようなカップリングが二つの出自集団を、ひいてはお互いの出身集落を結びつけていた。

縄文時代の人々はこのような婚姻関係を周辺、あるいは遠隔地の集団・集落と取り結ぶことによってネットワークを張り巡らせていった。したがって、出自集団同士の関係に重きを置かないような、現代的な自由恋愛による結婚は、まずありえない。また、婚姻関係がこのような社会維持機能を備えているのであれば、一夫一妻制を基本としつつも一夫多妻制などの複婚制を採っていた方が、より多くの関係を取り結べることになるので都合がよいだろう。

人口が絶対的に少ない縄文時代においては、人材の有無が直接、集団・集落の盛衰に関わるため、結婚後に夫婦が妻と夫のどちらの集落に住むのかが非常に大きな意味を持っていた。夫方の集落に住むことを夫方居住婚《おっとがたきょじゅうこん》、妻方の集落に住むことを妻方《つまがた》居住婚と言う。一般に夫方居住婚の場合には父系的な社会を、妻方居住婚の場合には母系的な社会を営んでいることが多い。私は、縄文時代の当初から前期くらいまでの時期には母系的な社会が存在し、これを基礎として中期以降には、父系的ないしは選択的居住婚による双系《そうけい》的な社会が営まれていた地域もあったと考えている（山田二〇〇八）。このような母系社会から父系社会への移行は、歴史学において一九世紀以来、長らく検討されてきたテーマであり、現在においてもなお重要な研究課題である。
また、縄文時代の社会はこれまで平等なものであったと言われてきたが、最近の研究では北海道や東北地方の一部には、縄文時代の後半に階層社会が出現した可能性も指摘されている。ただし、このような状況は長期にわたって継続はしなかったようで、一時的に階層社会が出現したものの、その後になると再び等質的な社会へと戻ってしまったようだ。縄文時代の社会は、右肩上がりで発展していく社会とは異なる道を進んだのである。

Q10：縄文時代に戦争はなかったのか？

A10：まず、この問いに答えるためには、戦争の定義をはっきりさせる必要がある。戦争を「軍隊と軍隊とが兵器をもちいて争うこと。特に国家が他国に対し、自己の目的を達するために武力を行使する闘争状態」と定義するなら、縄文時代には軍隊もなければ国家もないので、質問そのものが意味をなさないことになる。しかし、「集団間における激しい争い」と定義するのであれば、東日本の中期以降のように、人口が集中し定住性の強い地域にはあった可能性がある。

縄文時代に戦争がなかったという説は、攻撃によって受傷した人骨の数が少ないという点から指摘されているものだが、縄文時代を通じた全体の人口からみれば、現在までに出土した人骨数は、おそらく本来の一パーセントにも満たない微々たるものだ。むしろ、その微々たるもののなかに、殴打による鼻の骨折があったり、石斧による一撃で頭蓋に穴があいているといった受傷人骨が一定数存在することを考えると、縄文時代においても集団間や個人間における衝突と暴力はあったと考えざるをえない。

以上、本書において使用する概念や、本書を読むにあたってぜひとも知っておいていただきたい専門的知識について述べてきた。これらの論点については、本文中においてより詳しい説明を行っている。興味を持たれた方はこのままプロローグへと進み、まずは縄文時代への扉を開いていただきたい。

参考文献

小林謙一「年代測定　縄文時代の暦年代」小杉康他編『歴史のものさし』縄文時代の考古学第二巻、同成社、二〇〇八。
山田康弘『人骨出土例にみる縄文の墓制と社会』同成社、二〇〇八。

プロローグ　縄文時代前夜

1　ヒトはいつ「日本」にきたのか

最終氷期における古環境

地球上の気候は、およそ四万年から一〇万年の周期で温暖化したり、寒冷化したりしていたことがわかっている。寒冷化した時期のことを氷期（かつては氷河期）と呼ぶ。ヨーロッパ（アルプス）では古い順にドナウⅠ・ドナウⅡ・ギュンツ・ミンデル・リス・ヴュルム（ウルム）と名付けられており、日本でもこの呼称を採用することが多い。これらの氷期のうち、今から七万年から一万年ほど前の、最も新しいものを最終氷期と呼んでいる。

当時は現在よりも寒冷な時期であり、地球上の水が氷河や雪など氷の形で陸上に固定されていたため、海水の量は現在よりも少なく、海水面は今よりも一〇〇メートルほども低かったと考えられている。最近の研究では、現在の津軽《つがる》海峡や朝鮮海峡にあたる部分は水深が深く、海水面が一〇〇メートル低下しても陸橋《りくきょう》とはならなかったので、大陸と本州・四国・九州がつながることはなかったとされている。

一方、北海道はサハリンや千島《ちしま》列島南部とともに大陸とつながっており、大きな半島の一部を構成していた。この半島のことを古《こ》北海道半島と呼ぶ。またこの時期、瀬戸内海は陸地化しており、現在の本州・四国・九州はつながって一つの島となっていた。これを古本州島と呼ぶ。沖縄本島などの南島部は、この時期においても島嶼《とうしょ》であったと考えられている。

日本海は存在したものの、現在の朝鮮半島南岸部と九州北部においては海水面の低下によって陸地が拡大していたため、南方からの暖流（特に現在の対馬《つしま》海流）は日本海には流れ込まず、古北海道半島と古本州島では気候的に若干の相違をみせつつも、基本的には寒冷で乾燥した大陸性気候に覆われていた。

その当時の植物相は針葉樹林を主体としたものであったため、ヒトが食料として利用できる植物資源は少なく、それゆえに動物の捕獲を主な生業とせざるをえなかったと思われる。日本列島域へ人類がやって来たのは、このような環境下においてマンモスやナウマンゾウ、オオツノジカといった動物質の食料資源を追い求めてのことであった。

日本列島域への人類の移動ルート

現在までにおける「確実な」考古学的知見によれば、今の日本列島の範囲にヒトがやって来たのはおよそ四万年前から三万八〇〇〇年前のこととされており、日本における人類活動の痕跡は、この最終氷期にまでさかのぼる。日本の歴史では、このような時期に展開した、主に移動しながら生活を行っていく文化を旧石器文化と呼び、その時代を旧石器時代と呼んでいる。

ここで、少々石器に関するレクチャーをしておきたい。石器をつくる際には、材料となる石（原石）を川原石やシカの角などをハンマーにして打ち割るが、この時に小さく薄くはがれた石片のことを剝片《はくへん》と言い、剝片がとれた後に残った石のことを石核《せっかく》と言う。そして剝片を加工してつくった石器を剝片石器、石核を石器にしたものを石核石器と言う。また、剝片のうち、柳の葉のように細長く両刃カミソリのように鋭利なエッジをもつものを特に石刃《せきじん》と呼ぶ。

世界史的にみれば、旧石器時代は石器のあり方などから、大型の石核石器を主体とする前期旧石器時代（一二万年前以前）、定型的な小型の剝片を石器に使用するようになった中期旧石器時代（後期更新世の開始のおよそ一二万年前から四万年前）、石刃を使用して石器を製作するようになった時期以降の後期旧石器時代（およそ四万年前から一万五〇〇〇年前）の、三つの時期に大きく区分される。日本列島域にヒトが登場した約四万年前は、時期的には後期旧石器時代に属し、この時期以降、各地においてヒトの活動痕跡が顕著になる。

また、四万年前という時期は、およそ二〇万年前（近年ではもっと早かったという説もある）にアフリカで誕生したホモ・サピエンスがすでにユーラシア大陸各地に拡散し、活躍していた頃にあたり、その点から見て、考古学的には日本列島域に最初にやって来たヒトは、私たちと同じホモ・サピエンスであったと考えられている。

現在の日本列島域へのヒトの移動・渡海ルートとしては、朝鮮半島から北部九州へといたる西回りルートと、沿海州《えんかいしゅう》からサハリンを経由し北海道へといたる北回りルート、そして南西諸島を北上してきた南回りルートの三つが考えられている。

西回りルートについては、たとえば韓国のスヤンゲ遺跡などから出土している剥片尖頭器《はくへんせんとうき》（先端をとがらせた石器のことを尖頭器と言い、おもに刺突具《しとつぐ》として用いられたと思われる。中でも剥片の形をだいぶ残したまま尖頭器としたものを剥片尖頭器と言う）は、西日本においても出土例があり、その存在は確実である。また、朝鮮半島には前期および中期旧石器時代にまでさかのぼる遺跡が確認されていることから、古本州島においても前期あるいは中期旧石器時代に人類が渡来していた可能性がないわけではない。古本州島への人類の渡来は、年代的にもおそらくこのルートが一番古いものであったと考えることができる。

北回りルートが存在していた証拠としては、たとえば北海道を中心に確認される細石刃《さいせきじん》剥離技法である湧別《ゆうべつ》技法（図2）の分布範囲を挙げることができる。石刃のうち、横幅が一センチメートル以下の小型のものを細石刃と呼び、その細石刃を剥ぎ取るためにつくられた石核を細石刃核と呼ぶ。湧別技法はロシア・バイカル湖周辺に起源を持ち、上記のル

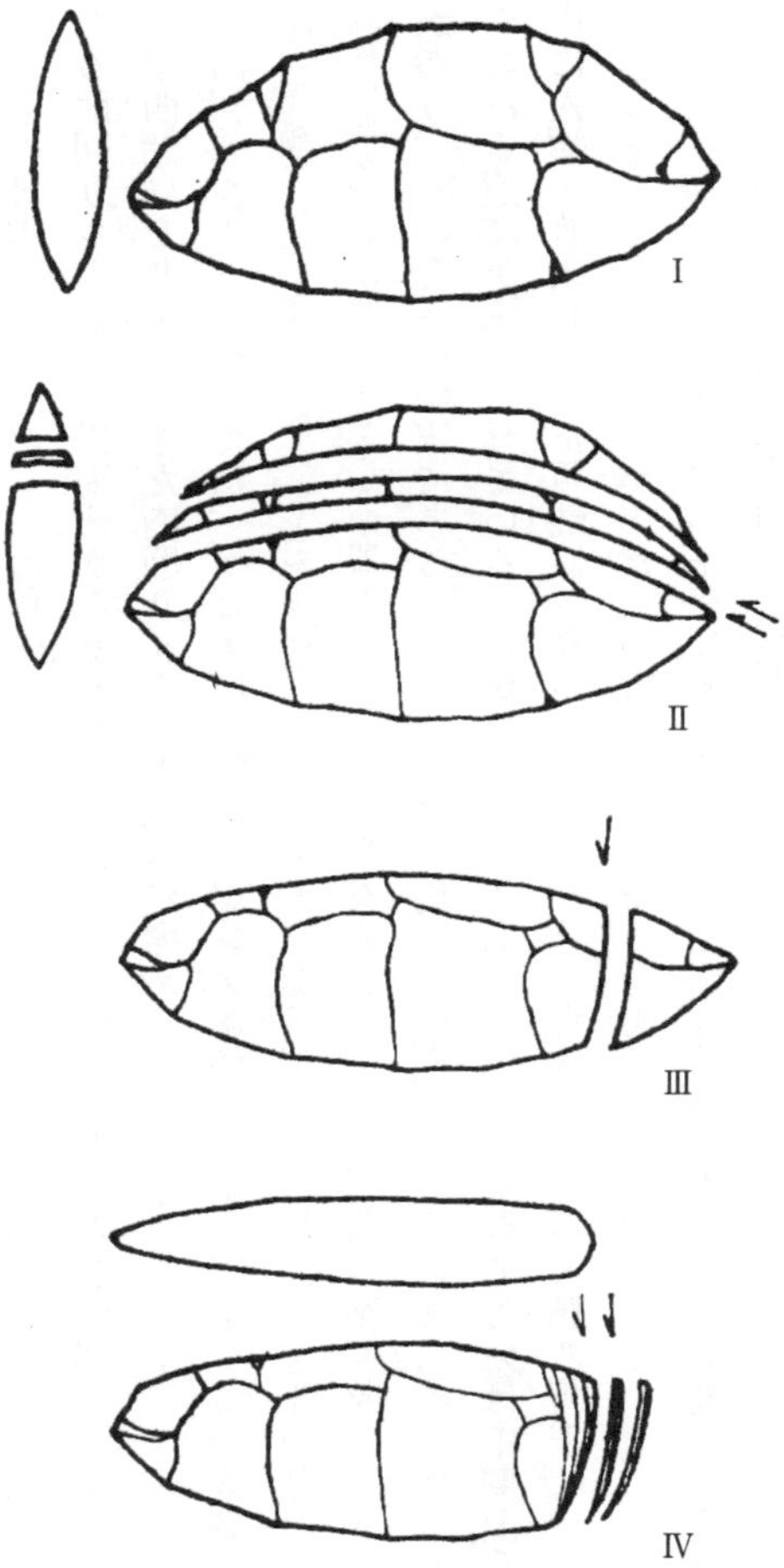

図2　湧別技法（加藤・鶴丸1980より）

ートで北海道へ、その末端は島根県域にまで達している。この石器群は、荒屋型彫器《あらやがたちょうき》（ロシア側ではベルホヤンスク型彫器と呼ばれる）という特徴的な形状を持つ彫器（彫刻刀のようにものを削り、特に溝状の線を削るための道具）を伴うことが一般的である。

このように特徴的な形態の石器や石器の製作技法そのものが伝播《でんぱ》してきている状況をみると、北回りルートにおける文化伝播にはヒトの移動が伴っていたものと考えてよい。ただし、バイカル湖周辺にいた人々は、遺伝的にはヨーロッパ系の人々であったことも判明しており、彼らが直接に北海道までやって来たというシナリオは、現段階までのDNAの分析からは支持されていない（篠田二〇一五）。したがって、湧別技法を習得した東アジア系の人々が、古北海道半島へ入ってきたものと考えられる。

北回りルートの場合、徒歩で十分に渡来が可能であった一方で、西回りルートでは朝鮮半島と北部九州は直接的にはつながっていなかったと想定されていることから、何らかの渡海方法、具体的には草木類を材料とする筏《いかだ》や丸木舟といったものが必要だったと思われる。

これに対して、その存在が推定されている南回りルートは、今なおその内容等については未解明である。沖縄県石垣島白保竿根田原洞穴遺跡《いしがきじましらほさおねたばるどうけつ》からは、年代的には旧石器時代に属する人骨が出土しているが、沖縄県域からは確実に旧石器時代に属する石器群は確認されておらず、石器等の文化的要素については不明確とせざるをえない。最近、沖縄県サキタリ洞遺跡から二万三〇〇〇年前の貝製の釣り針の出土が報告されたが、このような旧石器時代における貝製品および海産資源の利用は、北回り・西回りルートとはまた異なった文化的特徴として注目される。

ともあれ、未解明の南回りルートを含めて、三つの方向から現在の日本列島域にヒトが移動してきたことは間違いない。

2　縄文文化の母胎

西・北二系統の細石刃石器群

当時の動物相である北方系のマンモス動物群と南方系のナウマンゾウ・オオツノジカ動物群は、暖かくなったり寒くなったりという短周期的な気候変動により、その分布域を漸次、拡大したり、縮小したりさせていた。環境に大きく依存し、動物質食料を主体としていた当時の人々は、当然ながらこのような気候変化に合わせて、時には北方系の大型動物を追って南下したり、あるいは温暖化によって量的に多くなったイノシシやニホンジカなどの中型動物や利用可能な植物へと食料をシフトしたりするなどして、日本列島各地における環境差に柔軟に対応していったと想定されている。そのため、後期旧石器時代の後半期における日本列島域では、石器の形態や組成などに地域差が見られるようになり、各地におけるそれぞれの環境とそれに応じた資源開発のあり方によって小地域圏が形成されるようになっていった。

この時期の東日本域では、石刃を素材とし、主に手持ちの槍の先として使用されたと推定される、ナイフ形石器と呼ばれる刃器を伴う石器群が主体となる。このナイフ形石器には、北海道の東山《ひがしやま》型、東北地方の杉久保《すぎくぼ》型、関東の茂呂《もろ》型などの多様な地域型式の存在が認められている。また、瀬戸内地域では横長の翼状剥片から製作された国府《こう》型ナイフを伴う石器群が、九州では狸谷《たぬきだに》型ナイフを伴う石器群が展開するようになる。ナイフ形石器を伴う他の石器もさまざまな地域性を示すようになる（図3）。

このような地域性は、ナイフ形石器が隆盛を誇った三万年ほど前から顕在化したが、一万八〇〇〇年ほど前に本州に登場してきた、古北海道半島におけるそれとは別系統の西回りルート起源の細石刃石器群が分布を広げたことによって解消されてしまう。この細石刃石器群には、野岳《のだけ》・休場《やすみば》型と呼ばれるような円錐形や円柱形の細石刃核が伴っている。九州では当初円錐形の細石刃核や船形を呈する船野《ふなの》型細石刃核を持つ石器群が広がるが、その後に福井《ふくい》型と呼ばれる楔《くさび》形細石刃核の系譜を引く細石刃核が登場する。ただし、この細

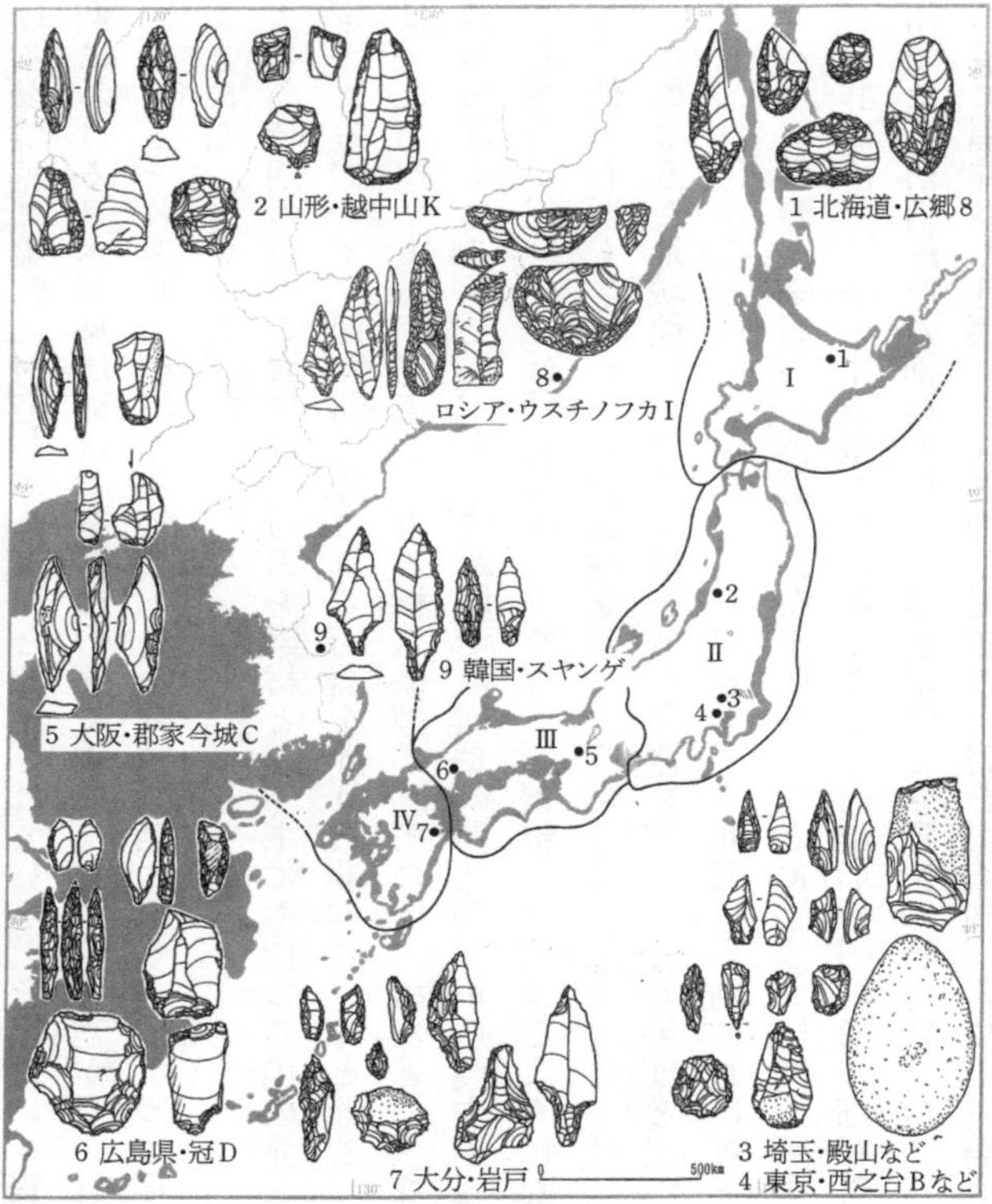

図3　ナイフ形石器群の地域性（織笠1992より）

石刃文化には荒屋型彫器は伴わず、大陸側の中国黄河《こうが》中・下流域、朝鮮半島において、いったん文化的に消化されたものが九州域に入ってきたものらしい。

特に年代的にも新しい福井型の細石刃核をもつ石器群には、豆粒のような粘土の粒を土器の表面に貼り付けた豆粒文《とうりゅうもん》土器や、土器の口縁部に粘土の貼り付けによってミミズ腫れのような文様をめぐらせた隆起線文《りゅうきせんもん》土器、爪のような工具でC字状の刺突を土器の外器面に付けた爪形文《つめがたもん》土器といった縄文時代草創期の土器群が伴出することがわかっており、このことから西回りルート起源の細石刃石器群が縄文文化の母胎の一つとなったと推測されている。

一方、古北海道半島における細石刃石器群は、湧別技法による楔形の細石刃核（たとえば札滑《さっこつ》型、白滝《しらたき》型と呼ばれるもの）をもつ特徴的なもので、二万四〇〇〇年ほど前に登場したが、一万七〇〇〇年ほど前には本州域へと分布を広げ、本州域東北部ではこの北方系の細石刃石器群が隆盛した。しかしながら、北方系の細石刃石器群は長期にわたって存続できたわけではなく、その後に隆盛した、石器の裏表の両方に加工を施した両面調整の尖頭器を伴う在地性の高い石器群によって更新されていき、縄文時代草創期へと移行していった（佐藤二〇一三）。

この西・北二系統の細石刃石器群は、一つはシベリアから古北海道半島を経由して本州へ、もう一つは中国黄河中・下流域から朝鮮半島を経由して古本州島へと分布を広げたものらしい。したがって、旧石器時代における石器文化の系譜をたどると、現在の日本列島域にはヒトの渡来が一回だけではなく、時期を違えて複数回あったと考えられることになる。

神子柴・長者久保文化

現在のところ最古の土器は、青森県大平山元《おおだいやまもと》Ⅰ遺跡から出土した一万六五〇〇年前の無文土器であるが、この土器と同時に使用されていた石器群は、先の細石刃石器群の後に展開した神子柴《みこしば》・長者久保《ちょうじゃくぼ》文化と呼ばれる石器群であった。

神子柴・長者久保石器群とは、長野県神子柴遺跡や青森県長者久保遺跡から発見された石器群から付けられた名称であり、槍先の形をした大型の尖頭器や掻器《そうき》（主に皮なめしに使用された）・削器《さっき》（主にモノを削ることに使用された）といった旧石器時代的な石器群と、刃先の部分のみを磨いた（これを局部磨製と言う）大型の石斧ないしは大型の片刃石斧（神子柴型石斧）からなる石器群で、これに矢柄を研磨する砥石《といし》（矢柄研磨器）が伴うこともある（図4）。この石器群はシベリアのアムール川流域から沿海州にかけての地域に起源を持つとされているものであり、日本列島最古の土器文化は北方文化の影響を受けている可能性が

図4　神子柴・長者久保文化の石器群（長野県神子柴遺跡、林美由紀氏提供）

高い。

　したがって土器文化の誕生にあたっては、北回りルートのものと、先に述べたような細石刃石器群を母胎の一つとする西回りルートのものの影響があったと考えられる。なお、近年調査された長崎県福井洞窟《ふくいどうくつ》遺跡においては、土器が出土する地層の年代が一万六〇〇〇年ほど前になるとされている。そうだとすれば、日本列島域における土器出現時期は北と西でほぼ同時期ということになる。ちなみに、現在世界最古の土器とされるものは中国湖南《こなん》省の玉蟾岩《ユチヤンヤン》洞穴から出土した土器で、これには約一万八〇〇〇年前の年代が与えられている。

　その一方で大変興味深いのは、北海道においては草創期の土器文化がほとんど見つからないことである。これほど発掘調査が行われているにもかかわらず、草創期の土器がほとんど見つからない、しかも最古級の事例が見つからないということは、土器が北回りルートで伝播してきたことに対して否定的にならざるをえない。これは神子柴・長者久保遺跡群の出自についても同様である。また、同様に朝鮮半島においても一万六〇〇〇年をさかのぼる土器文化は見つかっていない。朝鮮半島域で最古の事例は、済州《チェジュ》島の高山里《コサンリ》遺跡出土例でおよそ一万年前であり、中国南部からの西回りルートによる日本列島域への伝播を考えることは今のところむずかしい。となると、縄文土器は日本列島域内で誕生した可能性がきわめて高くなる。

縄文文化の母胎が、先に述べたこれらの細石刃石器群および尖頭器石器群に求められることは間違いのないところであり、現在では縄文文化の起源が一つの文化的系統に由来するのか、それとも複数の文化系統からなっていたのかという点が議論の対象となっている（大塚二〇〇〇など）。しかしながら、草創期の初めの頃に複数の系統があったとしても、そこから時間が経過し、早期段階に入ってくると、日本列島各地における状況は、土器のあり方からみて相互に連鎖しあっているようにも思われる。このことは、日本列島域という枠の中で、特定の文化が一つの大きなまとまりとして捉えることが可能となってきた、すなわち縄文文化がその姿をはっきりと現してきたことを意味するだろう。

参考文献

大塚達朗『縄紋土器研究の新展開』同成社、二〇〇〇。

織笠昭「2　道具の組合せ　dナイフ形石器文化Ⅱ」小野昭・春成秀爾・小田静夫『図解・日本の人類遺跡』東京大学出版会、一九九二。

加藤晋平・鶴丸俊明『図録 石器の基礎知識Ⅰ　先土器（上）』柏書房、一九八〇。

篠田謙一『ＤＮＡで語る日本人起源論』岩波現代全書、二〇一五。

佐藤宏之「日本列島の成立と狩猟採集の社会」『岩波講座　日本歴史』第一巻、岩波書店、二〇一三。

第一章　縄文時代・文化の枠組み

1　縄文時代の時間的範囲

土器の出現時期と温暖化適応

現行の高校日本史の教科書では、旧石器時代から縄文時代への移り変わりを次のように記している。「今からおよそ一万年余り前の完新世《かんしんせい》になると、地球の気候も温暖になり、現在に近い自然環境となった。植物は亜寒帯性の針葉樹林にかわり、東日本にはブナやナラなどの落葉広葉樹林が、西日本にはシイなどの照葉《しょうよう》樹林が広がった。動物も、大型動物は絶滅し、動きの速いニホンシカとイノシシなどが多くなった。こうした自然環境の変化に対応して、人びとの生活も大きくかわり、縄文文化が成立する」（笹山他編二〇一三）。

旧石器時代から縄文時代への変遷要因を「温暖化適応」に求めるこの記述は、大枠では正しいが、細かい点においては問題点も含んでいる。その一つが、何をもって縄文時代のはじまりとするかという点である。これまで、土器の出現とその使用は、縄文時代のはじまりを指し示す重要な要素と考えられてきた。また、その起源についても、温暖化した気候とそれに伴って変化した環境に、当時の人々が対応していく過程でドングリなど堅果類《けんかるい》の利用が行われるようになり、そのアク抜きのために土器が必要とされたという説明がなされてきた。すなわち、土器の出現と利用は「温暖化適応」の結果であるという理解がなされ、土器の出現が当時の人々の生活を大きく変えたとして、ここに画期を認め、これを縄文時代のはじまりとする考え方が広く流布してきたと言える。

しかし、最近の研究によれば、このような理解が困難であることが明らかになってきた。この点を、土器出現期の気候変動のあり方からみてみよう。先にも述べたように、地球はほぼ一〇万年の周期で氷期（寒冷期）と間氷期（温暖期）を繰り返している。現在は間氷期であり、その前にあった時期的に一番近い氷期のことを、地質学では最終氷期と呼んでいる。実際に気候が温暖化するのは一万五〇〇〇年ほど前のことだが、温暖化傾向がそのまま持続していったのではなく、一万三〇〇〇年前には再び寒冷化し、氷期に戻るような気温の低下が訪れる。これを「ヤンガードリアス期（寒冷期）」と呼ぶ。本格的な温暖化が始まるのは、その後のおよそ一万一五〇〇年前からである。

ところが、最新のAMS（Accelerator Mass Spectrometry＝加速器質量分析）による炭素14の年代測定によれば、土器の初現は、その最も古い測定値を採用すると、およそ一万六五〇〇年前までさかのぼることが判明している（中村・辻一九九九）。しかし、土器が出現した一万六五〇〇年前はまだ最終氷期にかかっており、気候的には寒冷な状況であった。このことが従来の教科書のように「土器の出現は、気候の温暖化という自然環境の変化に対応したものである」と単純に理解することを困難にしている。

縄文時代のはじまりに関する三つの説

したがって、現在ではこのような気候の変化と考古学的な資料のあり方を勘案して、縄文時代のはじまりを、以下の三つの立場から説明することが多い。

第一の説は、土器の出現をもって旧石器時代と縄文時代を区分する立場である。土器の出現を重要視し、土器が果たした歴史意義を大きく捉える立場でもある。先にも述べたように、現在のところ日本における最古の土器は青森県の大平山元I遺跡から出土したものであり、そのうちの最も古いものは約一万六五〇〇年前のものである。したがって、縄文時代のはじまりもここまでさかのぼると考える説である。

第二の説は、土器の一般化、普及をもって旧石器時代と縄文時代を区分する立場である。この説は、基本的には土器の出現と利用の歴史的意義を評価するという点では、第一の説と同じ考え方に立っている。しかしながら大きく異なるのは、その画期を認める時期である。第二の説では、土器出現期においては土器を出土する遺跡が非常に限られているだけでなく、量的にも非常に少ないため、まだ土器が一般化し、普及していないとして、生活を変えるほどではないと考える。そして、土器を出土した遺跡の数や土器の出土量が増加し、土器が本格的に普及したと考えられる段階をもって、縄文時代のはじまりとする。この場合、縄文時代のはじまりはおよそ一万五〇〇〇年前、すなわち温暖化が最初に開始された頃ということになり、「温暖化適応」とも連動する。従来の時期区分で言えば、縄文時代草創期の中葉以降ということになる。

第三の説は、いわゆる縄文文化的な生業形態・居住形態が確立した段階をもって、縄文時代のはじまりとする立場である。土器の出現を一つの画期とはするが、その後をすぐに縄文時代とするのではなくて、むしろ旧石器時代から本格的な縄文時代までの間に移行期を設定する立場である。

先にも述べたように、気候が温暖化していく中で旧石器時代とは異なった環境が成立し、それと連動して植物質食料の利用形態が変化し、それに伴ってさまざまな道具立ての発達が促された。植物採集、狩猟、漁労といった、さまざまな技術体系が確立し、貝塚の形成や竪穴式住居の普及にうかがうことができるように、定住生活が本格化していく時期、ここにもう一つ画期を認めるのが第三の説である。時期的には従来の縄文時代早期の初めが相当し、およそ一万一五〇〇年前のことになる。

重要なのは、この三つの立場は、旧石器時代から縄文時代への変化の中で、どのような部分に画期を見出すかという歴史観の問題とも大きく関わっているものなので、歴史学的には一概にどれが正しい、どれが間違いと言うことはできないという点である。どれもが○であり、△であり、×ではない。

また、この三つの説を比較すると、土器の出現と、定住生活の出現、貝塚の出現といった縄文時代らしい生活の成立時期との間には五〇〇〇年ほどの時間差が存在することになる。すなわち、旧石器時代から縄文時代への移行は決して急激なものではなく、次第に温暖化していく環境への適応のなかで、五〇〇〇年もの長い時間をかけてゆっくりと継起したものと捉えることが肝要だ。それにしても旧石器時代から縄文時代への移行期間が最大五〇〇〇年もあるということは、少なくとも奈良時代のはじまりである七一〇年から現代までがおよそ一三〇〇年間であるということと比較してみても、私たちの想定を超えるような時の流れが必要であった、そう言うことはできるだろう。

本書では、縄文時代の概説書という性格を踏まえた上で、上記のような三つの説を紹介し、どの説にも学術的根拠があることを認めつつ、土器の出現の歴史的意義を重視し、基本的には最も時間幅を広く採る第一の説に基づいて縄文文化の形成、縄文時代のはじまりを考えることにしたいと思う。

縄文時代のおわりと弥生時代のはじまり

縄文時代の開始について三つの説が存在する一方で、縄文時代と弥生時代の境界をめぐる議論も多々存在する。特に灌漑水田稲作という、日本の歴史において重要な役割を果たしたコメが登場する弥生時代との境界に関する議論については、研究者の多さとも相まって、多様な研究成果が提出されている。では、縄文時代から弥生時代への移り変わりはどのように考えられているのだろうか。

現行の高校日本史の教科書にはこの点について次のように書かれている。「およそ二五〇〇年前と想定される縄文時代のおわり頃、朝鮮半島に近い九州北部で水田による米づくりが開始された。短期間の試行段階を経て、紀元前四世紀頃には、西日本に水稲農耕を基礎とする弥生文化が成立し、やがて東日本にも広まった。こうして北海道と南西諸島を除く日本列島の大部分の地域は、食料採取の段階から食料生産の段階へと入った。この紀元前四世紀頃から紀元後三世紀の中頃までの時期を弥生時代と呼んでいる」（笹山他編二〇一三）。

一見、非常に簡明な説明だが、この記述にもいくつかの問題点が存在する。たとえば、現在の考古学界では、水田稲作がはじめられた突帯文《とったいもん》土器の時期を、弥生時代の早期として弥生時代に繰り入れる意見が強くなってきている。突帯文土器とは、土器の口縁部に粘土紐による突帯を一重ないしは二重にめぐらせた土器で、従来は縄文時代晩期終末の

図5　突帯文土器の例（福岡県雀居遺跡）　福岡市埋蔵文化センター提供

時期のものとされてきた（図5）。

　また、水田稲作の開始年代もAMSによる年代測定の結果、北部九州においてはおよそ三〇〇〇年前までさかのぼるという見解が、国立歴史民俗博物館を中心とした研究チームから提出されており、これについては現在でも論争が続いている（藤尾二〇一五など）。ただし、突帯文土器に付着した炭化物を年代測定した場合、だいたいこのような年代が出ることは、測定数の多くなった現在、もはや認めざるをえない。もし、歴博チームの主張が正しいとして、弥生時代のはじまりを水田稲作の出現に基準を置くのであれば、それは確実に突帯文土器の時期にまでさかのぼる。となると、北部九州が弥生時代に突入したのと同じ頃、東北地方では精巧な亀ヶ岡式土器やユニークな形状をした遮光器土偶が用いられた亀ヶ岡文化が繁栄していたことになる。

　現在までのところ、東北地方における最も古い水田の検出例は青森県砂沢《すなざわ》遺跡の事例で、約二四〇〇年前の年代が与えられている。このことは、西と東では水田稲作の開始時期に約六〇〇年のズレが生じていたということだ。水田稲作の開始をもって弥生時代のはじまりを定義するのであれば、九州と東北では、その時期が大きく異なっていることを認めなくてはならない。したがって、全国一律に一夜にして縄文から弥生へと時代が変わったのではなく、教科書にその存在がさも当然のことのように記述されている縄文時代の時間的な輪郭は、じつはかなりファジーなものなのだということになる。

2　縄文時代・文化の空間的範囲

縄文時代早期以降のあり方

先に述べたとおり、日本列島域へのヒトの移動経路には大きく三つのルートが考えられる。縄文時代にいたり、温暖化によって日本列島が形成され、大陸から切り離された状況でも、大陸と近接する北海道北部と沿海州、九州と朝鮮半島には、当時の人々が行き交うさまざまな交流があったと想定される。このような見通しのもと、とりあえずはだいたい早期以降の時期に着目して、北方域、朝鮮半島方面、南島域という日本列島へいたる三つの方面についてその様相を見てみよう。

北方域における様相

まず、北方域における様相である。沿海州・サハリン・北海道を通観し、縄文土器の分布状況を見てみると、少なくともサハリンや沿海州においては、縄文土器は少量が出土するものの、彼の地で製作されたのではなく、むしろそれは北海道から運ばれてきたもののように見える。さらに、縄文土器の分布で言えば、北海道とサハリンの間にある宗谷《そうや》海峡をはじめとする諸海峡がこの区切りとなるのではなく、北海道内の道東・道北が分布の北限になる。縄文土器が主体的に及ぶ範囲を縄文文化の範囲とするならば、縄文文化は北海道の中にその境界線を持つことになる。

縄文文化が北海道全域に広がらなかった理由としては、道東北部と道南・本州域における自然環境の違いが挙げられるだろう。縄文人が北方に進出して行こうにも、自然環境的な制約がありむずかしかったのだと思われる（福田二〇一三）。このように、北方方面における縄文文化の境界は、北海道北端部までのところに収まると言えるだろう。

朝鮮半島方面との交流

日本と朝鮮半島の間における交流は、土器などの考古学的資料によって、その存在が古くから裏付けられている。たとえば、九州から西日本各地に分布する縄文時代前期の土器群は、朝鮮半島に分布する土器群と類似すると言われてきた。お互いの土器に影響を与えるレベルの人的交流があったことはまず間違いない。

一方で、当時の日本と朝鮮半島間の交流について、あまり高く評価できないとする向きもある。土器の製作技法や文様の割り付け方法などを検討してみると、これらの資料における類似性は、同一の文様構成原理や製作技法で製作されたというレベルにはなく、あくまでも見た目上の類似にとどまるという見解もある（水ノ江二〇〇三）。つまり、同じようなモノをつくってはいるが、人が恒常的に行ったり来たりして、つくり方そのものも伝わっているような状況ではないということだ。

また、日本の縄文文化において、あれだけ発達した土偶は、朝鮮半島南部からはほとんど出土しない。同様のことは石棒などの他の呪術具についても言える。朝鮮半島と近接する地域は北部九州だが、この地域では呪術具が東日本と比較してあまり発達しない点を考慮したとしても、縄文文化との共通性を語るには少々、量的に物足りない。このような状況からみて、私は少なくとも対馬海峡において、文化的な境界線を引くことができると考えている。

南島域における様相

南島を縄文文化に含めるかどうかという点については、「日本に帰属するか」それとも「独立・独自路線か」といった政治的な側面も絡みつつ、戦前から検討が続けられており、特に一九七二年の沖縄返還などを踏まえて、一九八〇年代以降に活発な議論が行われるようになった。近年では縄文文化との共通性に注目するだけでなく、異なる部分にも注目し、独自性を主張する立場が強くなってきている。

たとえば、土器に関して言えば、南島の土器群は九州との連絡性も断続的には認められるものの、独自の系統的変遷を遂げているとして、「琉球縄文文化」という名称を掲げて、縄文文化の中から切り離す方向性も提示されている(伊藤一九九四)。南島域における状況は九州地方南部の縄文文化と完全に同一ということはなく、連動したり、離れたりと、時期によってその関係が変化していたと、まとめることができるだろう。

縄文文化の空間的範囲

縄文文化の空間的範囲について三つの方面のあり方をみてきたが、これらの状況を見る限り、現在の日本国の領土と縄文土器の分布域は必ずしも厳密に一致するものではない。とは言うものの、見方を変えれば日本列島内、現在における日本の国土内に見事に収まっていると言えなくもない。少なくとも縄文文化の範囲を、日本列島の中で考える立場には、一定の理があるということになる。

縄文人は大陸を行き来したのか？

縄文人が丸木舟を駆使し、海流を渡るほどの航海技術を持っていたことは事実である。それは朝鮮半島との交流を物語る資料の存在によっても明らかだし、伊豆《いず》諸島の神津《こうづ》島《しま》産の黒曜石が関東・中部地方の内陸部の遺跡から出土し、島根県隠岐島《おきのしま》産の黒曜石が中国地方を中心に出土することから、当時の人々が強い海流を横断するほどの航海技術を有していたこともわかっている。縄文人たちは、さまざまな資源を求めて黒潮《くろしお》や対馬海流を渡り、その航海を成功させていたのである。

これらの点を押さえた上で、大陸側との人の行き来を考えることができるいくつかの事例、特に土器以外の事例についても考えておきたい。たとえば、縄文時代前期を中心に見られるアルファベットのC字状の形をする石製玦状耳飾り《せきせいけつじょうみみかざ》りについては、もはやその起源が大陸側にあるということは確実であり、このような事例が存在することからも、縄文文化と大陸側の諸文化がまったく無関係なままであったとは少々考えにくい。

さらに北部九州においては、後期になると貝輪を多数着装した女性の埋葬例が確認でき

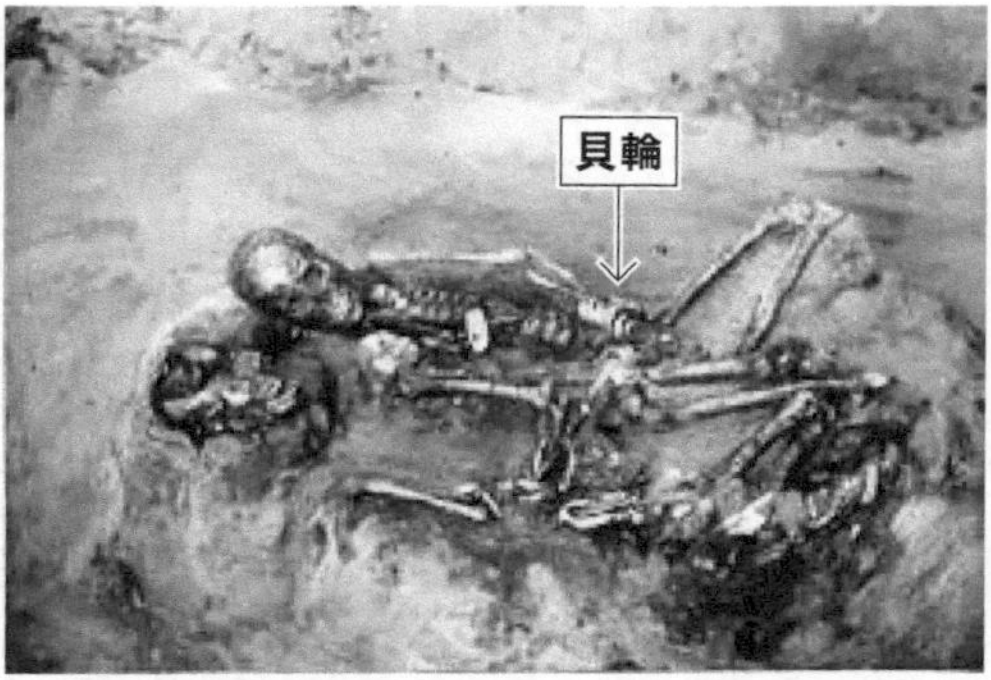

図6　福岡県山鹿貝塚2・3・4号合葬人骨出土状況　芦屋町教育委員会提供・改変

るようになる（たとえば福岡県山鹿《やまが》貝塚・桑原飛櫛《くわばるひぐし》貝塚出土例など：図6）。このようなベンケイガイ製の貝輪は、韓国南岸部にある貝塚（たとえば東三洞《トンサムドン》貝塚）からも多数出土しており、北部九州と朝鮮半島南部が同じ貝輪文化圏に含まれる可能性も指摘できるだろう。さらに、福岡県の貝塚からは、上顎の左右第二切歯《せっし》を抜歯《ばっし》した人骨が出土している（たとえば桑原飛櫛貝塚出土例など）。上顎左右第二切歯抜歯は、縄文文化における抜歯習俗の中にはほとんど見ることができず、むしろ弥生時代の渡来系弥生人に多く確認できるものであり、大陸系の抜歯と考えられている。このような状況は、限定的にせよ北部九州と大陸側の間に人の行き来があったことを推測させる。

縄文時代・文化における対外交流の結果、日本にもたらされた可能性のある事例としてこれまで取り上げられてきた資料には、青銅製の刀子《とうす》（山形県三崎山《みさきやま》）や、中国の三本足を持つ土器（鬲《れき》）に類似した三足土器《さんそくどき》（青森県今津《いまづ》遺跡ほか）、中国の斧（鉞《えつ》）に類似する有孔《ゆうこう》石斧《せきふ》（山形県中川代《なかがわだい》遺跡）などがある。これらの資料すべてが大陸側の文物に直結するものではないが、これまで孤立的、閉鎖的と見られがちだった縄文文化にも、大陸側からの影響が及んでいた可能性は捨てきれない。

一方で、これらの資料は出土状況や遺物の型式学的な系譜などに問題を残しており、現状では大陸との関係を語るには物証として弱い。したがって、現状ではあくまで推測の域にとどまることもまた確かなのであって、それを具体的な姿として描くには、今少し確実な資料の増加を待たなければならないだろう。

3　縄文時代・文化という概念

縄文時代＝縄文文化なのか？

縄文時代の文化は、縄文文化である。私たちは学校でそのように教わってきた。しかしながら、世界中の先史時代において、このように時代と文化が一対一で対応するような事例はあまりなく、一つの時代区分の中にはいくつもの文化が含まれていることが普通である。その意味では、日本の歴史における縄文時代と縄文文化の関係は、少々特殊なものだと言えるだろう。

先にも述べたように、縄文文化は非常に多様であり、時期と地域によって大きな変異をみせる。たとえば、北海道の文化と瀬戸内海の文化をまったく同じものとして考えることはできない。それぞれの背景となる環境が異なるし、その環境に対する適応の仕方も異なるからである。それは、集落のあり方や道具立てのあり方の違いとして考古学的に認識可能だ。そのように考えると縄文文化とは、時期や地域によって異なる文化の総体として捉えることができる。つまり、縄文時代の中には、本来いくつもの文化が存在したと考えられる（山田二〇一七）。

では、なぜ縄文時代＝縄文文化とされてきたのだろうか。「それは『縄文文化』の設定方法が変則的であるか、『縄文時代』が適応できる空間範囲にかなり強固な『同一性』があらかじめ認められているか、あるいはこれらが複合しているからにほかならない」（高瀬二〇一四）。少々むずかしい言い回しになったが、つまり縄文時代・文化を語る際には、必ず「古来一つの国である日本、という枠組みの中で考える」ことが前提とされてきたのである。

この点について、私は「縄文時代・文化」というものは、戦後の新しい歴史観によって新しい日本国民を育成するために設定された、きわめて政治性の高い歴史概念であると考え、それゆえに「つくられた」ものだと主張してきた（山田二〇一五）。これは、日本の歴史という一国史を唯物史観の観点から発展段階的に語るために、あるいは語るがゆえに、貧しく平等な縄文時代・文化が、弥生時代・文化によって克服されるべきものとして措定《そてい》され、その文化の範囲が自動的に日本国内に設定されるという、その叙述方法そのものに「じつは無理がある」ことを指摘したものでもあった。

縄文時代における文化のあり方

このような時代と文化のあり様については、すでに何人かの研究者によって指摘されている。岡本孝之《おかもとたかゆき》は縄文土器のあり方や骨角器《こっかくき》のあり方などから、縄文文化を「大森《おおもり》文化」と呼び代える一方で、九州地方における前期の文化を「曽畑《そばた》・阿高《あだか》文化」として分離し、東日本の縄文を持つ弥生土器や続縄文土器についてはこれを「大森文化」の範疇に加えて考えるという考え方を示している（岡本一九九〇）。

さらに岡本は、九州地方における後晩期の時期を「三万田《みまんだ》文化」として「大森文化」から分離し、これが中部・東海地方と連動し、縄文時代から弥生時代への移行期に「三万田・水神平《すいじんびら》文化」が展開したと述べている。土器の年代観やコメの有無をめぐって検討すべき点もあるが、「一時代＝一文化」という対応関係とは別の枠組みを示したという点で傾聴すべき意見だろう。

これまで述べてきたように、多面的な様相をみせる縄文文化であり縄文時代だが、その時空間的特性を踏まえた上で、いくつかの事例をもとにして説明を簡潔に行うために全体化し、そしてあいまいさを含んだ上で単純化する説明概念としては非常に使い勝手がよく、これを代替できるものは今のところ存在しない。そのような概念的利便性については、私も肯定的に捉えたいと考えている。本書中においても縄文時代・文化という言葉を用いて記述を行っていくが、上述したような議論を踏まえた上で、あえて使用しているということを断っておきたい。

4　縄文時代の主人公の姿

縄文人の形質的特性

縄文時代の人々（縄文人）は、形質的にもユニークな人々であった。彼らについては、これまでに出土した人骨から以下の点が知られている。

1．顔高が低く、丸顔である：額と鼻の境目の点（ナジオンと言う）と上顎前歯二本の付け根の点（プロスティオンと言う）、この二つの点の長さ（高さ）を顔高（上顔高）と言う。縄文人はこの距離が六〇ミリメートル台のものが多く、その後の渡来系弥生人などと比較して顔高が低く、丸顔であることが多い。

2．彫りが深く、鼻が高い。しかめっ面で、エラが張っている：縄文人は鼻の付け根が前方に突き出したようになっており、鼻が高く、顔の彫りが深くなっている。人骨の顔面を見ると、全体的にしかめっ面をしているように見える。また、顎が発達しており、いわゆる「エラ」が張って見える場合が多い。

3．眼窩《がんか》が四角で、やや目尻が下がる。眼窩高示数が小さい：眼球が入る部位のことを眼窩と言う。この外側の縁（目尻）がやや下に下がっており、若干「たれ目」に見える。また、眼窩の縦横の比率を眼窩高示数と言う。この数値が大きいほど（1に近づくほど）眼窩の形は正方形に近くなるが、縄文人の場合はこれが小さく、多くの場合は横長の長方形となっている。

4．眉上弓《びじょうきゅう》は直線的：眉毛の上あたりのやや出っ張った部分の額の形状が、現代人では丸みをおびて、ちょうど空を飛ぶカモメを模した図のような形状となっているが、縄文人はこの部分が直線的である。

5．歯の嚙み合わせが、爪切りのよう：上下歯の嚙み合わせは爪切りのようになっている。これを鉗子状咬合《かんしじょうこうごう》と言う。また、狩猟採集民にしては虫歯が多く、デンプン質の食物を多く摂取していたと推定される。

図7　縄文人の復元想像図　石井礼子画、国立歴史民俗博物館提供

6. 小柄だが、体つきはたくましかった‥推定身長は成人男性で一五八センチメートルほど、成人女性で一四六センチメートルほどとされてきたが、全身骨格を復元した最近の研究では男性の平均身長が一六二センチメートル、女性で一四九センチメートルを超えていたとも指摘されている。体重は、あくまでも現代人からの推定だが、男性で五五キログラム程度だろうか。各部の筋肉が発達していたようで、特に大腿骨《だいたいこつ》は裏側に割り箸を縦に貼り付けたような断面になっている。これは脚部の筋肉が特に発達していたことを物語るので、ピラステル（柱状）構造と言う。

7. 縄文時代の人々の平均寿命は、出土した人骨の年齢層からみて、だいたい五〇歳くらいの熟年期段階にあったと思われる。一方、新生児など小さな子どもの死亡率は高かったようで、子どもの墓と思われる土器埋設遺構（土器棺墓）がしばしば遺跡から検出される。

博物館や図録などで、よく縄文人の顔の復元や復元想像図を見かけることがあるが（図7）、人骨の形そのものからでは、太っていたのか、やせていたのか、一重まぶたか二重か、ひげが濃かったのかといった軟部組織に関わる情報はわからない。そこでアイヌの人々など、縄文人とも遺伝的に近い人々をモデルとして想像して復元していることが多い。したがって、顔の復元像が必ずしも正しいとは限らないことに注意していただきたい。

縄文人はどこから来たのか？

これまで縄文時代は、対外的な交流がほとんどなかった時代と考えられてきた。その理由の一つとして挙げられてきたのが、当時の人々そのもの、すなわち縄文人の形質の特殊性であった。

縄文人は、その顔つき、体つきともに世界史的な視点から見た場合、じつにユニークな形質をもっている。どういうことかと言うと、同じ時期の東アジアはおろか世界中のどこを探しても、縄文人と同じ顔、姿形（形質）を持った人々がいないのだ。一時、中国の柳江人《リュウチャンレン》との類似性が指摘されたこともあったが、柳江人は旧石器時代人であり、両者の年代は大きく異なる。また、細かな地域差・時期差が指摘されているとはいえ、縄文人の大まかな形質は、北海道から九州まで、少なくとも人骨が見つかっている早期から晩期前半までの間は、ほとんど同一と言ってよい。

このことは縄文人が、ジャパンオリジナル、すなわち日本で形成された独特の人々であったことを意味しているとともに、縄文時代においては、日本列島域以外の他地域から形質を大きく変化させるほどの規模の人的流入および混血がなかったことを指し示す。また、中国の下王岡《シャワンガン》遺跡出土の新石器時代人骨などと比べて、縄文人が柳江人のような旧石器時代人に近い特徴を持っているということも、この点を支持するものだろう。その意味では、縄文人は古い形質を維持している人々ということになる。もちろんこの点について研究を進めるには、日本列島域における旧石器時代の人骨資料の検討が欠かせないが、現状では資料が少なくそれはむずかしい。

そこで近年ではDNAから縄文人たちの故地を考えようという研究も進んでいる。ヒトのDNAには、核DNAとミトコンドリアDNA（以下mtDNAとする）の二つの種類が存在する。しかし、核のDNAは一つの細胞に二セットしか存在せず、これまで、その抽出は非常に困難であった。一方、ミトコンドリアは一つの細胞中に数百単位で含まれており、一つのミトコンドリアの中には、核DNAとは別物の、mtDNAが複数個含まれている。したがって、数千年の間に断片化している場合も多いが、数的に比較的抽出しやすいという特性を持っている。また、mtDNAは母方からしか遺伝しないという性質（母系遺伝）を持つこともわかっており、このことから人の系統関係などを探る際に主要な研究対象とされてきた。

　これまでにも核ＤＮＡよりも数の多いmtDNAによって、縄文人の故地を考えようとする研究が、総合研究大学院大学教授であった宝来聰《ほうらいさとし》、東京大学教授の植田信太郎《うえだしんたろう》、国立科学博物館人類研究部長の篠田《しのだ》謙一《けんいち》らによって行われてきた。この辺りの研究状況について詳細に語ることは私には荷が重いので、この点については、たとえば篠田二〇〇七などを参考にしていただきたい。

　さて、mtDNAは一万六五〇〇もの塩基《えんき》対《つい》が環状になった構造をしている。この環状構造のmtDNAは、特殊な酵素で処理をすると特定の部位で切断することができ、この切断のされ方には複数のパターンがあることがわかっている。また、mtDNAの中には特定の塩基配列が欠損する変異を持つものがあり、この変異のあり方と先の切断パターンを合わせると、mtDNAはいくつかのグループに分類することができる。このグループのことをハプログループと呼ぶ。

　現代日本人のmtDNAを分析すると、Ｄ４・Ｄ５・Ｍ７ａ・Ｍ７ｂ・Ｇ・Ｂ４・Ａ・

F・N9a・N9bなどと、さまざまなハプログループが存在することがわかった。これらのうちM7aは沖縄に一番多く分布し、その割合は北に行けば行くほど少なくなっていくという地理的勾配を持っている。このことから、M7aは南方系のハプログループであると考えられている（篠田二〇〇七）。また、N9bは現代日本人に占める割合としては二パーセント程度と少ないが、M7aとは逆に北に行くほど増加していく傾向がある。これらの点から、M7aは日本列島域に南から入り、その後次第に北上していったものであることが推定される一方、N9bはその逆で、日本列島域には北から入り、次第に南下していったものと考えることができる。

また、じつはM7aもN9bも現存する東アジアの人間集団においては非常に少ないものであり、事実上、日本以外には分布していない。このことから、M7aとN9bは日本列島域に非常に古い時期に進入してきたものと推測される。ただし、M7aの場合、単純に南島を北上してきたものなのか、あるいは中国江南《こうなん》を北上し朝鮮半島経由で入ってきたものなのか、現状では判断することはむずかしい。

一方、各地の遺跡から出土した縄文人骨からmtDNAを抽出し、それを分析した結果、非常に興味深いことがわかってきた。たとえば、関東地方の縄文人からはさまざまなハプログループが確認できたのに対して、北海道の縄文人では大多数をN9bが占めていることとが判明した。このことは、N9bが北方系のハプログループであることを改めて推測させるだけでなく、N9bは少なくとも縄文時代にまではさかのぼった時期に日本列島域に入ってきた古いグループであることを示している。

篠田謙一らの研究グループは、M7aとN9bを縄文人を特徴づけるハプログループであると述べているが（篠田二〇一五）、M7aは富山県小竹《おだけ》貝塚など縄文時代前期の資料からも検出されており、日本列島域への進入はこれまた縄文時代前期までは確実にさかのぼることがわかる。すなわち、mtDNAからみる限りにおいて、縄文人には南北二つの系統の人々がいたことになる。このことはプロローグでも記したように、旧石器時代における石器文化の日本列島域への入り方をみれば十分納得のいくものであり、旧石器時代人の後裔《こうえい》が縄文人であるという考え方を補強するものである。

さらに、現在では次世代シーケンサー（遺伝子の塩基配列を高速に読み出せる装置、Next Generation Sequencer：NGS）の登場により核DNAの分析も行われるようになり、これは国立科学博物館研究員の神澤秀明《かんざわひであき》と国立遺伝学研究所教授の斎藤成也《さいとうなるや》らを中心とする研究グループらによって進められている。

これによると、現代日本人は中国大陸の人々と縄文人の間に位置し、現代日本人が両者の混血によって成立したことがわかる（神澤二〇一六）。また、多くの縄文人の位置はアイヌの人々の遺伝的位置と近接しており、両者が近縁的な関係を持っていたことも判明している。

ただし、これにも地域差があるようで、神澤らが分析した福島県三貫地《さんがんじ》貝塚の事例では中国大陸の人々とアイヌの人々の間に位置するのに対して、ゲノム（DNAすべての遺伝情報）の全配列の解読に成功した愛知県伊川津《いかわづ》貝塚の事例では、完全にアイヌの人々の変異幅の中に入ってしまうことが北里大学准教授の太田博樹《おおたひろき》、金沢大学特任助教の覺張隆史《がくはりたかし》らを中心とする研究チームによって指摘されており（覺張他二〇一七）、またそのゲノムはラオス出土の八〇〇〇年前のホアビン文化の古人骨のものと類似することも明らかにされている（McColl et al. 2018）。

形質的には単一とされてきた縄文人だが、遺伝的にはじつはかなり地域性・多様性があるということがわかってきた。古人骨のゲノムを用いる研究は、日進月歩で進められている。近い将来、この方法によって縄文人の起源や親族構造などが明らかにされることだろう。

近年、沖縄県の石垣島白保竿根田原洞穴遺跡から二万年をさかのぼる年代の人骨が出土した。詳細な検討はこれからだが、いずれにせよ縄文人の起源が旧石器時代に日本列島域に渡来して来た人々までたどることができることは間違いなく、さらなる解明が待たれる。

参考文献

伊藤慎二「琉球列島」『季刊考古学』第四八号、雄山閣、一九九四。

岡本孝之「縄文土器の範囲」『古代文化』第四二巻第五号、古代学協会、一九九〇。

覚張隆史・太田博樹「愛知県伊川津貝塚出土人骨の全ゲノム解析」『日本文化財科学会第三四回大会研究発表要旨集』日本文化財科学会、二〇一七。

神澤秀明「日本列島人に受け継がれている縄文人の遺伝子」『DNAでわかった日本人のルーツ』別冊宝島二四〇三、二〇一六。

笹山晴生・佐藤　信・五味文彦・高埜利彦編『詳説　日本史B』山川出版社、二〇一三。

篠田謙一『日本人になった祖先たち　DNAから解明するその多元的構造』NHKブックス、二〇〇七。

篠田謙一『DNAで語る日本人起源論』岩波現代全書、二〇一五。

高瀬克範「続縄文文化の資源・土地利用」『国立歴史民俗博物館研究報告』第一八五集、二〇一四。

中村俊夫・辻誠一郎「青森県東津軽郡蟹田町大平山元Ⅰ遺跡出土の土器破片表面に付着した微量炭化物の加速器¹⁴C年代」大平山元Ⅰ遺跡発掘調査団編『大平山元Ⅰ遺跡の考古学調査』、一九九九。

福田正宏「北海道とサハリン・千島　日露二国の考古学からみた縄文文化の北辺」『季刊考古学』第一二五号、雄山閣、二〇一三。

藤尾慎一郎『弥生時代の歴史』講談社現代新書、二〇一五。

水ノ江和同「朝鮮海峡を越えた縄文時代の交流の意義　言葉と文化圏」『考古学に学ぶ（Ⅱ）』同志社大学考古学シリーズⅧ、二〇〇三。

山田康弘『つくられた縄文時代　日本文化の原像を探る』新潮選書、二〇一五。

山田康弘「『縄文』とは何か？　その枠組・文化を再考する」歴博国際シンポジウム要旨集「再考！縄文と弥生　歴博がめざす日本先史文化の再構築」国立歴史民俗博物館、二〇一七。

Hugh McColl, et al. *The prehistoric peopling of Southeast Asia* Science 361（6397）2018.

第二章　土器使用のはじまり　草創期（Ⅰ期）

1　土器の発明がもたらしたもの

煮沸具として始まった土器

土器とは、粘土によってつくられた「うつわ（器）」のことである。ただ、一口に「うつわ」と言っても、土器の持つ歴史的な意義は、ものを入れる容器としてよりも、煮沸具《しやふつ》としての方が大きかった。東アジア、特に日本においては、土器は当初から煮沸具として登場した。現在までのところ、日本列島域における最古の土器は青森県大平山元I遺跡から出土した無文の鉢形ないしは深鉢形《ふかばちがた》土器であり、その最も古いものは放射性炭素年代測定法によってだいたい一万六五〇〇年前のもの、その他の比較的新しい年代が測定された土器についても、およそ一万五〇〇〇年前のものとされている（図8）。ちなみに、現在、最古の土器とされるものは中国湖南省の玉蟾岩洞穴から出土した土器で、これには約一万八〇〇〇年前の年代が与えられている。

大平山元I遺跡から出土した土器には煮炊きの時についたと思われる煤《すす》や「おこげ」が付着しているだけでなく、土器自体が赤く変色しており、使用時に直火《じかび》による二次的な火熱を受けたことが明らかである。これらの点からも、日本列島域において土器は当初から

図8　青森県大平山元Ⅰ遺跡出土土器　外ヶ浜町教育委員会提供

煮沸具、平たく言うと「鍋」として登場したと推定できるだろう。

土器の本来的役割

土器の起源については未解明の点も多いが、土器が登場したことによって、当時の人々の生活が大きく変化したことは容易に想像ができる。植物の繊維を編んだ「うつわ」（編みカゴ等の編組製品）や、木をくりぬいた「うつわ」（木製容器）と比較して、粘土を焼いて製作した土の「うつわ」である土器の最大の長所は、何と言っても耐火性、耐水性に優れ、長時間の煮炊きを行うことができるという点であろう。これは他の材質の「うつわ」では行うことのできない作業である。

ただ単に煮沸を行うということだけであれ

ば、土器が存在しなくても技術的には可能である。たとえば、日本の民俗例の中にも、焼けた石を木製容器にためた水の中に入れて煮沸を行うという技術が存在する。また、旧石器時代や縄文時代草創期などに見ることのできる焼け石の集石の中には、このような一時的な煮沸に用いられたものもあっただろう。しかし、内容物の状態を確認しながら長時間、煮込むことができるのは土器だけである。したがって、この長時間煮込むという作業こそが、土器の本質的な役割であったと言うことができるだろう。

土器の基本的な用途が「鍋」であることは、中期のさまざまな装飾や把手《とって》を付けた土器や、後期以降に多くなる精巧な深鉢形土器にもあてはまる。いわゆる火焔型土器にも、煮炊きの時についたと思われる煤や「おこげ」が付着しているものがあり、「鍋」として使用した痕跡が残されている。

土器がもたらした食生活の多様化

土器が登場し、内容物を長時間、煮込むことができるようになったことで、縄文時代の人々は旧石器時代と比較して、より多くの食料資源を利用することが可能になった。たとえば、焼く、蒸すといった従来の調理方法ではそれまで利用できなかった、動物のスジや頬肉などの硬い部位の肉、草菜の植物繊維なども煮込むことによって、やわらかくなり食べることができるようになった。また、熱をしっかり加えると、アルカロイド類など、自然に存在し、直接摂取したら人体に有害な物質を除去することも可能になるので、重要なデンプン質の供給源であるトチやドングリ類も食料資源として十分に利用できるようになった。これは、デンプン質を効率よく体内に取り入れるためには、加熱加工する必要があるからである。

もちろん、縄文人は貝類や魚類を土器で煮ただろうし、獣骨を煮て骨髄からスープを取り出したりもしただろう。そして、なにより重要な点は、煮込むことによってさまざまな食材を組み合わせた煮込み料理、鍋・スープ・シチュー類をつくることができるようになったことである。また、肉類や魚類、貝類、草菜類、デンプン質といった複数の食材、さらには調味料としての塩などを組み合わせることによって、いくつもの好みの「味」をつくり出すことができたと思われる。このように土器の登場は、新たな食料資源の開発・量的拡大に多大な貢献を果たしたばかりではなく、嗜好の多様化をも導いた。

多様な土器の用途

土器が利用されるのは、なにも食料を調理する場面だけではない。たとえば、植物の繊維をやわらかくするために湯に長時間つけ込んだり、アスファルトを溶かしたりする時にも用いられた。また、ウルシの精製をするためには、ウルシを四〇度前後に加熱した上で保温しながらかき回さなければならないが、そのような作業も土器を用いて行われた。この他、数々の染料や顔料も、焼成・煮沸してつくられただろう。

植物繊維は撚糸《よりいと》や縄として、アスファルトは石鏃やヤス、釣り針を装着するときの接着剤として、ウルシは接着剤や漆器や土器などの塗料として、縄文人が用いる道具をつくる素材となった。また、染料や顔料は色をつけるという実用的な用途以外にも、墓に散布するなどという呪術的な見地からもさまざまな利用がなされた。これらの素材をつくるためにも、土器が重要な役割を果たしていたのである。

ちなみに、博物館や図鑑などにおいて土器を直接口に触れるような食器としている食事風景が復元されている場合があるが、出土遺物の検討から、実際にはより口当たりのよい木製品（椀や匙《さじ》など）が食器として使われていたと推定される。

土器の製作工程

ヨーロッパ考古学の泰斗《たいと》であるV・G・チャイルドは、土器の製作は、人間が化学変化を意図的に利用した最初のものであったと述べている（チャイルド一九五一）。確かに、粘土をいったん乾燥させ、火で五〇〇度以上に加熱すると、粘土の中に含まれている結晶水が消失し、化学変化が起きる。こうなると粘土は水分を加えたとしても、もう元のように可《か》塑性《そせい》に富んだ状態に戻ることはない。しかし土器は、ただ粘土をこねて器の形に整形し、火で焼けばできるというものではない。実際に火にかけることのできる土器を製作するためには、数多くの工程が必要である。

まず初めに、粘土の準備である。この粘土はどんな粘土でもよいというわけにはいかない。焼き物に適した粘土には、花崗岩《かこうがん》などのように長石《ちょうせき》を多く含む岩石が風化してできたものが望ましく、ある程度「腰」があり土器の形をつくりやすいなどの点が必要とされる。粘土の中に植物の根などの不純物や余分な空気が入っていたりすると焼成時に割れてしまうので、素地づくりをするために何度も粘土の精製が行われただろう。また、焼成温度を上げ、焼きのよい土器をつくるために、あるいは焼成時や乾燥時に割れないようにするために意図的に雲母《うんも》や黒鉛《こくえん》などの鉱物や植物繊維、時には土器を砕いた小破片などを粘土に混ぜたりすることもあった。このようにして作製された素地を紐状に伸ばし、輪積み技法などによって土器の形に整形していくのである。

土器を整形する過程で、表面にさまざまな文様が施される。縄文を転がすものもあれば、アカガイなどの二枚貝で引っ掻いたような条線が施されるものもある。内側には、水漏れをしないように丁寧に研磨をかけているものも多い。このような整形の後、乾燥され、焼成されてようやく土器は完成する。乾燥や焼成時には、その含水分の把握や、加熱の仕方など、さまざまな配慮がされただろう。このように、「使える」土器を製作するにあたっては、多くの高度な技術が複合的に必要とされるのである。

土器は女性がつくったのか？

世界各地の民族事例をみると、生活をしていく上で必要な作業が男性と女性とでは異なる場合が多い。このような作業のあり方を性別分業と呼ぶが、土器に関しては、ほとんどの場合、製作しているのは女性である。このことから類推して、縄文時代にも性別分業が存在し、土器の整形は女性が行っていたとされることがある。おそらくこの見通しは正しいだろう。ただし、土器の製作工程すべてを一人の女性が担っていたと考える必要はない。大型の土器の製作には複数の女性が関わったと思われるし、粘土素地の入手や土器の焼成などは男性が担っていた可能性も視野に入れてよいだろう。

土器が製作された場所

今のところ、縄文時代に土器づくり用の粘土が広範囲に流通していたとは考えにくいため、粘土の採掘地周辺が同時に土器の製作地点でもあったと推測されている。土器の胎土《たいど》

図9　東京都多摩ニュータウンNo.245・248遺跡間で接合した土器と打製石斧　東京都埋蔵文化財センター提供

（生地となる粘土）に含まれる鉱物の組成を分析することによって、土器が製作されたおおよその場所を知ることができる。これを胎土分析と言う。それによると、縄文全時期を通して、土器の胎土は出土遺跡周辺の地質と類似することが多く、土器は基本的に各地域において製作、消費された可能性が高い（河西二〇〇八）。また、近在する遺跡間における同一時期の土器の胎土を分析すると微妙に異なっているところから、土器の製作は基本的に個々の集落内で行われていたと思われる。

ただし、縄文時代の後半には複数の集落間である程度の役割分担・分業などが行われていた場合も考えておく必要がある。たとえば中～後期の東京都多摩ニュータウン二四五遺跡から出土した土器と打製石斧は、二四八遺跡から出土した土器・打製石斧と接合できることがわかった（図9）。つまり同一個体の破片が、それぞれ別の遺跡から出土していたのだ。このことは、二四五遺跡と二四八遺跡の間で人の行き来があったことを示している。二四五遺跡は土器製作を行っていた集落であることが判明しており、一方、二四八遺跡からは大規模な粘土採掘坑が検出されている。おそらく、二四五遺跡の人々が二四八遺跡まで来て、土器製作用の粘土を採掘していたのだろう。

土器登場の歴史的意義

世界各地の事例を見ると、すでに旧石器時代にも粘土を焼成して、土偶（ビーナス像）や動物像を製作する技術が存在していたことがわかっている。しかし、それが土器づくりに応用されるようになるまでは、さらに時間が必要であった。これは、土器づくりが、非常に多くの技術的要素から成り立っているためである。上述したように、実際に長時間、火にかけることのできる土器は一朝一夕にできるようなものではなく、煮沸具として使用できるようになるまでには、幾多の試行錯誤が行われたに違いない。

土器の登場は、幾多の試行錯誤の上に達成された出来事であった。そしてそれはさまざまな資源、道具類の開発・増産を導くことになる、画期的な技術の成立をも射程に入れる

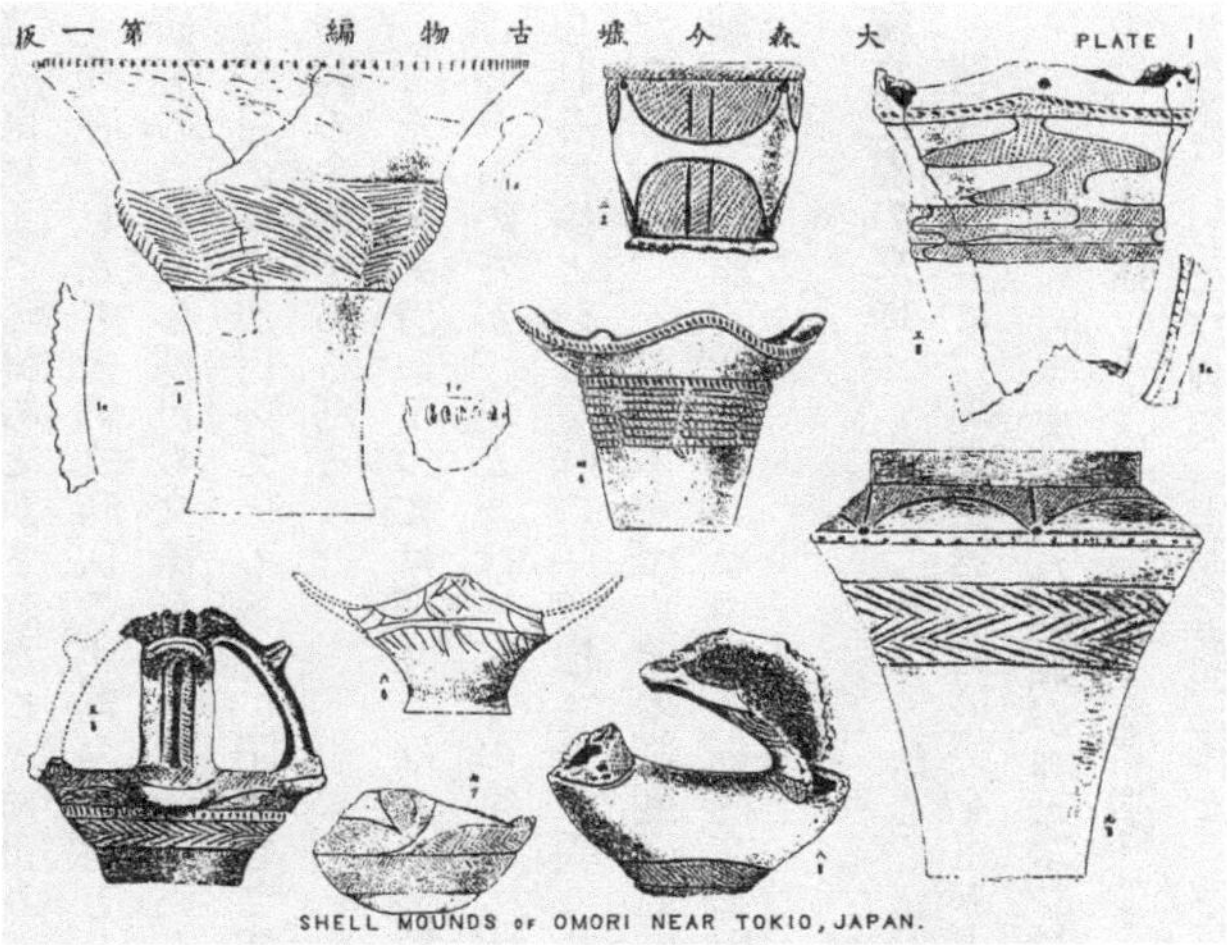

図10　東京都大森貝塚出土土器　東京大学総合研究博物館提供

ものだった。その意味で、土器の登場の歴史的意義は大きい。

縄文土器という名称

さて縄文土器の名称は、東京都大森貝塚から出土した土器の中に縄を用いて文様を施したものがあったことからE・S・モースがこれらをcord marked potteryと名付け、ひいては縄文が施されていないその他の土器を含めた総称としてcord marked potteryと呼んだことに由来する（Morse 1879、図10）。このcord markの語が、後に大森貝塚の報告書を翻訳する時に東京帝国大学教授矢田《やた》部良吉《べりようきち》によって索紋《さくもん》とされ、そして後年おなじく東京帝国大学教授であった白井《しらい》光太郎《みつたろう》によって縄紋と訳されたことにより、縄文土器の語が一般化したとされている。

現在、私たちは縄文時代の土器の総称として縄文土器の語を用いているが、この語には研究の当初から縄目の文様が付いていないものも含まれていた。現在でも縄文土器の名称を縄目の文様が付いているものに限定して使用する向きがあるが、それは研究史的にみて検討の余地があるだろう。

また、研究者によっては縄文ではなく縄紋の語を使う人もいる。その理由はいくつも挙げられるのだが、たとえば「文」の字は、本来「文身《いれずみ》」の意味であり、土器の表面に付けられる模様という意味の「紋様」とは異なるからだと言う人もいる。こだわりは多々あるだろうから、それは本書でもその都度、対応することとして、ここでは歴史教科書にも掲載され、一般的な用語となっている縄文を用いることにしておきたい。

縄文土器の文様

器形とともに、縄文土器の造形美を生み出しているのが文様である。土器の表面に付けられた文様にはさまざまな種類が存在するが、多くの場合、沈線《ちんせん》（ヘラ状の工具などで土器の表面に線を描いたもの）や浮線《ふせん》・隆起線（土器の表面に粘土紐を貼り付けるなどして線状に隆起させたもの）および刺突（土器の表面に棒などで点状に刺突を加えたもの）などの組み合わせで構成

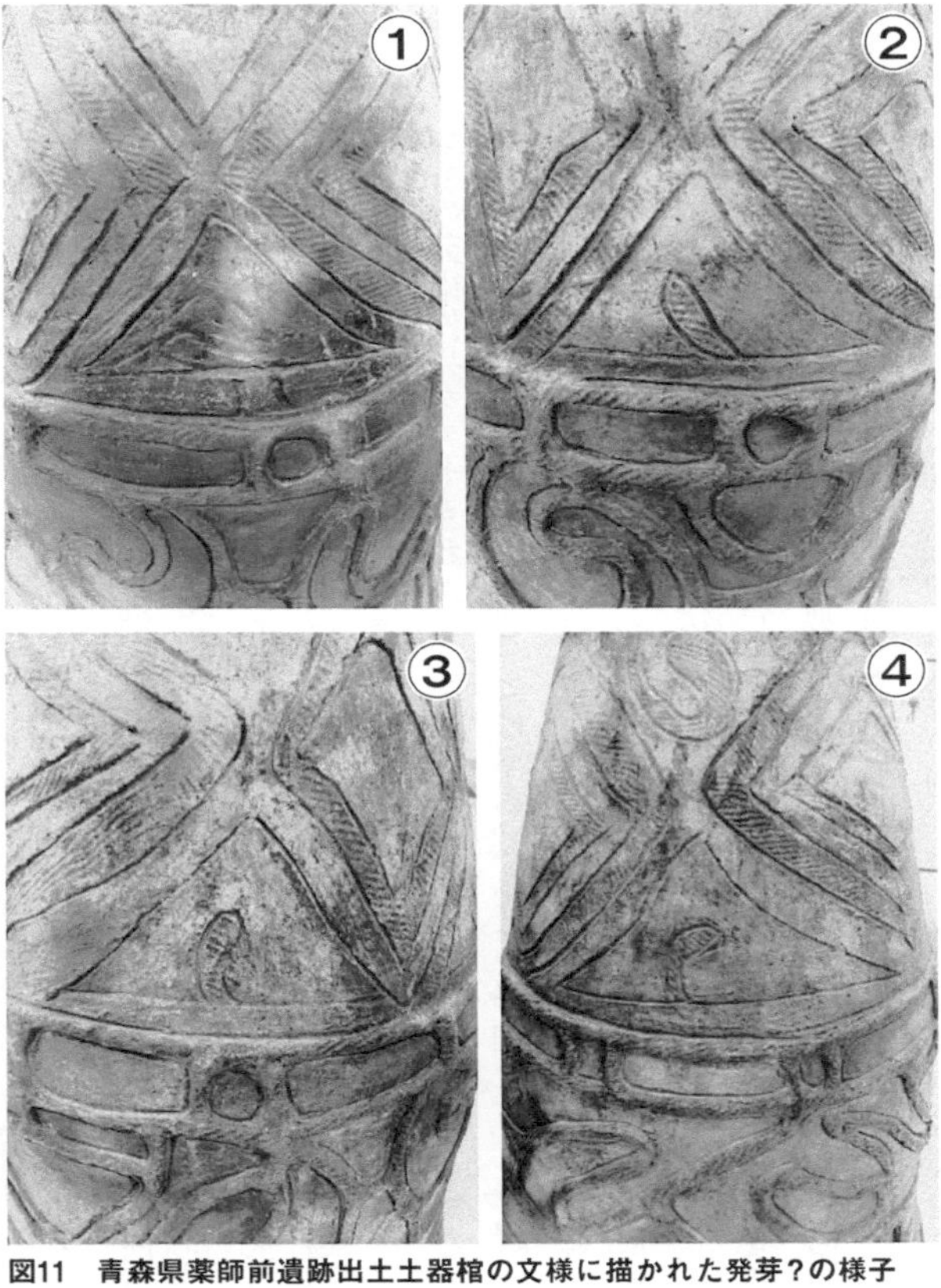

図11　青森県薬師前遺跡出土土器棺の文様に描かれた発芽？の様子
八戸市博物館、山田撮影

されている。

なぜ縄文土器にはさまざまな文様が描かれたのだろうか。この点についてはまだ未解明な点が多いが、アメリカ先住民の事例を参考として、縄文土器の文様が何らかの意味やメッセージを持っていたと考える研究者もいる（小林一九七七、佐原一九八七）。たとえば、青森県薬師前《やくしまえ》遺跡から出土した土器棺には、あたかもワラビが発芽し、芽吹いていく様子を描いたような文様が連作で描かれている（図11）。これなどは、発芽する場面を描くことで生命の再生を祈念したものかもしれない。

いくつもの芸術作品をみてもわかるように、現代においてもさまざまな抽象的造形物に具体的な意味やメッセージを込めることは多い。もはや詳細にそれを読み解く術はないが、われわれと同じホモ・サピエンスである縄文人が、土器の器形や文様に何らかの意味やさまざまなメッセージ、場合によっては物語や神話といったものを託していたという可能性は十分にありえると私も考えている。

縄文土器には機能的な側面を追求していく方向性を持つデザインと、機能的にはなんら意味をなさない突起などの繁縟《はんじょく》な形態・文様を持つデザインという二つの方向性が存在する。この相反する二つの方向性が、縄文土器の器形と文様の本質、すなわち「かたち」の本質を表している。このような方向性を持つ個々の「かたち」の多様性こそが、弥生土器や須恵器《すえき》とは異なる縄文土器独自の造形美を生み出していると言っても過言ではない。

縄文土器の型式と編年

上述してきた縄文土器の「かたち」は、時期や地域によって変化することがわかっている。そもそも土器自体は、基本的に一つ一つが手づくり品であり、また材料の粘土は可塑性に富んだものなので、その造形は製作者ごとに多種多様であってよいはずだ。しかし実際に個々の土器を観察していくと、「かたち」には地域や時期による共通性が存在していることがわかる。縄文土器は、当時の人々の「土器とはこういうものだ」という認識（専門用語でこれをスキームと言う）の下に製作されたものだから、一定の共通性が存在するのはむしろ当然だろう。縄文時代の研究では、このような共通性によって括《くく》ることのできる「一定の形態と一定の装飾を持つ一群の土器」を、考古学的な一つの単位として取り上げ、型式《けいしき》と呼ぶ。

土器は可塑性の高い粘土を材料とした「うつわ」である。それゆえに、一般的にその破損率は高かったと推定され、そのために、新規につくり直されることも多かったろうと思われる。しかし、手づくりである以上、新規につくり直したとしても、まったく同じものができ上がることはない。前の土器と比べて、必ずどこか少し異なる部分があるはずで

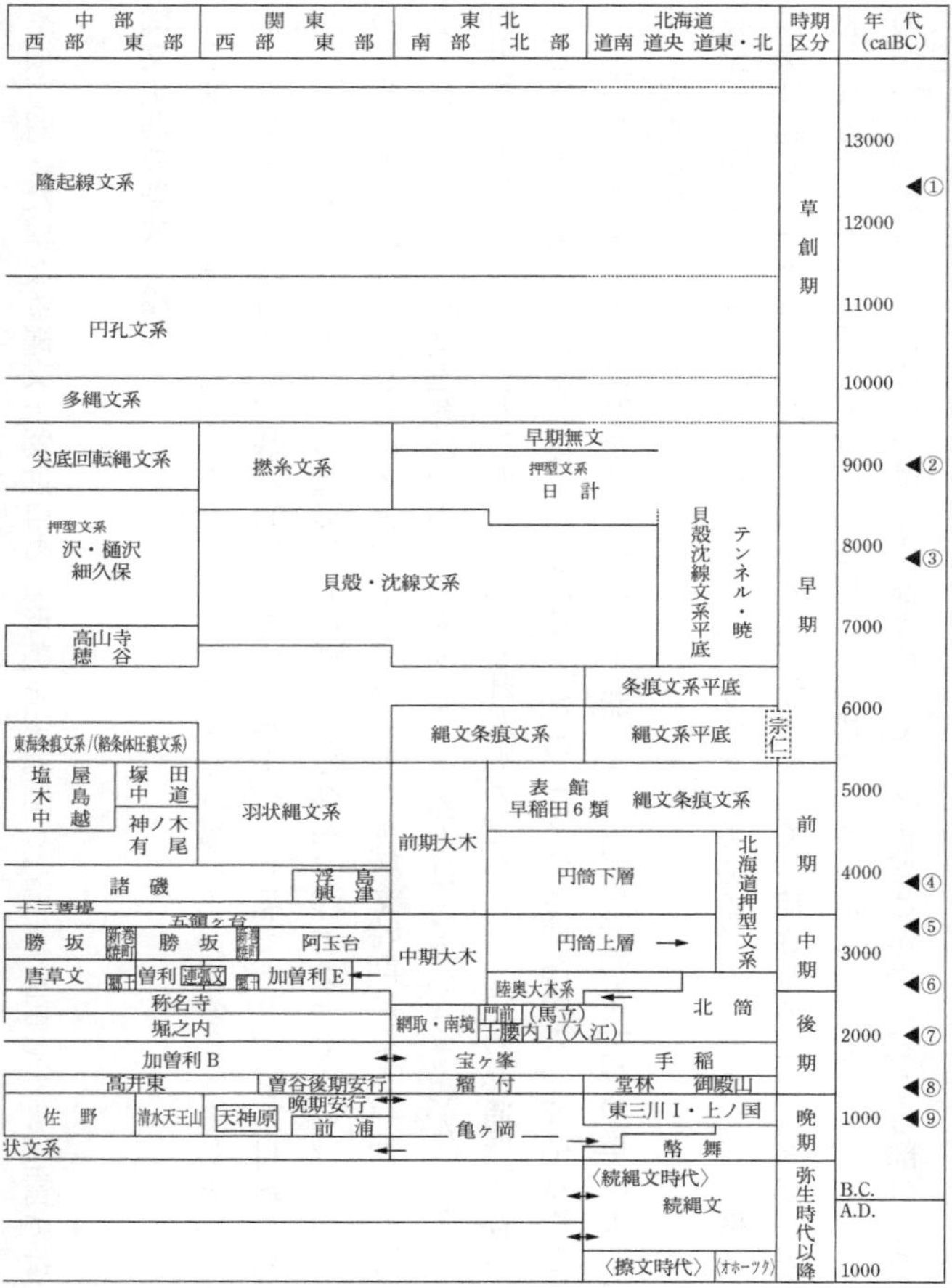

中部
西部 東部
関東
西部 東部
東北
南部 北部
北海道
道南 道央 道東・北
時期区分
年代（calBC）
隆起線文系
円孔文系
多縄文系
草創期
13000
◀①
12000
11000
10000
尖底回転縄文系
撚糸文系
早期無文
押型文系
日計
9000
◀②
押型文系
沢・樋沢
細久保
貝殻・沈線文系
貝殻沈線文系平底
テンネル・暁
8000
◀③
早期
高山寺
穂谷
7000
条痕文系平底
6000
東海条痕文系/(絡条体圧痕文系)
縄文条痕文系
縄文系平底
宗仁
塩屋
木島
中越
塚田
中道
神ノ木
有尾
羽状縄文系
前期大木
表館
早稲田6類
縄文条痕文系
5000
前期
円筒下層
北海道押型文系
諸磯
浮島
興津
4000
◀④
十三菩提
五領ヶ台
◀⑤
勝坂
新巻焼町
勝坂
新巻焼町
阿玉台
中期大木
円筒上層
中期
3000
唐草文
曽利
連弧文
加曽利E
陸奥大木系
北筒
◀⑥
称名寺
堀之内
綱取・南境
門前（馬立）
十腰内I（入江）
後期
2000
◀⑦
加曽利B
宝ヶ峯
手稲
高井東
曽谷後期安行
瘤付
堂林
御殿山
◀⑧
佐野
清水天王山
天神原
晩期安行
前浦
亀ヶ岡
東三川I・上ノ国
晩期
1000
◀⑨
状文系
幣舞
〈続縄文時代〉
続縄文
弥生時代以降
B.C.
A.D.
〈擦文時代〉
〈オホーツク〉
1000

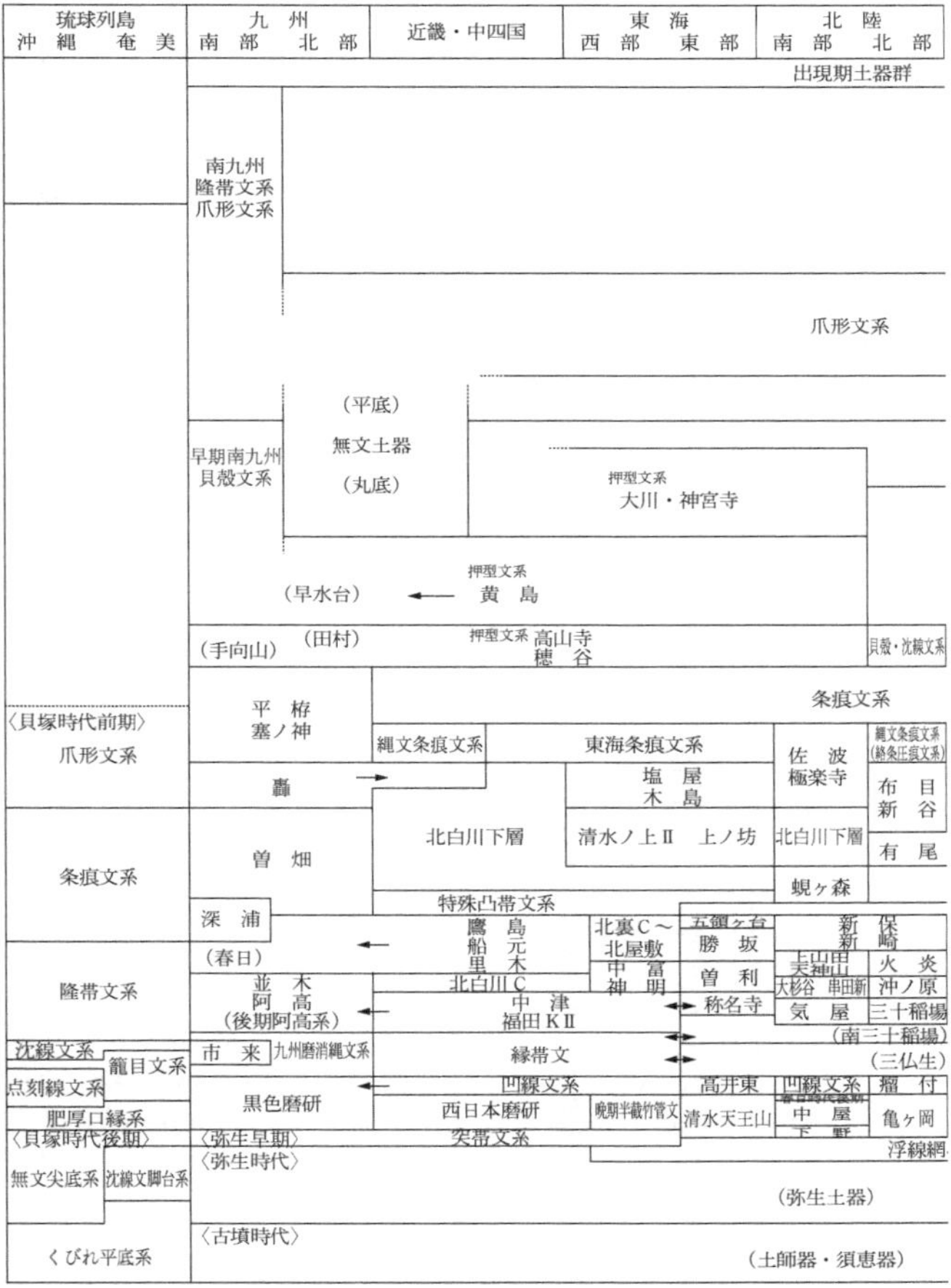

図12　縄文土器の編年表の一例（小林編2008より）

である。繰り返しつくられていくことによって、土器の「かたち」は、長い間に少しずつ変化していき、時期や地域が異なると一見、まったく違う「かたち」を持つようになる。ただし、このような差異は決して無秩序に発生したものではなく、系統立てて順番に跡付けることができる。考古学研究者は、土器に見ることのできるこのような差異や順序に注目し、土器に型式を設定する。これを土器型式と言う。

考古学研究者たちはこの型式という概念を用いて、遺跡から、複数の土器型式が層位的にどのような上下関係で出土するのかを確かめながら、同一地域における土器型式の時期的前後関係を把握し、縄文土器の編年的研究を推し進めている。現在では日本全国の縄文土器について非常に精緻な編年表がつくられている（図12）。

土器はたいがいの遺跡から出土する、普遍的な遺物である。考古学研究者は、遺跡から出土した土器の型式によって、その遺跡がいつの時代の、どれくらいの時期のものか判断する。関東地方などにおいては、それぞれの土器型式が存続した年代幅がすでに計測されているので（小林二〇〇八）、遺跡から出土した土器の型式をみれば、その遺跡が何年くらい前のものかがわかる。いわば、土器型式による編年を、時間を計るモノサシとして利用して、研究を進めるのである。

縄文時代の社会を考えるための視点

上述したような土器出現の歴史的意義を考えた場合、旧石器時代と縄文時代の境界を土器の出現におく時代区分論は、きわめて説得的だと思われる。一方で、土器の歴史的意義を考える上では、土器が当時どれだけ普及し、一般化していたものなのかという視点も重要だ。日本列島の中に土器が一点しかない状況下では、先のような歴史的意義は語れない。ただし、土器の出現、普及がそのまま縄文文化の最大公約数的内容（人々が狩猟・採集・漁労に加えて一部では栽培を主な生業とし、土器や弓矢を使い、高度な動植物管理・利用技術を持ち、段階はあれど本格的な定住生活を行っていた）と軌を一にするような状況でもない。したがって、この時期を旧石器文化から典型的とされる縄文文化への移行期として捉えておく歴史観は非常に有力な考え方となる。

ここで、縄文時代の社会を通史的に考えるために、私が特に重要と考えている四つの指標について述べておきたい。当時の人々の生活がさまざまな要素から成り立っていたことは、ちょっと考えれば十分想定できるだろう。イギリスの考古学研究者のG・クラークは、「文化諸相の相互関係」としてそれらの状況を各要素として取り出し、図化している（Clark 1953、図13）。しかしこれは少々複雑なので、私は、それらの要素のうちから居住形態、生業形態、集団構造、精神文化の四つを取り上げて、これまで叙述を行ってきた（山

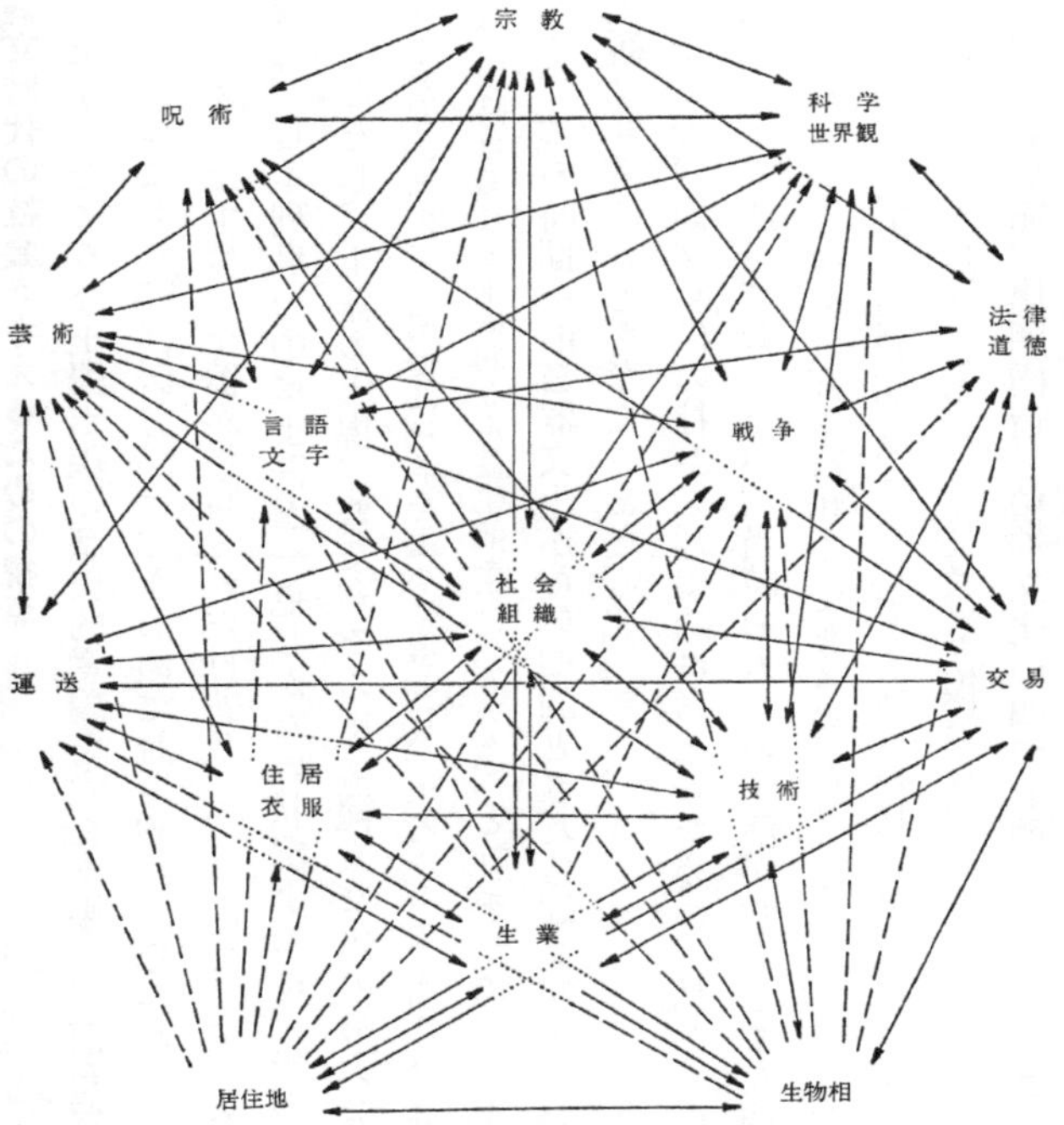

図13　クラークの示した文化諸相の相互関係（井川1983より）

田一九九九・二〇〇二など)。以下、この四つの点に注目しつつ、縄文時代における各時期の様相について概説を行うことにしたい。

2 草創期における各様相

草創期の環境

土器の出現をもって縄文時代の開始と考えると、その当初の気候はまだ冷涼であり、それゆえに海水面も現在よりおよそ五〇メートル以上、低かったと想定されている。それが、温暖化の進行とともにしだいに海水面が上昇し、早期が始まる頃には一〇メートルほど高くなった。

このような気温の変化に対応して植物相も変化し、それまで優勢であったマツ科針葉樹が一万五〇〇〇年ほど前から減少しはじめ、関東地方以西ではブナやコナラ亜属を主体とした落葉広葉樹林がしだいに広がっていったことがわかっている(高原二〇一五)。また、一万五〇〇〇年ほど前からゾウや大型のシカ類がみられなくなり、シカやイノシシといった中小型動物を中心とした現在まで続く動物相ができあがったとされる(高橋二〇一五)。

グリーンランドに堆積している厚い氷の層をボーリングし、そこから得られた各時期の氷(氷床コア)を調べたところ、この時期に気温が五〇年くらいで一気に七~八度も上昇したことがわかった(たとえば工藤二〇一二)。当然、日本列島域にもその影響はあったと思われるが、それでもまだ、現在の海水面よりも四〇メートルほど低く、当時の海岸線や河口付近といった標高の低い場所に立地した遺跡は、その多くが水面下に没している可能性がある。現状においては、このような遺跡について検討することは困難だが、すでに存在が判明している遺跡をもとに概観してみよう。

草創期における段階区分

草創期はおよそ五〇〇〇年間続いたと想定されているが、気候や各遺跡における様相から、大きくフェイズ(phase:様相)1から3の三段階に分けることができる(藤山二〇〇九)。これは草創期という長期にわたる時間幅を考える際に便利な段階区分である。以下、各フェイズごとに概観してみよう。

フェイズ1の概観

約一万六五〇〇年前から一万五〇〇〇年くらい前の、まだ温暖化が始まらない寒冷期で、針葉樹が卓越する環境下にある段階がフェイズ1である。遺跡は平野における微高地《びこうち》上に立地することが多く、この頃の土器は文様のない無文土器群と呼ばれるものである。フェイズ1の遺跡としては、青森県大平山元I遺跡や東京都前田《まえだ》耕地《こうち》遺跡などを挙げることができる。遺跡数はあまり多くはなく、住居跡などの遺構の確認例も少ない。

大平山元I遺跡は青森県東津軽《ひがしつがる》郡外《そと》ヶ浜《はま》町に所在する。一九七五年から七九年の調査によって神子柴・長者久保文化の石器群が出土し、これに無文の土器や石鏃が伴うことが明らかとなった。神子柴・長者久保石器群は、長きにわたって旧石器時代に属するものか、それとも縄文時代に入るものなのかということで議論が行われてきたが、大平山元I遺跡や茨城県後野《うしろの》遺跡などの発掘調査によって、この石器群に土器が伴うことが判明し、縄文時代草創期の石器群として認知されるようになった。一九九八年の調査において出土した土器に付着していた炭化物からは、これまでにも述べてきたようにAMSによる炭素14の年代測定によって較正暦年代《こうせいれきねんだい》で約一万六五〇〇年前から一万五七〇〇年前という年代が測定された。

この時期の土器や石器などの遺物は、ある一定程度の範囲内から集中的に出土する傾向がある。このような遺物の分布範囲を「ブロック」と呼ぶ。大平山元I遺跡では、南北二六メートル、東西二〇メートルほどの楕円形の「ブロック」が検出されており、実際の生活活動も「ブロック」付近で行われていたと考えられている。しかし、大平山元I遺跡か

図14　東京都前田耕地遺跡の住居跡　あきる野市教育委員会提供

らは掘り込みを持つような明確な住居跡や繰り返し使用されて被熱面が赤色化したような屋外炉等は検出されておらず、その居住形態も一ヵ所に長期にわたって定着するようなものではなかったようだ。

大平山元I遺跡よりはやや新しくなるものの、フェイズ1の段階の住居跡としては、東京都前田耕地遺跡から検出された二棟の住居跡がある。これらのうち一棟は明確な掘り込みは持たず、住居内に配石があり、直径が三メートルほどの不整円形を呈している（図14）。屋内に炉は確認されていない。もう一棟は長径四・二メートル、短径三・一メートルほどの不整円形の竪穴式住居である。屋内に炉があるものの、柱穴はなく、長期にわたる定着的な生活ができたとは想定しがたい。一方で、竪穴式住居の炉からはサケのアゴの骨などが多数発見されており、この段階ですでにサケのように季節によって多量に捕獲可能な水産資源が利用されていたことがわかる。これらの住居も、サケの捕獲など季節的かつ集約的な労働時に設営された、一時的なものであったのかもしれない。このような居住形態は、アフリカの民族誌に見られるような、食料を求めて移動を繰り返す人々（これをフォレジャーと言う）の居住形態に近いものと考えられるだろう（佐々木一九九一）。

フェイズ2における状況

温暖化が始まった、一万五〇〇〇年ぐらい前から一万三〇〇〇年ぐらい前の段階がフェイズ2である。この頃になると植生も落葉広葉樹が多くなり、遺跡も台地や丘陵地へと進出していく様相を見ることができる。この頃に使用されていた土器は、口縁部に粘土の貼り付けによってミミズ腫れのような文様を付けた隆起線文土器群と呼ばれるものである。この時期には、日本各地において遺跡数も増加し、住居跡と考えられる遺構の発見例も増えてくる。また、縄文時代を代表する石器である石鏃の出土数も増加する。しかしながら、石鏃が出土しない遺跡も存在するので、この段階には弓矢の使用はまだ一般化していなかったのかもしれない。

この段階の住居は、三〜四メートル程度の直径の不整円形の形に浅く掘り込まれたものであり、屋内に炉を持たないものが多く（たとえば神奈川県南鍛冶山《みなみかじやま》遺跡や花見山《はなみやま》遺跡、栃木県の野沢《のざわ》遺跡の事例など）、一年間を超えて長期に居住するにはやや脆弱である。

しかしながら、この段階における九州地方南部（含む種子島《たねがしま》）の遺跡では、出土する遺物の量も多く、樹木伐採用と思われる磨製石斧や木材加工用と思われる丸ノミ形石斧、植物加工に用いられたと思われる石皿や磨石類（堅果類などを敲《たた》いてすりつぶすための丸い石）が目立つようになる。中には、鹿児島県種子島の鬼《おに》ヶ野《の》遺跡のように三〇〇点を超える石鏃が出土した遺跡もあり、九州地方南部では相対的に弓矢の普及が早かったことをうかがわせる。

この他、遺構としては竪穴式住居の他、石器の製作址と思われる竪穴状遺構や集石《しゅうせき》（石を集めた遺構。焼けた石が多く、蒸し焼きなどの調理施設であったと考えられる）、土坑（地面を掘りくぼめた穴）も検出されている。また、遺構で注目しておきたいのは、燻製の製作に用いられたと考えられる煙道付き炉穴である（たとえば鹿児島県掃除山《そうじやま》遺跡の事例など）。この段階ですでに長期の保存を考えた食品加工が行われていたことになる。出土した遺物や検出された遺構の数や種類から見る限り、九州地方南部における人々の定着性（定住化傾向）は、他地域に先駆けて強くなっていたと考えられるだろう。

一方、北海道では、長い間、土器の出土する草創期の遺跡が確認されていなかった。しかしながら、二〇〇三年に行われた大正《たいしょう》3遺跡の発掘調査で、この時期に属する石器群と土器が出土し、北海道にも本州と同じ時期に土器文化が存在したことが明らかとなった。土器に付着していた「おこげ」や煤による年代測定では一万四〇〇〇年ほど前の値が報告されており、大正3遺跡出土例が北海道最古の土器群となることも判明した。また、土器に付着した「おこげ」がどのようなものに由来するのか調べるために炭素と窒素《ちっそ》の同位体分析を行ったところ、海産物由来の成分が見つかった。おそらくは川をさかのぼったサケ・マス類を土器で調理した痕跡である可能性が高いとされている（Kunikita, D. et al 2013）。当時、すでにサケ・マス類を使用した鍋料理がつくられていたのかもしれない。

フェイズ3におけるさまざまな展開

寒の戻りであるヤンガードリアス期の頃で、およそ一万三〇〇〇年前から一万一五〇〇年ぐらい前のことである。この時期に使用された土器は、口縁部周辺にC字状の文様を付けた爪形文土器群と呼ばれるものや、土器表面に縄文を施した多縄文土器群、片面だけでなく土器の表裏に縄文を付けた表裏縄文土器群などであった。遺跡の立地をみると、山間部へと分布が拡大していくさまが読み取れる。遺跡数も以前より増加し、住居跡等の遺構の発見例も多くなる。また、実用品である石器や土器以外にも呪術具である土偶（三重県粥見井尻《かゆみいじり》遺跡・滋賀県相谷熊原《あいだにくまはら》遺跡）や赤色顔料を塗った土器（宮崎県清武上猪ノ原《きよたけかみいのはる》遺跡）なども出土しており、この段階で精神文化にある程度の高揚があったことは間違いないだろう。

図15　滋賀県相谷熊原遺跡の土偶
滋賀県埋蔵文化財センター提供

相谷熊原遺跡は、滋賀県東近江《ひがしおうみ》市に所在し、愛知《えち》川と渋《しぶ》川の合流地点にある緩斜面上に立地する。周辺の圃場《ほじょう》整備事業に伴って、二〇〇九年から翌年にかけて滋賀県文化財保護協会によって発掘調査が行われ、縄文時代草創期の住居跡（報告書では竪穴建物と呼んでいる）が、D1区から一棟、E2〜4区から四棟が地点的にまとまった形で検出されている。

検出された住居跡はいずれも円形のプランを持つ竪穴式のもので、その直径が六メートルから八メートル、検出面からの深さが一メートルもあるものがある。これらのうち、ほぼ完掘されたD1区086住居を見てみると、住居の床面にテラス状の段差を持ち、床面積は約二四平方メートル、テラス部をあわせると四九平方メートルにも及ぶ。なお、086住居からは、貴重な草創期の土偶が一点出土している（図15）。

各住居跡から出土する土器には時期差がほとんどみられないので、同時に複数の住居が存在していた可能性もあるという。ただし、報告書によれば、遺跡に搬入された石材は微細な原石や剝片で、大型の原石を持ち込んだ形跡はないという。これらの点から復元できる本遺跡の集落像は、長期定住を志向するものではなく、他へ移動することを前提としたものだったと考えられている。

ただし、広く深いという住居の構造を考えると、単なる狩猟小屋などといった一時的な逗留《とうりゅう》用のものというわけでもなかったようだ。また、これらの住居跡には床面が幾度もつくり直された痕跡が確認されている。先の石材の搬入形態の分析を踏まえて考えると、ある程度の期間の居住が想定されている一方で、移動も視野に入っているという居住形態を復元できるだろう。床面が幾度もつくり直されていた点は、あるいは住居を断続的・回帰的に幾度も使用していたことを指し示すのかもしれない。したがって、フェイズ3の段階における居住形態は、本格的な定住を視野に収めつつも、その段階にはまだいたっていないものと考えられるだろう。

三重県の粥見井尻遺跡からは直径四メートルほどの円形のプランを持つ竪穴式住居二棟と六メートルほどの円形のプランを持つ竪穴式住居二棟の合計四棟が確認されており、そのうちの二棟から土偶が出土している。これらの住居群は互いに近接しており、かつ同一地点における建て替えが行われていたことがわかっている。また、土器や石器なども多数出土していることから、四棟一単位で集落を構成していた可能性が指摘されている。四棟すべてに縄文時代の人々が居住したとすれば、その集落の人口は一〇人を超えるものであっただろう。

3　わかりはじめた植物利用のあり方

堅果類用貯蔵穴の存在

これまでにも述べてきたように、氷期がおわりに近づきつつあった約一万五〇〇〇年前頃、地球環境は急激な温暖化に見舞われた。それまでの冷涼な気候下では、日本列島の大部分には亜寒帯性から冷温帯性の針葉樹の林が広がっていたが、この温暖化によって多くの植生は、冷温帯性の落葉広葉樹林に急速に置き換わっていった。この新しい森の主役はドングリを実らせるナラ類であった。

まだまだ未知の部分が多い草創期の植物利用状況だが、フェイズ2のおわりからフェイズ3については、当時の状況を知ることのできる資料がいくつか確認されている。

鹿児島県の東黒土田《ひがしくろつちだ》遺跡からは、縄文時代草創期のドングリ類貯蔵穴が発見されており、これは約一万三四〇〇年前のものという年代測定結果が得られている（工藤二〇一二）。この貯蔵穴は、確認面における直径が四〇センチメートル、深さが二五センチメートルの浅い鉢形をしており、内部には炭化した種子がびっしりと詰まっていた。この貯蔵穴から出土した炭化種子はコナラ属の子葉《しよう》（食用となる黄色い部分）であり、イチイガシとする鑑定や、クヌギ・カシワなどの落葉性のコナラ属とする鑑定結果が出されているが、確定はされていないようだ。しかしながら、食用とするのにアク抜きを必要とする種類のものであったら、この時期にまでアク抜きによる植物加工技術はさかのぼると見てよいだろう。

クリの利用開始

クリは縄文時代全時期を通じて重要な植物の一つだが、このクリについても、すでに草創期段階の出土例が報告されている。栃木県野沢遺跡の住居跡出土クリ炭化材からは、約一万三〇〇〇年前の測定値が得られている。おそらく住居の建築材として利用されたのだろう。また、福井県の鳥浜《とりはま》貝塚からは、クリの丸太を四分の一に分割し、両端を尖らせた加工痕のある木材が出土しているが、その年代も約一万二〇〇〇年前という数字が得られている。フェイズ3の段階において、クリがすでに建築材・加工材として用いられていたことがわかる。クリは比較的加工が容易である一方で、耐久性、保存性に優れ、特に水湿に強く腐食しにくい性質がある。当時の人々はクリのこのような特性についてすでに知識があり、それゆえにクリを建築材をはじめとする木材として用いたのだろう。

木材としての利用だけではなく、食用としての利用もほぼ同じ時期までさかのぼることがわかっている。長野県お宮《みや》の森裏《もりうら》遺跡から出土したクリの子葉は、年代測定の結果、約一万二八〇〇年前のものであったことが判明した。縄文人は、温暖化によって植物相が変化していく中で、木材として食料として、有用な樹木であるクリをいち早く見いだしていたのである。

この他、宮崎県の王子《おうじ》山《やま》遺跡からは、草創期の土器に付着してユリ科ネギ属の鱗茎《りんけい》が発見されており（工藤二〇一五）、この時期にノビルやギョウジャニンニクといった植物が利用されていたこともわかっている。王子山遺跡からはナラ類（ミズナラ・コナラなど）の炭化種実（子葉）も出土しており、これには一万三三〇〇年前との年代測定結果が与えられている。この他、ダイズ属（ツルマメ）の土器圧痕も検出されており、当時の人々がすでにマメ類も利用していた可能性が高い。

先にとりあげたフェイズ1の前田耕地遺跡におけるサケ骨の出土例も含めてこれらを勘案すると、草創期の遅くともフェイズ3の段階で、すでにかなりの種類の動植物質食料が開発されていたとみてよいだろう。

ウルシの利用開始？

鳥浜貝塚からは、約一万二六〇〇年前のウルシ材が出土している。ウルシは、本来、日本には自生しない外来植物であることから、ウルシがすでに草創期には日本に持ち込まれていたことになる。現状では、当時ウルシが何に使われたのか判断するのはむずかしいが、樹液を採集し、石鏃と矢柄を接着したり、土器を接合したりする接着剤として使われた可能性も否定はできない。また、すでにこの段階で漆器の製作加工の技術が存在した可能性も視野に入れておいてもよいかもしれない。

4　複雑な精神文化の芽生え

土偶の出現

実用品である石器や土器以外に、縄文時代には呪術具などの直接生業には関わらない道具が存在する。このような道具のことを國學院大學名誉教授の小林達雄《こばやしたつお》は「第二の道具」と呼んだ（小林一九八八）。

草創期の段階で、すでに「第二の道具」は出現している。三重県粥見井尻遺跡からは女性の上半身を思わせる乳房を表現したトルソー様の土偶が二点出土している。滋賀県相谷熊原遺跡からも、同様に女性の上半身を想像させる形状の土偶が出土している。この他、鹿児島県掃除山遺跡や愛媛県上黒岩岩陰《かみくろいわいわかげ》遺跡からは、女性を思わせる線刻画が描かれた石製品（線刻礫）が出土している。

これらの資料は、素材を問わず明確な乳房の表現があることから女性をかたどったものと考えられるが、その具体的な用途、使用場面は現状では不明な部分が多い。しかしながら、この段階で女性に対する「なんらかの特別な視線」が存在したことは肯定できるだろう。その場合、やはり生物学的にも女性にのみ可能である妊娠・出産という、新たな生命を産み出す特性に注目せざるをえない。

一方で土偶は出現するものの、その量は非常に少ないことにも注目しておきたい。このことは、移動が多い草創期の生活様式の中では土偶はまだまだ必要とされる場面が少ない呪術具であったことを表している。

墓のあり方

草創期の墓と捉えることのできる資料はさほど多くはない。この時期の埋葬人骨も、明確なものは確認されていない。栃木県大谷寺《おおやじ》洞窟《どうくつ》遺跡から出土した人骨の年代測定値が、約一万一〇〇〇年前として草創期末にまでさかのぼる可能性が示されているものの、明確な出土状況、埋葬属性は不明である。

しかし、墓に関する資料はフェイズ3から増加してくる。長野県仲町《なかまち》遺跡からは、この時期の土坑墓が三基、近接した状態で検出されている。これなどは小規模ながらも、すでに集落内で埋葬を行う地点が決められており、墓域が形成されていた可能性を示している。また、磨製石斧を副葬したと思われる土坑墓も見つかっており、埼玉県打越《おっこし》遺跡・福島県仙台内前《せんだいうちまえ》遺跡など、草創期の段階で、すでに実用品を副葬する風習があったことがわかる。

当時の社会構造

草創期の段階において社会構造にまで迫れるような良好な資料はほとんどないが、大分県教育庁の綿貫俊一《わたぬきしゅんいち》は、愛媛県上黒岩岩陰遺跡の事例を取り上げ、この難問に挑んでいる（綿貫二〇一四）。綿貫は、上黒岩岩陰遺跡から出土した女性像が刻まれた線刻礫に注目し、これを女性の持ち物と見なした。その上で、仮に上黒岩岩陰遺跡のある久万《くま》高原から海岸部や平野部への婚姻などによる女性の移動、あるいは双方向における夫方居住婚や、居住形態としての季節的な移動があったならば、海岸部や平野部でも線刻礫は見つかるはずだとし、現状では上黒岩岩陰遺跡以外に出土例が確認されていないことから、結婚後も集落に女性がとどまるような婚姻形態（夫が集落にやってくる妻方居住婚）が採られていたと考えている。

また、綿貫は線刻礫を用いる儀礼が長期にわたって存在した可能性を指摘するとともに、上黒岩岩陰遺跡四層から出土した人骨には女性骨が多いという点から、早期においても妻方居住婚が存在したと考えている。通常、妻方居住婚は母系的な社会に見られることが多いということを勘案すれば、草創期から早期にかけてこの地域には母系的な社会が存在していた可能性が指摘できるだろう。

参考文献

井川史子「旧石器文化研究の方法論」麻生優・加藤晋平・藤本強編『旧石器文化の研究法』日本の旧石器文化　五巻、雄山閣、一九八三。
河西　学「胎土分析と産地推定」小杉康他編『土器を読み取る』縄文時代の考古学第七巻、同成社、二〇〇八。
工藤雄一郎「縄文時代のはじまりのころの気候変化と文化変化」『縄文はいつから⁉』新泉社、二〇一一。
工藤雄一郎・東　和幸「鹿児島県東黒土田遺跡から出土した縄文時代最古の貯蔵穴」『植生史研究』第一八巻第二号、日本植生史学会、二〇一一。

工藤雄一郎「王子山遺跡の炭化植物遺体と南九州の縄文時代草創期土器群の年代」『国立歴史民俗博物館研究報告』一九六集、国立歴史民俗博物館、二〇一五。

小林謙一「年代測定　縄文時代の暦年代」小杉康他編『歴史のものさし』縄文時代の考古学第二巻、同成社、二〇〇八。

小林達雄「縄文土器　造形への論理と情念」『縄文土器』日本原始美術大系第一巻、講談社、一九七七。

小林達雄『縄文人の道具』古代史復元第三巻、講談社、一九八八。

小林達雄編『総覧縄文土器』アム・プロモーション、二〇〇八。

佐々木高明『日本史誕生』日本の歴史第一巻、集英社、一九九一。

佐原　真『日本人の誕生』大系日本の歴史第一巻、小学館、一九八七。

高橋啓一「旧石器時代から縄文時代にかけての動物相の変化」『季刊考古学』第一三二号、雄山閣、二〇一五。

高原　光「旧石器時代から縄文時代にかけての植生の変化」『季刊考古学』第一三二号、雄山閣、二〇一五。

チャイルド、G．（ねず・まさし訳）『文明の起源』岩波新書、一九五一。

藤山龍造『環境変化と縄文社会の幕開け　氷河時代の終焉と日本列島』雄山閣、二〇〇九。

山田康弘「縄文から弥生へ　動植物の管理と食糧生産」『食糧生産社会の考古学』現代の考古学第三巻、朝倉書店、一九九九。

山田康弘「中国地方の縄文時代集落」『島根考古学会誌』第一九集、島根考古学会、二〇〇二。

綿貫俊一「上黒岩岩陰遺跡の暮らし」『続・上黒岩岩陰遺跡とその時代』愛媛県歴史文化博物館、二〇一四。

Clark, G. 1953 the economic approach to prehistory *Proceedings of the British Academy*, vol39.

Kunikita, D. at al. 2013 Dating Charred Remains on Pottery and Analyzing Food Habits in the Early Neolithic Period in Northeast Asia *Radiocarbon*.55-2・3.

Morse, E.S. 1879 Shell Mounds of Omori, Memoirs of Science Department, University of Tokyo Japan.

第三章　本格的な定住生活の確立　早期（Ⅱ期）

1　定住とはなにか

定住生活の定義

縄文時代の人々の住まい方（居住形態）は、一体どのようなものであったのだろうか。当然ながら時期や地域によって差があったはずだから、これに直接的に答えることは非常にむずかしい。そこで、縄文時代の人々と同様の生業形態、すなわち狩猟採集生活を行っている人々の記録を参考にしてこの問題について考えることが、これまでにも考古学研究者の間では行われてきた。

縄文人の居住形態

国立民族学博物館名誉教授であった佐々木《ささき》高明《こうめい》は、狩猟採集民における移動生活から通年的定住生活までの居住形態を、世界各地の民族例を参考にしてフォレジャー型・コレクター型・定住村落型の三つの形態に分類し、これを居住形態や生業形態から想定される縄文時代の人々の居住形態と比較している（佐々木一九九一）。

フォレジャー型というのは、大枠では移動生活とほぼ同一のものであり、定まった居住地点であるベースキャンプが存在しない、すなわち日々、移動をしているか、あるいはベースキャンプがあったとしても、それを周辺の状況に応じながら短期間のうちに漸次移動させていく居住形態のことである。熱帯地方やサバンナの狩猟採集民によく見ることのできる居住形態であり、食料資源が季節や場所によって極端に偏在しない場合にしばしば採用される居住形態である。民族例としては、アフリカのカラハリ砂漠に住むサンやクンなどの居住形態がこれに対応し、日本の場合では旧石器時代の人々がこれに該当するとされる。また、草創期のフェイズ1の段階における居住形態はこれに相当するものと思われる。

これに対し、コレクター型というのは、ベースキャンプを一ヵ所に固定させ、そこから食料獲得のための小集団、いわば兵站《へいたん》部隊を各地に派遣し、ベースキャンプに多量の食料や資材等を運びこんで利用するだけでなく、専用の貯蔵施設をつくってそこに食料等の資源を貯蔵するという居住形態である。このベースキャンプは、季節によって移動する場合もある。民族例としてはカリフォルニア先住民やイヌイット（エスキモー）、アイヌなどがこれに該当し、縄文時代の大部分の時期は、このコレクター型の居住形態であったとされている。

最後の定住村落型というのは、コレクター型の定住性がさらに強まり、ベースキャンプを完全に固定化し、季節などによって移動させず、通年的にそこで生活を行うもののことである。佐々木によれば、アメリカ北西海岸の先住民の人々が該当するとされており、縄文時代では後期以降の時期がこれにあてはまると考えられている。また、東日本における中期の事例の一部もここに含めることができるだろう。

このような佐々木の分類を見てもわかるように、居住形態は、どのように食料を獲得し、貯蔵を行うかという食料獲得戦略すなわち生業形態と密接な関係があるとされている。

多角的な生業形態

縄文時代の生業形態が、狩猟と採集活動、漁労を組み合わせた多角的なものであったことは、これまでにも繰り返し述べられてきている。しかし、その一方で、全国各地の貝塚や低湿地遺跡から出土する動植物の種類を分析してみると、縄文時代の人々が利用した食料の種類は多岐にわたるものの、量的にはイノシシやシカ、トチやドングリ類などが多く利用されていたということも判明している。このように多用された食料のことを、メジャー・フード（major food）と呼ぶ。いわゆる主食とは、ちょっと意味合いが異なる。現代的な意味で言う主食は縄文時代には存在せず、縄文時代の人々は、手に入ったものを何でも食べたと言うのが正しい。

日本のように四季のある中緯度温帯地帯では、ドングリ類をはじめとするメジャー・フードの量は秋から初冬にかけてが最も多くなる。このような環境下においてメジャー・フードを効率よく利用するために、縄文時代の人々は食料等の資源として利用価値の高い特定の動植物に対して、さまざまな働きかけをしていた。この働きかけのことを一言で言うならば、大きく「管理」という語で括ることができる。クリやクルミなどの堅果類を効率よくかつ独占的に採集するために、これを当時の人々が栽培し、管理していたとする意見がある。また、狩猟時にイヌを利用することなども、もちろん動物の管理として捉えることができる。一部では、イノシシの長期的飼育や飼養（個体の再生産を行わない一世代限りの短期間の飼育）を行っていたとする見解もある。

縄文時代には、動植物の管理が積極的に行われていたと考えられる一方で、出土人骨から採取されたコラーゲンの分析による食生活の復元結果は、予想以上に縄文時代の人々の摂取食料に地域差が存在していたことを明らかにした（南川一九九五、米田二〇一〇など）。たとえば、後期以降における北海道の噴火湾《ふんかわん》沿岸の人々は、タンパク質摂取量のほとんどを海産大型動物と魚介類に依存し、ドングリなどの堅果類（光合成の回路のあり方からC3植物と言われる）をほとんど口にしていなかったようだ。一方、内陸山間部の人々は、海産物

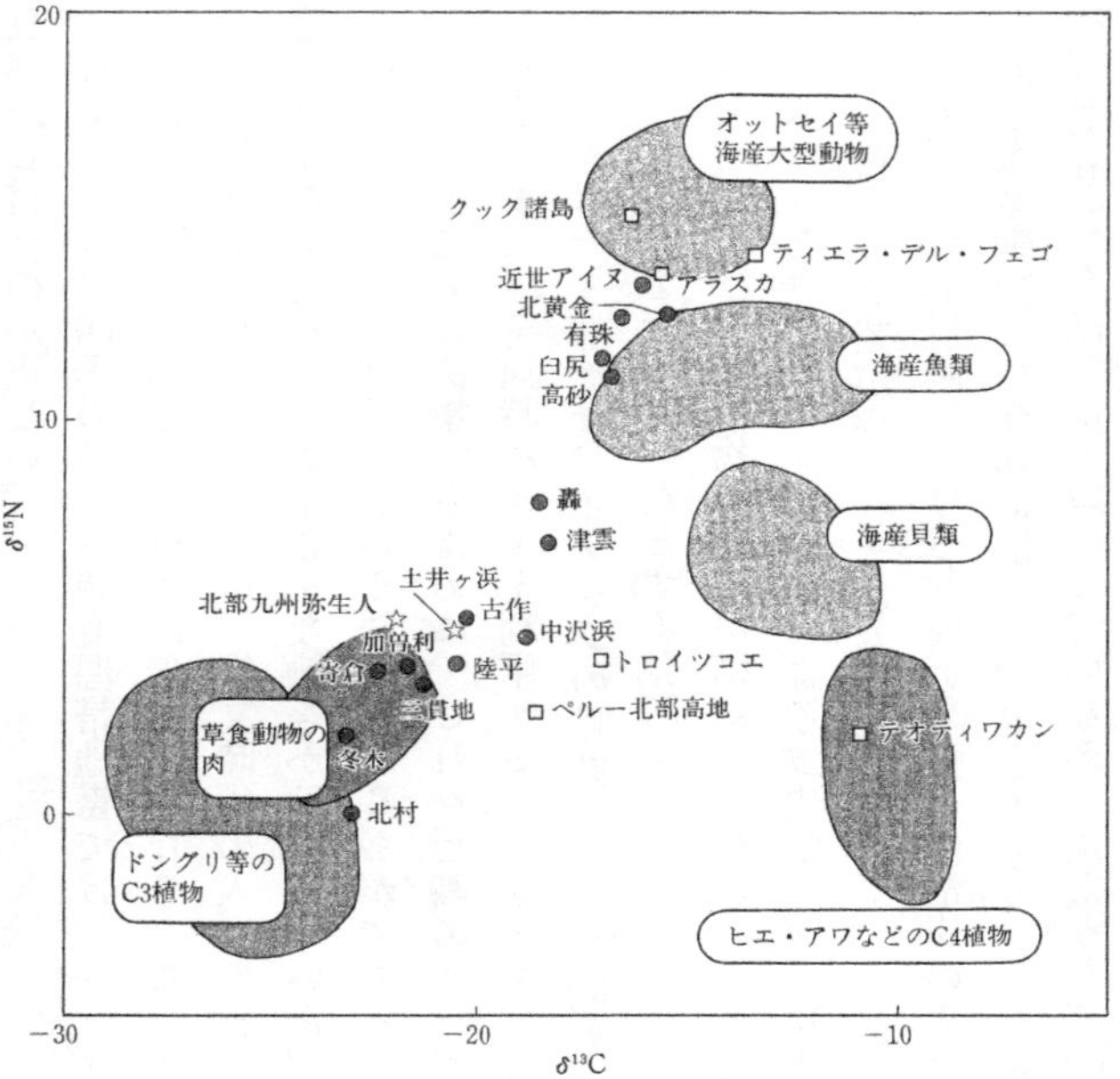

図16　各地の出土人骨の同位体比から想定される食性（南川1995より）
●が縄文人骨

北海道：北小金・有珠・臼尻・高砂
東北：中沢浜・三貫地
関東：古作・加曽利・陸平・冬木
中部山間部：北村
中国瀬戸内：津雲
中国山間部：寄倉
九州：轟

を食べることはあまりなく、堅果類を多量に摂取していたと推定されている。また、関東地方における後期の貝塚遺跡では、山や海の幸をバランスよく摂取していたと考えられている（図16）。ただし、山間部に所在する長野県保地《ぼじ》遺跡などでは、炭素窒素同位体比が北村《きたむら》遺跡よりも海産物の方へ近くなっており、おそらくは河川を遡上したサケ・マス類を食べていたと推定されている。

このような食料の地域的差異は、各地域間における自然環境、さらに踏み込めば各集落の周囲の細かな環境の違いによる生業形態の差異とも連動していたはずである。そして生業形態の差異は、労働分業体制のあり方の違いなど、集落内における集団のあり方を通して、最終的には社会構造のあり方や精神文化のレベルにまで影響を及ぼしたことが近年の研究成果によってわかっている。したがって、集落周辺の自然環境⇅生業形態⇅社会構造⇅精神文化と、この四つが円環状に、かつ相互に連動しているという関係が理解できるだろう。

定住生活はなぜ始まったのか？

定住生活がなぜ始まったのかという問題には、なかなか明確な答えが出しにくい。しかしながら、少なくとも日本では、農耕のはじまりと連動して理解することは不可能だ。おそらく、気候が温暖化し環境が変化していく中で、多くの食料が発見・開発されたことが定住開始の大きな理由の一つだろう。

そして、気候が温暖化していく中で四季が明瞭になってきたことも大きかったと思われる。自然界におけるバイオマス（自然界における利用可能な食料の総量）は、秋が最も多くなり、翌年の初夏が最も少なくなる。このような、季節によるバイオマスの変動を乗り切るために、縄文時代の人々は食料を加工し、保存していた。堅果類は地面に掘った貯蔵穴で保存し、干し魚などは、屋内に保存したのだろう。この大量のストックを居住地点を移動させるたびに持ち運ぶわけにはいかないので、自ずと移動の少ない生活様式を選ぶようになるだろう。

また、それらの食料の中には堅果類やサケ・マス類のように加熱処理や燻蒸《くんじょう》などの加工を必要とするものが多く、それゆえに一定の場所が作業場として求められたことも理由として挙げられるだろう。バイオマスの周年的変化を予測することができるようになり、かつ移動生活とほぼ同じ、あるいは移動生活よりも多くの食料を効率よく入手することが可能となった時、人々は、定住生活の方へと舵を切ったのだと思われる。

定住の進展、人口の増加（人口密度の上昇）と社会の複雑化

定住化が進展すればするほど、そしてそれと連動して人口が増加し、人口密度が上昇してくればくるほど、移動生活を行っていた時には問題とならなかったようなさまざまな社会的問題が生じてくる。これをどのように解決したらよいのだろうか。筑波大学名誉教授の西田《にしだ》正規《まさき》は、あえて移動生活を行う積極的な理由として、大きく次の五点を挙げている（西田一九八六など）。一部アレンジして紹介しよう。

1. 安全性・快適性の維持
 a 風雨や洪水、寒冷、酷暑をさけるため
 b ゴミや排泄物の蓄積から逃れるため
2. 経済的側面
 a 食料や水、自主製作が可能な生活物資の原材料を得るため
 b 自主的な交易をするため
 c 共同狩猟のため
3. 社会的側面
 a キャンプ成員間の不和を解消できるように距離をおくため
 b 友好的でない他の集団との緊張関係、および接触から逃れるため

c　儀礼、行事を執行するため
d　さまざまな情報の交換を行うため
4. 生理的側面
a　肉体的、心理的能力に適度の負荷をかけ、脳を活性化するため
5. 観念的側面
a　死あるいは死体から逃避するため
b　縁起の悪いところや災いから逃避するため

ある程度の人口を抱えて定住生活を長期にわたって継続していくためには、上記の移動生活におけるメリットを、集団・集落の移動・分離・分散以外の方法によって解決していく必要がある。たとえば、廃棄物（生ゴミ・排泄物・生活上の不要品等）の処理に関する問題である。少人口下で移動生活をしていた時には、これらの廃棄物は適当に捨てておいても問題はなかったが、ある程度の人口を抱えつつ定住生活を行うとなると、安全性・快適性を維持するためには廃棄場所を決めるなど、集落の内部空間を計画的に利用することが必要となる。縄文時代の場合でも、集落内における居住域と墓域の区別、さらに廃棄の場所などが決められていた。

定住するということは、それまでの、食料の存在する場所を追いかけていくという居住形態を捨てることである。したがって、定住するためには、集落からさほど遠くない距離の範囲内で、集落の人口を支えるために十分な量の食料をどのようにして確保するか、その方法が課題となる。さらに定住するようになると、人口密度が高まり、他の人や集団と顔を突き合わせる機会や一緒にいる時間が多くなり、対人コミュニケーションの量が飛躍的に増加する。このことは、従来の移動生活にはなかったストレスを、個人や集団間に生じせしめることになる。このようなストレスによる対立を回避し解消するためには、さまざまなルールや取り決めごと、もっと進めば「集落の掟」・「法律」などが必要になる。

また、生活している間には、構成員の死亡や各種の災いなども降りかかるだろう。とすればこれらの不幸から逃れるために、葬送や魔除けの呪術などの観念的側面を発達させる必要があったはずである。縄文時代の場合、食料獲得の方法論の一つとして、そして葬送や魔除けなどに対応するための方途として、呪術が発達した。それが、各種の遺構や遺物として残されたわけである。

通年的な定住生活を長期にわたって営むためには、これらの諸問題に対応できるような社会システムを発達させていく必要があった。それゆえ、定住生活が進展していくに従って、そしてそれと連動して集落内およびある一定の地域内の人口が増加して人口密度が高くなっていくに従って、その度合いに応じて社会的にも精神的にも複雑な社会が形成されていった。これを「社会複雑化」と言う。縄文時代の社会は、時間をかけて次第に複雑化していった。そのさまは、草創期から晩期にかけて増加していく道具や施設の多様化、祭祀具の多様化、墓制の多様化などにみることができる。

このような「社会複雑化」は、当然ながら集団の社会構造の変化を伴った。「社会複雑化」が進んでいく過程で、当初は平等な社会を築いていた集団内部および集団間でも序列や身分、階層の形成が行われていった可能性は高い。一方で、このような「社会複雑化」は、縄文時代のような少ない人口下において、しかもその人口が自然環境によって大きく上下するような状況であっても、長期にわたって安定的に持続可能であったのかどうか、という点も考えておく必要がある。

ともあれ、その「社会複雑化」が大きく進展するきっかけとなったのが、縄文時代早期における本格的な定住生活の確立であった。

土器にみる地域性の出現

本格的な定住生活を行うようになると、土器の地域差も大きくなってくる。図17は、縄文時代早期の各地における土器をはじめとした生活用具の状況を表したものだが、各地に

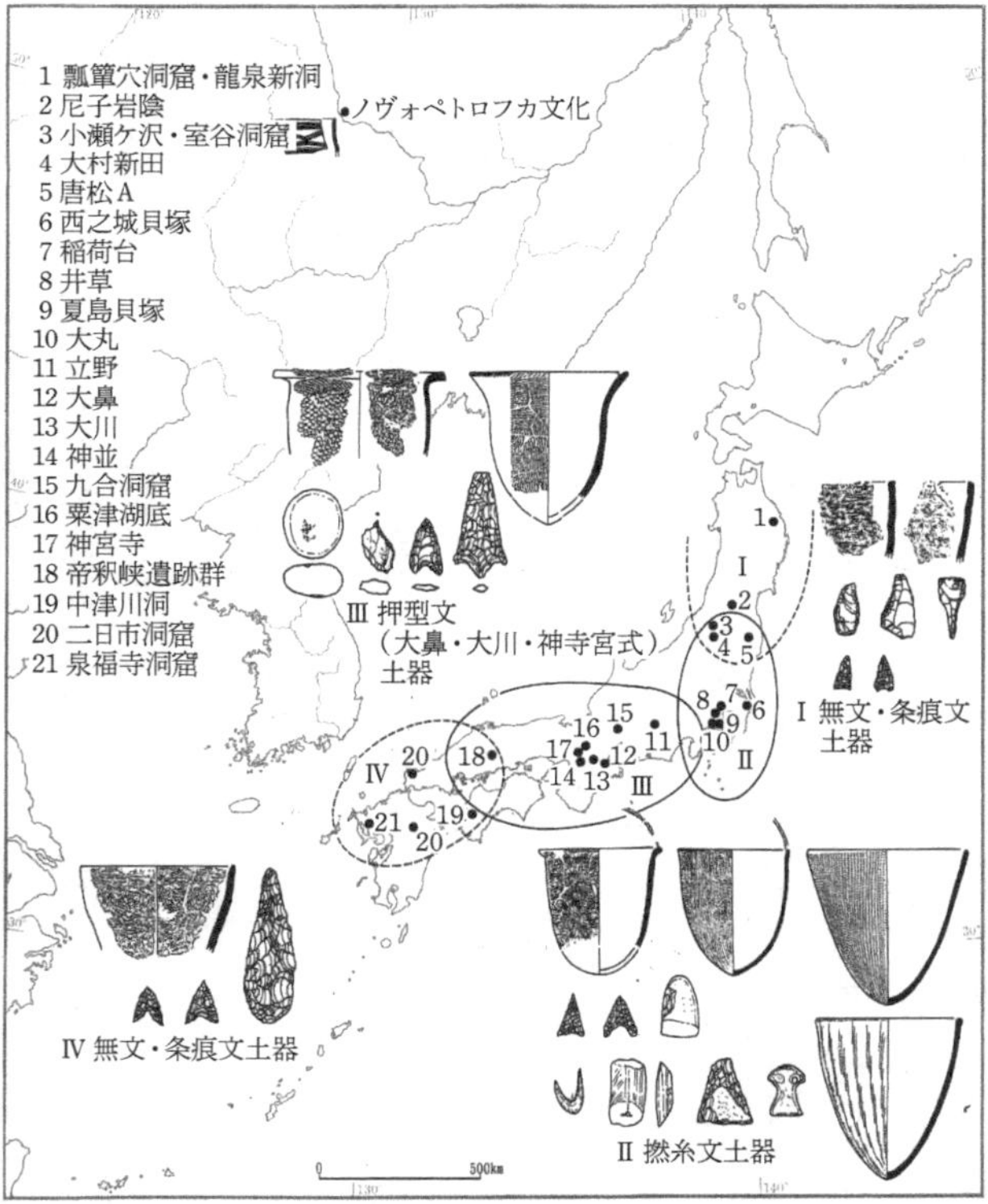

図17　縄文時代早期における各地の道具立て（原田1992より）

おいて、すでに大きな地域差が出現していることがわかる。土器は女性が製作していたという考えから、土器型式の分布範囲は、通婚圏を表すという説があるが、この時期の土器型式の分布状況はかなり広域的であり、通婚圏の広さだけで理解することはむずかしいように思われる。ある程度の範囲において、人々が長期的に回帰したり移動したりしているような状況も、考えておく必要があるだろう。

2　定型的な居住様式の確立と貝塚の形成

早期の環境

早期が始まる一万一五〇〇年ほど前には、ヤンガードリアス期という寒の戻りがあったにせよ、すでに温暖化が進行しつつあった。また、約一万一六〇〇年前には、気温が突然七度ほど上昇し、地質年代の完新世《かんしんせい》に突入した。早期の当初、海水面は現在よりも約四〇メートルも低い状況だったが、ここからおよそ七〇〇〇年前の時期にかけて温暖化は進行し、海水面は現在に近い高さまで急激に上昇した。関東地方では、土器の表面に棒で線を引いて文様を付けた沈線文《ちんせんもん》系土器群からサルボウなどの二枚貝によって土器の表面に何条もの筋を付けた条痕文《じょうこんもん》系土器群の時期（およそ七五〇〇年前）には、ほぼ現在と同じ海水面の高さに達し、そして前期の前葉には現在よりもおよそ二・五メートルから三メートルほど高い位置にまで海水面は上昇した。これを海進《かいしん》と言う。

このような急激な温暖化は、陸上においては多様な動植物相の変化を引き起こした一方で、沿岸部においては海進による海水域の拡大によって、入り組んだ岩礁帯や小規模な砂泥性の入り江など多様な海岸線を出現させた。これらの新しく出現した環境における森林産資源と海産資源の開発によって、縄文文化は大きく発展していくことになった。

ただし温暖化は、縄文時代全時期にわたって安定していたわけではないようだ。現在ではグリーンランドの氷床コアなどの分析から、ヤンガードリアス期以降、完新世に入ってからも、氷河の海洋への流れ込みが原因かと思われる寒冷化があり、気候的にも不安定な時期があったことがわかっている。

早期は基本的に温暖化が進行し、海水面の上昇が確認される時期であり、海岸部にあった遺跡は、時期が古いものほど、海水面下あるいは地下深くに没している可能性がある。愛知県先苅《まずかり》貝塚や佐賀県東名《ひがしみょう》遺跡などはその代表例である。ただし、瀬戸内地方においては、早期段階の海進は確認できるが、遺跡の立地から見て前期段階における現海水面プラス三メートルにも及ぶ海進は確認できないとされる。瀬戸内地方では、前期前半の遺跡は海抜一メートルほどのところに位置しており、もし数メートルの規模の海進があった場合、前期の遺跡に当時の人々が居住するのは不可能であることから、海進があったとしてもせいぜい五〇センチメートル程度のものであったとされている(河瀬二〇〇六)。海進による環境への影響は、地域によって大きな差があったということになる。

定住生活の開始

定住生活が進展すると、海岸部や汽水域《きすいいき》など、貝類を捕食する地域では貝塚が形成されるようになっていた。貝塚とは、機能的には「ゴミ捨て場」だが、観念的な意味ではまた違ったようで、祭祀的な場所でもあったようだ。

貝塚が形成されるということは、生ゴミとしての貝殻が堆積するほどの期間はその場所に定住していたということに他ならない。無論、季節によって移動することもあっただろうが、その場合であっても離れては戻るといった回帰的な動きをしていないと貝層ができるほどには貝殻は堆積しない。したがって、貝塚の存在は定住生活を行っていた証拠となる。

ハマグリなどの二枚貝は、その貝殻に一日に一本ずつ樹木の年輪のような成長線を形成する。この成長線の間隔は、暖かい季節では広く、寒い季節では狭い。この性質を利用すれば、その貝が一年のうちで、いつ採集されたのかを知ることができる。これを応用すれば、縄文時代の人々が一年中、貝を採っていたのか、それとも限られた季節にだけ採っていたのかがわかるし、さらには、その貝塚が何年かかって形成されたのかもわかる。

このような貝塚は、すでに早期前葉の時期（遅くとも約一万一〇〇〇年前）には出現しており（たとえば神奈川県夏島《なつしま》貝塚など）、この時期にはすでに本格的な定住生活が営まれていたとみてよいだろう。

なお、早期の貝塚としては東京湾沿岸部の遺跡が有名である。これは都心から近かったために古くから調査が行われており、神奈川県茅山《かやま》貝塚、野島《のじま》貝塚、子母口《しぼくち》貝塚などこれらの貝塚遺跡の名前を冠した土器型式が設定されたことにもよるだろう。

また、東北地方北部においても青森県赤御堂《あかみどう》貝塚や長七谷地《ちょうしちやち》貝塚（両者ともおよそ八〇〇〇年前）など、東日本では早期の貝塚は比較的多く知られている。これに対して、西日本ではあまり多くない印象がある。しかしながら、岡山県黄島《きしま》貝塚のように瀬戸内海の島嶼部に残された貝塚も存在するし、中には滋賀県粟津湖底《あわづこてい》遺跡のように、水面下に没している事例もあり、早期の事例については一概に西日本において少なかったと言うことはできないだろう。

早期における大型集落の登場

上野原《うえのはら》遺跡は、鹿児島県霧島《きりしま》市に所在する草創期から早期にかけての集落遺跡である。これまでにも多数の早期の竪穴式住居が検出され、そのうちの約一〇軒には約九五〇〇年前に噴火した桜島《さくらじま》の火山灰（P13と言う）が堆積していた。このことは、一時期、一〇軒程度の住居が同時に存在していたことを示している。また、石蒸し炉と思われる集積遺構が三九基、燻製施設と考えられる連穴土坑《れんけつどこう》が一六基、用途は明確ではないが土坑が二六〇基、集落内を通る道路跡が二筋確認されている。九州地方南部では、すでにかなりの程度、安定した定住生活が営まれていたと考えてよいだろう。

また、上野原遺跡からは土器埋設遺構も検出されている。縄文時代の遺跡を調査していると、しばしばまったく壊れていない土器を、その土器のサイズに合った大きさの土坑に意図的に埋設している遺構が出てくることがある。このような遺構を土器埋設遺構と呼び、埋められていた土器そのものを埋設土器と呼ぶ。一般的に土器埋設遺構は、早期にその初源をみ、前期あたりから散見されるようになり、中期以降、その数を増加させる傾向にある。九州地方南部では、上野原遺跡の他に、鹿児島県城ヶ尾《じょうがお》遺跡などからも壺形土器を用いた土器埋設遺構が確認されていることから、すでに早期後葉には、このような土器を埋める祭祀が一般化していた可能性がある。

上野原遺跡からは、この土器埋設遺構が、小高い丘の周辺から地点的に集中した形で一基も検出されている。そのうちの一つには、深鉢形土器と壺形土器がセットで埋設されている（図18）。通常、壺形土器は縄文時代、後期後半以降に多く見られるようになるものなので、この時期にすでに大型の壺形土器が製作されていたことは驚きである。また、土器埋設遺構の周辺からは異形《いけい》石器と呼ばれる特殊な形状を持つ打製石器も出土しているところから、丘周辺が祭祀場であった可能性も指摘されている。上野原遺跡など、九州地方南部の早期後葉の集落では、すでに居住空間と祭祀的空間との区別が設けられていた、そう考えてもよいだろう。

図18　鹿児島県上野原遺跡の土器埋設遺構　鹿児島県立埋蔵文化財センター提供

北の大規模集落

南だけでなく、北の方にも規模の大きな集落は登場している。

北海道八千代《やちよ》A遺跡からは早期前半の時期の竪穴式住居が一〇三棟以上確認されたほか、九万点弱もの遺物が出土しており、全国的に見ても稀有な大規模な集落遺跡であることが判明している。また、北海道函館《はこだて》市の函館空港中野《なかの》B遺跡は、津軽海峡を望む海岸の台地の上に広がる大規模な集落跡だが、そこから早期後半の事例を中心とする竪穴式住居跡が七〇〇棟以上、検出されている。住居跡の数だけをみれば、まさに縄文屈指の大集落である。

本州における様相

このように、北海道と九州南部では、早期の前半および後半に比較的規模の大きな集落が存在していたことがわかっているが、本州でも岩手県馬立《まだて》I遺跡から早期前半の住居跡が一四棟、山形県二タ俣《ふたまた》A遺跡では早期前半を主とする住居跡が一八棟、群馬県多田山《ただやま》遺跡群では早期前葉の稲荷台式《いなりだいしき》期を中心に住居跡が二三棟見つかっているように、従来、想定されていたものよりも規模の大きな早期の集落が確認されている。

近畿地方でも、三重県鴻ノ木《こうき》遺跡から早期前葉の住居跡が一八棟確認されている。ただし、これらの各集落においても、数十棟もの住居が同時に存在したような状況ではなく、一桁台の数の住居が集まっているような状況だったようだ。

また、実際には検出された住居跡の数が一〜数棟という遺跡も多く、一定面積あたりの遺跡の密度も低いのが一般的なことを考えると、全国的には、長期間にわたる強固な定住生活を営むことができたのかどうか、いまだ心許ない部分もある。

中国地方でも、島根県堀田上《ほりたのうえ》遺跡や鳥取県取木《とりぎ》遺跡の事例など、そのほとんどの集落が数棟程度の規模しかなく、また住居構造も細い柱をめぐらせただけの簡易なものが多い。このような点を考えると、この地方では通年的で長期にわたるような定住生活を営んでいたとは思えない。

九州においても、その南部を除いては、竪穴式住居の検出例は少なく、むしろ屋外炉の検出例が多いことを考えると、中国地方と同様だった可能性がある。現状では、早期の段階においては、すでに通年的定住生活を行っていた地域と、そうでない地域があったと理解しておいた方がよいだろう。

集落から居住集団を推測する

一般的に、一つの集落は住居跡や炉址《ろし》、土坑、墓など、複数種類の多くの遺構から構成されている。この集落では、当時の人々が集落内外の人々と、さまざまな関係を持ちながら生活をしていた。当然ながら、当時の人々の生活と集落とは不可分な関係にある。このように、集落とそこに住む人々が有機的な関係を持ち、日々の生活を営んでいった共同体およびその場所のことを、考古学では集落(ムラ)と呼ぶ。

一見、大規模に見える集落だが、同時に存在し有機的なつながりを持っていたと考えられる住居の数は、おそらくは一桁台にとどまる。一つの住居に何人ぐらいの人が生活していたのかという問いに対しては、住居の拡張面積などの検討から、これまで、

居住者数＝（住居跡の床面積）÷3（人が手足を大きく伸ばしたときの広さ）－1

という式によって、おおよその数字が求められてきた（関野一九二八）。引き算される1（一人分）は、炉や柱などが占める面積を考慮したものだが、実際にはもう少し小さい値でよいだろう。これを用いて、当時の集団構造を考えてみよう。

たとえば、上野原遺跡における早期の住居跡の平均的な床面積（約七・一三平方メートル）からは、早期の住居一棟に二～三人程度の人々が生活していたと推定できる。したがって、早期における集落の人口は、一時期に六～七棟の住居があったとすれば、多くとも二〇人程度であったと思われる。

北海道中野B遺跡の場合、床面積の大きなものは四五・六二平方メートルである一方、小さいものでは三・六九平方メートルのものもあり、機能的な差異があった可能性があるが、これらの住居跡の床面積の平均値（約一五・四平方メートル）から計算すると、四

人から五人が一棟に生活していたことになる。報告書によれば、一時期に六棟前後の住居が同時に存在していたとされ、集落の人口は最大で三〇人前後と推測されている。

集落が、大人と子どもが半数ずつ、さらには大人の男女が半数ずつ存在していたというような典型的なモデルの人口構成をとっており、大林太良《おおばやしたりょう》が民族誌から推定したように（大林一九七一）、一つの住居には一つの核家族が住んでいたと考えるなら、そこに描かれる集落の集団構造は、二〜三家族程度の人々から構成されていたと推測できる。

また、一つの集落における核家族数が二〜三程度であるならば、その人々がまったくの「赤の他人」であったと考えるよりも、彼らの間には何らかの血縁関係が存在していたと考える方が自然である。早期の集落は、このような血縁関係を主体とした家族集団によって運営されていたと推測できるだろう。おそらくはこのような家族集団は、周囲に存在する各集落とも血縁的な関係による紐帯《ちゅうたい》（つながり）を持ち、一つの出自集団を構成していたのではないだろうか。一つの地域にはこのような出自集団がいくつか存在し、それが血縁関係と婚姻関係の二つの紐帯で共存していたというのが私の見通しである。

3　多様な動植物の利用

食料としての動植物

当時の人々が具体的に何を食べていたのかを知るためには、時期を問わず、食べかすが捨てられている貝塚や低湿地遺跡を調べるのがいちばん手っ取り早い。まずは、早期の事例をちょっとのぞいてみよう。

青森県の長七谷地貝塚は早期後半の貝塚だが、貝層はハマグリ、オオノガイ、ヤマトシジミなどからできている。特にヤマトシジミは、淡水の影響をうける砂泥底のある海岸部や汽水域に生息するので、当時、遺跡付近にそのような環境があったことが推測される。また、貝層からはニホンジカやツキノワグマ、キツネ、ニホンアシカなどの獣骨の他、スズキ、クロダイ、カツオなどの魚骨が出土し、貯蔵穴からは炭化したオニグルミが出土している。これらの食物類が縄文時代の人々の食卓を彩ったのだろう。

東名遺跡にみる水辺利用と貝塚

佐賀県の東名遺跡は、この時期としては最大規模の貝塚を持つ低地遺跡である。貯蔵穴から一万点以上の堅果類が出土しており、そのうちの約八割がイチイガシで、一割弱がナラガシワとクヌギであった。ただし、これらの堅果類は主に水漬け保存されていたもので、屋内に保存されていたものは当然ながらこのような低地型の貯蔵穴からは出土しないだろう。

そこで、遺物包含層からの出土例を見てみると、ここでもイチイガシが多く出土するが、オニグルミも全体の三〇パーセント弱を占めていた。一方、クリの出土量は一パーセント以下なので、東名遺跡では食料としてのクリの利用が盛んではなかったようである。この他にも土器に付いた圧痕の観察からスダジイやツルマメも確認されているので、これらの植物も食用に供されたのだと思われる。

貝層や包含層から出土した獣骨類はイノシシとシカが大部分を占めるが、他にもタヌキ、ノウサギ、アナグマ、テン、カワウソなどの小型哺乳類の骨が見つかっている。これらの動物は食用に供されただけでなく、毛皮や骨角器の素材としても利用されていただろう。

魚類の骨としてはスズキ、ボラ、クロダイが多く、これらが全体の六割を占める。他にアユやコイ、フナといった淡水魚も出土しており、東名遺跡の人々が多種多様な動植物を食料としていたことがわかる。

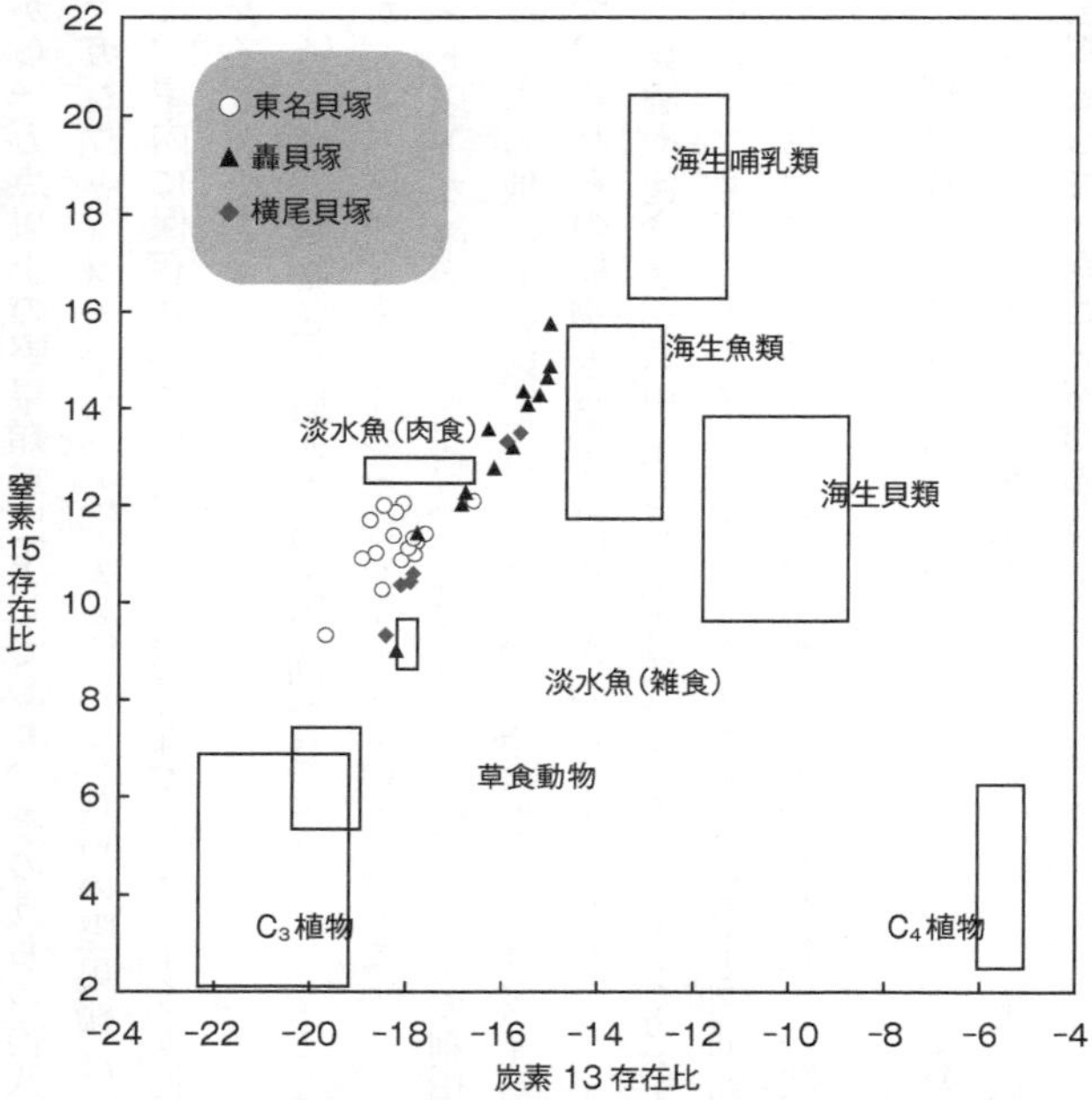

図19　佐賀県東名遺跡出土人骨における食性分析結果（米田2017より）

東京大学総合研究博物館教授の米田穣《よねだみのる》は、東名遺跡から出土した人骨の炭素・窒素同位体分析を行い、当時の人々の食性への考察を加えている（米田二〇一七、図19）。それによると、ドングリ類などのC3植物とシカなどの草食動物と海生魚類・貝類の間に位置しており、当時の人々がこれらの食料をバランスよく摂取していたことがわかる。

このように早期の人々は、食べられるものは何でも食べる多角的な生業を営んでいたと言えるだろう。またこれは、早期に限らず縄文時代全時期を通して見られる一般的傾向である。

植物の素材利用の開始

また早期には、すでに多くの植物が食料として以外にも素材として開発され、多様な植物利用が行われていた。その一端は、佐賀県の東名遺跡の発掘調査によって明らかにされている。

低地に立地する東名遺跡からは、カゴなど多くの編組製品が出土している。これらのものは早期後葉、今から八〇〇〇年ほど前のものと考えられている。編みカゴは大小あわせて七三一点も出土しているが、その大型品の多くは貯蔵穴内での堅果類（東名遺跡の場合はイチイガシを主体としてクヌギやナラガシワも多い）の保管に用いられていた。貯蔵穴の中に

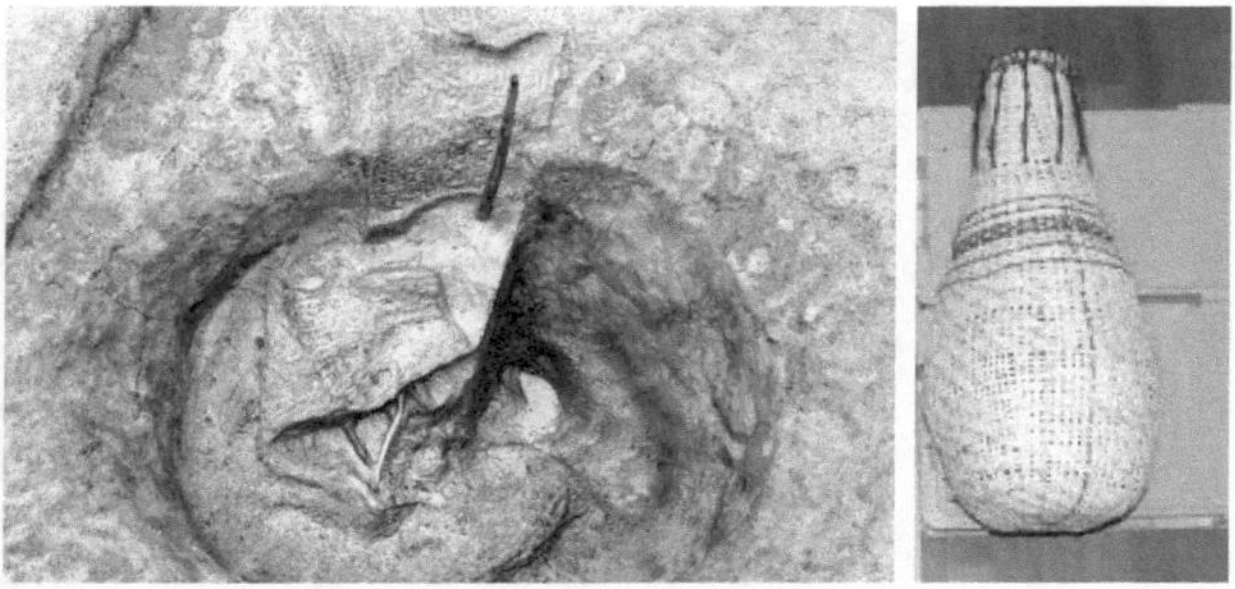

図20　佐賀県東名遺跡の低地型貯蔵穴と編みカゴ　左：SK2056貯蔵穴、右：SK2160出土カゴ復元品　佐賀市教育委員会提供

は、湧水を利用しての水漬けを目的としたものも存在し、当時すでに低地型の貯蔵穴が存在していたことが明らかになっている（図20）。

また、東名遺跡からは編組製品の素材となった樹皮やヘギ材、シダ植物、ツル植物などが束状になったもの（素材束）が出土して、編組製品における素材の選定から加工・製作までの過程が明らかになっている。これらのことから、早期の人々は植物の特性について熟知しており、非常に高度な植物加工技術を持ち、日々の生活に必要なさまざまな製品をつくり出していたことがわかる。

イヌの利用にみる動物管理の開始

年代的にも確実な日本最古のイヌの事例として認められているのが、神奈川県夏島貝塚と上黒岩岩陰遺跡、佐賀県東名遺跡の各遺跡から出土した縄文時代早期の事例である。特にイヌの埋葬例もこの時期までさかのぼることから、すでにイヌがヒトと社会的な関係を取り結んでいたことがわかる。おそらくは、主に猟犬として利用されていたのだろう。

世界的にみて、イヌが埋葬された事例は普遍的に見られるものではなく、日本の歴史においても、縄文時代に続く弥生時代や、北海道の続縄文文化には、イヌの埋葬例はほとんど確認されていない。これは、弥生時代や続縄文時代のイヌが食料とされたこととも関係があるのだろう。縄文時代と弥生時代以降とでは、イヌとの関係が異なっていたのだ。

イヌが誕生したのはユーラシア大陸のどこかと考えられているが、最古の事例の年代から見て、日本にはすでに馴化《じゅんか》が進んだイヌが持ち込まれたと考えられている。縄文においてはその当初から、イヌはヒトのよきコンパニオンアニマルであったのだろう。

ちなみに、中期以降イヌの埋葬例は増加する。またその埋葬場所は墓域内における家族(世帯)単位の区画(埋葬小群)内にあることが多い。このことから、イヌは世帯単位で飼育されていた可能性がある。また、イヌ同士の合葬例も存在するので、イヌは複数が同時に飼われていたと思われる。当時、一世帯内には成人男性が必ず一人は存在したであろうし、そこにイヌが複数いたとなると、一世帯内で十分に効率的な最小単位の狩猟ユニットを組むことができる。縄文時代の狩猟形態についてはさまざまな研究が存在するが、私はこの最小単位の狩猟ユニット(成人男性一人+複数のイヌ)が個別猟を行うということを基本として、これが複数単位集まって集団猟を行う形にまで、場面によって融通無碍《ゆうずうむげ》に変化するような狩猟形態を想定している（山田一九九三など）。

4　墓制・祭祀・装身具等の発達にみる精神文化

墓域・配石遺構の発達

先に上野原遺跡の土器埋設遺構に触れたが、この時期にはその他の地域でもさまざまな祭祀関係の資料が増加してくる。

比較的大きな規模の墓域であることが確実視される事例としては、北海道の東釧路《ひがしくしろ》貝塚の事例や、鳥取県上福万《かみふくまん》遺跡の事例が挙げられるだろう。上福万遺跡の墓の多くは上部に大小の礫を置き、その直下に墓穴があるという形態の、配石墓《はいせきぼ》と呼ばれるものである。また、礫がなく墓穴だけの墓（土坑墓）も存在する。

上福万遺跡の墓は調査区の南半に集中し、この時期に墓域（遺跡内において墓が集中する場所）が成立していたことがわかる。周辺からは直接的に居住にかかわる住居などは検出されていないが、土器のみならずスクレーパーや磨石類、石錘《せきすい》（網を沈めるためのおもり）、磨製石斧などの生活用具が出土しているので、居住域に近接したところに墓がつくられたとみてもよいだろう。

熊本県瀬田裏《せたうら》遺跡では、長さ二一メートル、幅七メートルにもなる大型の方形《ほうけい》配石遺構が確認されている。これは、土器の表面に楕円形や山形などの文様を押しつけてつける押型文土器の時期に造られたもので、遺跡からは押型文の施された壺形土器も出土している。この土器の胴部には小さな孔《あな》があり、あたかも急須のような形状になっている。このような特殊な器形を持つ土器も、何らかの祭祀に用いられたのだろう。

図21　千葉県取掛西貝塚における動物祭祀址　船橋市教育委員会提供

動物祭祀の発達

動物に対しては、すでに呪術的な働きかけも行われていた。特に注目しておきたいのは、千葉県取掛西《とりかけにし》貝塚の事例である。ここでは、早期前半の竪穴式住居跡内に残されたヤマトシジミを主体とする貝層直下から、イノシシの頭蓋が七点、シカの頭蓋が三点、意図的に配置されたような状態で出土している（図21）。頭蓋の他に四肢骨も出土しているが、頭蓋数から想定される個体数に比して出土量が少なく、また周囲には火を使用した痕跡も認められることから、動物儀礼の祭祀址と推測されている。おそらくは狩猟の成功や動物資源の再生・増産を祈ったものと思われるが、早期の段階で、すでにこのような動物の頭蓋を用いた「動物供犠《くぎ》」を伴う可能性のある祭祀が発達していたことには注目しておきたい。

赤色顔料の多用

世界の先史時代遺跡を見渡しても、赤い顔料を用いて絵を描いたり、あるいは埋葬時に赤色顔料の粉を遺体に振りかけたりする事例は多い。これは民族事例から、赤い色が血液のメタファーとなり、そこから生命の再生などを祈願するためとも言われている。その真偽はおくとして、日本においても赤色顔料は古くから使用されていた。

旧石器時代の赤色顔料としては、およそ二万年前の北海道嶋木《しまき》遺跡から出土した石皿(台石)に付着していたものがある。これは赤鉄鉱を砕いてつくり出したベンガラ(酸化鉄)であった。また、同じく北海道柏台《かしわだい》1遺跡からは、赤色顔料を削り出したと思われる褐鉄鉱が出土している。これは熱を受けていることから、赤みを増すように、火にくべられるなどの加工が行われていたと思われる(福井二〇〇一)。

縄文時代に使用されたベンガラには、赤鉄鉱などの鉱物由来のもののほかに、顕微鏡で見るとパイプ状の粒子が密集しているようなもの（パイプ状ベンガラ）がある。このパイプ状ベンガラは、土壌中に存在する鉄バクテリアがつくり出す黄褐色沈殿物《おうかつしょくちんでんぶつ》（湧き水のあるところや水田脇の水路、コンクリート擁壁の水抜き孔など少量の水が流れているような場所に、しばしばサビのような黄褐色の物質が付着していることがある。これが黄褐色沈殿物である）に由来するもので、意外と身の回りに普遍的に存在する。

鹿児島県関山《せきやま》遺跡では、大型の土器と小型の土器が入れ子状になって出土したが、この小型土器の内部には、パイプ状ベンガラがぎっしりと詰め込まれていた。時期的には早期後葉のものだが、少なくともこの時期には赤色顔料を採集し、一定量をストックしていたことがわかる。この時期の墓には埋葬時に赤色顔料を散布したものも多く、たとえば北海道の東釧路貝塚からは、人骨の全身にベンガラが振りかけられていた事例が見つかっている。顔料として用いる以外に、このような葬送儀礼用としても一定量がストックされていたのだろう。

また、北海道垣《かき》ノ島《しま》B遺跡の土坑墓からは、ベンガラによる赤漆を塗った漆工製品が出土した。時期的には九〇〇〇年前のものとされており、今のところ漆工製品として最古のものとされている。ただし、これは漆工製品を直接、年代測定したものではなく、土坑墓中の土壌の年代なので、時期をめぐっては意見が分かれている。残念ながらこの資料は火災に遭って失われ、再測定したくともできない。ちなみに、石川県三引《みびき》遺跡から出土したベンガラ漆塗りの竪櫛《たてぐし》の漆は七二〇〇年前という年代が測定され、早期末から前期初頭頃の時期のものとされている。これは直接、漆工製品を年代測定したものとしては一番古いものである。いずれにせよ、少なくとも早期の段階で、ある程度ウルシの利用技術が確立していたと想定してもよいだろう。

仮面習俗の存在？

東名遺跡からは、木製の仮面と思われる板状の木製品が出土している。これは四〇センチメートル×三〇センチメートルほどの大型品で、表側にあたかも人の顔を象徴化したような、眼窩上隆起から鼻、口にあたる「工」字状の隆起が削り出されている。仮面には五ヵ所に孔があけられており、紐を付して、実際に人が被ったか、あるいは木柱などに取り付けられていたと思われる。東京大学教授の設楽博己《したらひろみ》は、このような仮面習俗の存在を、祖霊祭祀と結びつけて理解しようとしている（設楽二〇一七）。早期の段階でこのような仮面が出土した事例はなく、今のところ本例一点のみだが、中期以降に増加する土製仮面（土面）とともに、当時の社会に仮面習俗があったことを示唆するものとして、興味深い資料である。

多様な装身具

東名遺跡の貝塚部からは、シカの角を加工して点の列《つら》なりを装飾として施した優美な装身具が出土している。腰飾りと推定されるこれらの資料は他の遺跡ではほとんど類例をみないが、それは長い年月の間に消失してしまったためだろう。この他、ツキノワグマの犬歯製の垂《た》れ飾《かざ》りやサメの歯製の垂れ飾りなどの装身具も出土している。特に目立つのは貝製の装身具で、クマサルボウ製やマツバガイ製、ベンケイガイ製、オオツタノハ製の腕飾り（貝輪）などがある。クマサルボウは、東名遺跡の付近でも採取可能だったが、ベンケイガイやマツバガイは外海に生息するため、北部九州側から、オオツタノハは鹿児島県以南の南の海からもたらされたと考えられている。すでに、これらの貝類を入手するためのネットワークが存在したということだろう。

また、滋賀県石山《いしやま》貝塚では子どもの埋葬例に伴ってツノガイ製の玉が出土している。これらの管玉《くだたま》は頸部から出土しており、おそらく首飾りとして用いられたのであろう。千葉県取掛西貝塚からもツノガイ製の玉が数多く出土しており、この時期の装飾品としてツノガイ製の玉が多用されていたことがわかる。

愛媛県の上黒岩岩陰遺跡からは、タカラガイの殻の頂の部分を研磨して削り取った装身具のほか、マガキガイの殻の頂の部分と開口部側を研磨してビーズ状にしたものが出土している。いずれも南海産の貝類であり、海岸部より内陸部まで搬入されたものであろう。いくつかの遺跡の事例を挙げただけだが、早期の段階ですでに多種多様な装身具が作製されていたことがわかる。おそらく、当時の人々もこれらの装身具で身体を飾ったに違いない。ただし、それが恒常的なものであったのかどうかは不明である。また、装身具は目に付くものであり、ノンバーバル・コミュニケーション（言語以外によるコミュニケーション）を促す最たるものの一つだが、縄文時代の人々がどのような装身原理を持っていたのかは、第五章で検討することにしたい。

土偶の増加

千葉県木《き》の根《ね》遺跡から出土した土偶は三角形をした、頭も手も脚もないものだが、大きな乳房をつけている。茨城県花輪台《はなわだい》貝塚の土偶も、やはり大きな乳房を持つ（図22）。それは頭を持ち、くびれた胴とよく張った腰を表現しているが、手脚はなく顔の表現もない。大阪府神並《こうなみ》遺跡の土偶は、四角い粘土板に乳房を貼り付けたもので、乳房だけで人体を象徴的に表している。鹿児島県上野原遺跡の土偶は、頭と手を持ち乳房を貼り付けているが、やはり顔の表現はない。乳房の表現からみて、これらの土偶は草創期の資料と同様に、女性表現を重視していたと言うことができるだろう。

一方で、千葉県中鹿子《なかかのこ》第2遺跡から出土した土偶は頭部の表現がなく、くびれた腰部の表現のみで乳房の表現もない。また、千葉県打越岱《うちこしだい》遺跡の土偶は、頭部と肩から腕部の表現とともに丸みをおびてくびれた腰部の表現がなされているだけで、乳房の表現はない。しかしながら、二例に共通して見ることのできる、くびれた腰部の形状は女性の体の線を彷彿させる。このような形態上の特徴は、女性の「新たな生命を産み出す」という特性に注目したものだろう。ただし、それは出産時の御守りといった限定的な用途にとどまるものではなく、「新たな生命」を付加することによって、解決できたと思われるさまざまなこと、たとえば病気や怪我の治療、自然の豊かな恵みへの祈りなどに用いられたと思われる（山田二〇一四）。

図22　茨城県花輪台貝塚出土の土偶　南山大学人類学博物館提供

文化庁の原田昌幸《はらだまさゆき》は、草創期の土偶も含めて、早期の土偶が示す表現的要素である「豊満なトルソー」（肉体表現）と「乳房の表現」は、土偶全体の源流からの伝播的要素ではあっても、この時期の関東地方東部と近畿地方周辺という二つの地域で確立したものだとして、土偶の多元的発生説を唱えている（原田二〇一〇）。大変、興味深い説であり、私もこれに賛同したい。

早期の社会構造

この時期の社会構造を具体的に分析できる資料は少なく、それゆえに議論が可能な点は少ない。しかしながら、前章で触れたように草創期において、母系的な社会が存在し、そして後述するように、前期には母系的な社会が存在していたとすれば、早期においてもやはり母系的な社会が存在していた可能性があるだろう。

縄文文化の主要な要素の萌芽期としての早期

ここまで概観してきたように、早期において見られるようになったこれらの文化的要素はすべて、その後の前期にまで持ち込まれ、さらなる発達を遂げていく。その意味では、縄文時代早期は、縄文文化における各要素の萌芽期という見方ができる。

参考文献

大林太良「縄文時代の社会組織」『季刊人類学』第二巻第二号、社会思想社、一九七一。

河瀬正利『吉備の縄文貝塚』吉備人出版、二〇〇六。

佐々木高明『日本史誕生』日本の歴史第1巻、集英社、一九九一。

設楽博己「縄文人のこころと祈り」佐賀市教育委員会編『縄文の奇跡！　東名遺跡　歴史をぬりかえた縄文のタイムカプセル』雄山閣、二〇一七。

関野　克「埼玉県福岡村縄文前期の住居址と竪穴式住居の系統に就いて」『人類学雑誌』第五三巻第八号、東京人類学会、日本人類学会、一九三八。

西田正規『定住革命』新曜社、一九八六。

原田昌幸「土偶とその周辺Ⅰ（縄文草創期〜中期）」『日本の美術』第526号、ぎょうせい、二〇一〇。

原田昌幸「2　道具の組合せ　早期」小野昭・春成秀爾・小田静夫編『図解・日本の人類遺跡』東京大学出版会、一九九二。

福井淳一「旧石器時代の顔料とその生産　北海道柏台1遺跡出土顔料関連遺物の分析を中心に」『北海道考古学』第三七号、北海道考古学会、二〇〇一。

南川雅男「炭素・窒素同位体に基づく古代人の食生態の復元」田中　琢・佐原　真編『新しい研究法は考古学になにをもたらしたか』クバプロ、一九九五。

山田康弘「縄文時代のイヌの役割と飼育形態」『動物考古学』第一号、動物考古学研究会、一九九三。

山田康弘『老人と子供の考古学』吉川弘文館、二〇一四。

米田　穣「食生態にみる縄文文化の多様性」『科学』第八〇巻第四号、岩波書店、二〇一〇。

米田　穣「縄文人の食生活をさぐる！」佐賀市教育委員会編『縄文の奇跡！　東名遺跡　歴史をぬりかえた縄文のタイムカプセル』雄山閣、二〇一七。

第四章　人口の増加と社会の安定化・社会複雑化の進展　前期・中期（Ⅲ期）

1　温暖化のピークから低温化安定へと向かった気候変化

縄文海進

前章でも触れたが、縄文時代早期から前期における重要な環境変化は、なんと言っても温暖化とそれに伴う海進だろう。約七〇〇〇～五九〇〇年前の高温ピーク時には、現在よりも二度ほど気温が高く、また海水面は二・五メートルほども高くなり、東京湾沿岸部では現在の栃木県域にまで海が入り込んでいた（図23）。これを奥《おく》東京湾と言う。栃木県栃木市藤岡《ふじおか》町に所在する篠山《しのやま》貝塚は、前期の関山式土器（今から約六五〇〇年前）を中心とする時期の貝塚だが、奥東京湾最奥部に位置する貝塚として知られており、現在の海岸線、たとえば荒川《あらかわ》河口からは、直線距離にして約七〇キロメートルも離れている。また、篠山貝塚を構成する貝種には若干のカキ、アサリも確認できるが、そのほとんどは砂泥性のヤマトシジミであることから、貝塚周辺が淡水と海水の混じり合う、緩やかな流れの汽水域だったことがわかる。

関東では黒浜《くろはま》式土器（今から約六〇〇〇年前）の時期以降、次第に気温自体は低下していったが、それも急激なものではなく、むしろ温暖で安定した気候が続いていた。五九〇〇

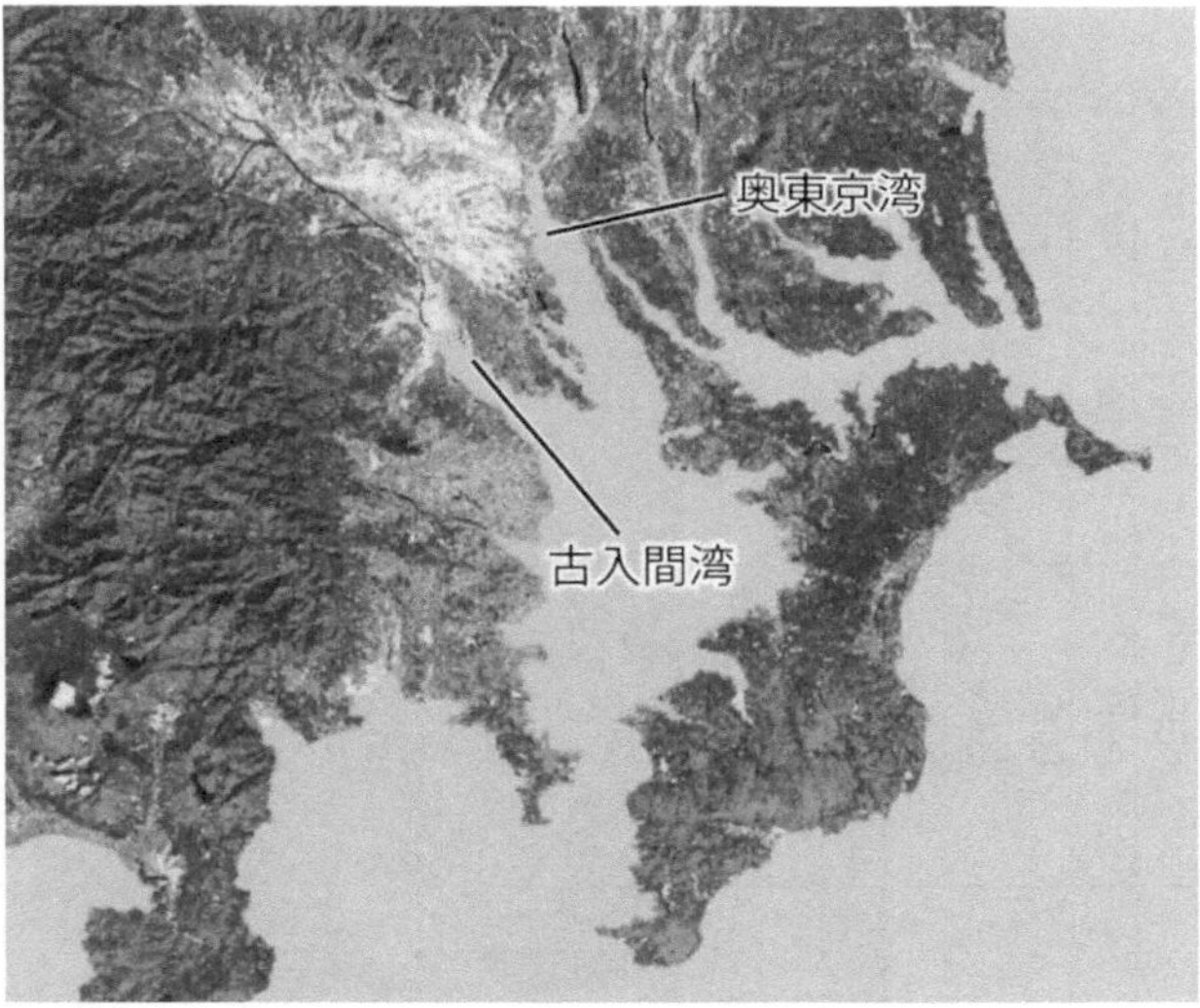

図23　縄文海進時における海岸線（藤野2016より）

〜四四〇〇年前頃の時期、武蔵野台地などの関東平野の植生はクリ林が優勢になってくる（工藤二〇一二）。再三繰り返すが、クリは縄文時代の人にとって、非常に利用価値の高い樹種だった。そのような温暖で安定した気候のもと、縄文時代前期・中期の文化は花開いたのだ。

急激に増加した人口

国立民族学博物館名誉教授の小山《こやま》修三《しゅうぞう》は各地の遺跡数を調べ、そこから人口を推定しているが、それによると、早期の全人口が二万人程度であったのに対し、前期には一〇万人を超え、中期には二四万人にも達し

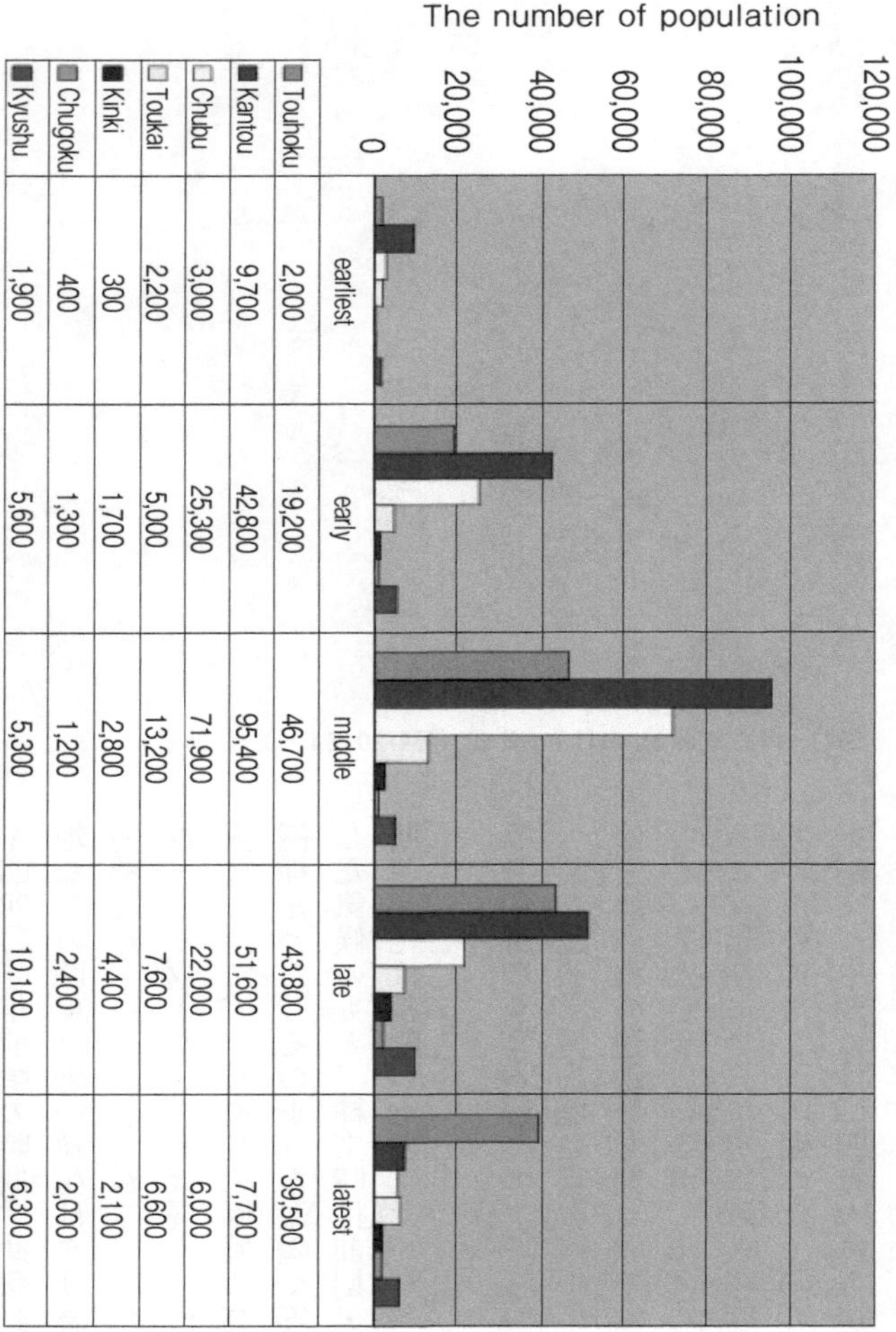

	earliest	early	middle	late	latest
Touhoku	2,000	19,200	46,700	43,800	39,500
Kantou	9,700	42,800	95,400	51,600	7,700
Chubu	3,000	25,300	71,900	22,000	6,000
Toukai	2,200	5,000	13,200	7,600	6,600
Kinki	300	1,700	2,800	4,400	2,100
Chugoku	400	1,300	1,200	2,400	2,000
Kyushu	1,900	5,600	5,300	10,100	6,300

図24　縄文時代の時期別・地域別人口（ただし北海道・沖縄諸島を除く）

ている（小山一九八四、小山・杉藤一九八四、図24）。小山の研究以降、二〇年以上が経過して遺跡数が増加している点を勘案しても、この大まかな傾向は変わらない。すなわち縄文時代前期から中期という時期は、人口が早期に比して五倍から一〇倍以上にも増加した時期で、それだけ安定した、豊かな生活が営まれた時期と捉えることもできるだろう。当然ながら遺跡数も多く、関東地方の台地上で採集できる土器片の多くは中期の土器であると言っても過言ではない。

また、人口の東西差にも注目してほしい。たとえば、中期の東日本（含む東海地方まで）における推定人口は二六万七二〇〇人で、西日本（近畿以西、九三〇〇人）よりもおよそ二四倍も多く、そのような東多西少の状況は縄文時代の早期以降変わらない。このような東西における人口の格差は、各地域における生業戦略のあり方、精神文化のあり方、社会構造などに大きな影響を及ぼしていたに違いない。

2　低地遺跡にみる卓越した植物利用技術

縄文文化の研究の画期となった鳥浜貝塚の調査

一九六二年から本格的に始まった福井県鳥浜貝塚の発掘調査は、それまでの縄文文化の研究を大きく塗り替える、画期的な調査となった（森川・橋本一九九四）。まず、海抜〇メートル以下の位置に、縄文時代の包含層が厚さ二メートルにもわたって存在することが確認された。これは縄文時代の遺跡が台地上にばかりあるのではなく、低地にまで及んでいることを再認識させる発見だった。そして、発掘によって出土した弓・石斧柄などの木製品、飾り櫛などの色鮮やかな漆工製品、食料となったヒシや堅果類などの植物遺存体といったさまざまな有機質の遺物は、これまでの台地の上の遺跡調査では見えていなかった縄文時代の生活用具を赤裸々に語るものであり、従来の「貧しい縄文人」というイメージを一変させることになった。また、堆積した土層中には淡水産の貝殻層、魚骨を主体とする層、堅果類を主体とする層というように廃棄された食物残渣《ざんさ》（生ゴミ）が明確に層をなしており、これが当時の生業形態の季節性を表していることも判明した。

だが鳥浜貝塚の調査の意義は、単に遺存状態のよい有機質の遺物が出土したということだけではなかった。この発掘調査・研究を通して、植物学や動物学をはじめ、各種の理化学的な分野による学際的な研究が行われ、縄文時代の人々の年間を通した計画的な暮らしぶりや生業のあり方のみならず、道具の使用方法といった具体的な生活場面を想像できるまでに研究レベルを引き上げることになったのだ。このことは、その後の縄文文化の研究のあり方に大きな影響を与えた。

低地利用の一般化

鳥浜貝塚の事例に限らず、低地におけるさまざまな生業活動、あるいは生活痕跡を残す遺跡は、前期以降、その検出例が多くなる。前期段階では、すでにこのような低地利用が一般化していたと考えることができるだろう。

当時の人々は、ただ単に低地を水場として利用していただけではなく、さまざまな施設をつくり、自分たちが使いやすい生活・生業空間へと改良していた。たとえば、前期の山形県押出《おんだし》遺跡では、低地側に活動域を広げるために、低地部にかなりの量の盛り土が行われていたことが判明している。また埼玉県寿能《じゅのう》遺跡では泥炭層の中から中期後葉以降の時期の杭列や木道施設が発見されている。これらの土木工事は、縄文時代の人々が低地にアクセスしやすいように、インフラの整備を行ったものと考えられている。

デーノタメ遺跡にみる土地利用

このような低地へのアクセス状況がわかる遺跡も調査されている。埼玉県デーノタメ遺跡は、台地上の居住域と台地下に展開する低地部の両方がセットで理解できる数少ない調査例の一つである。デーノタメ遺跡自体は中期から後期にかけて連続的に営まれた遺跡だが、中期には台地上に長径二一〇メートル、短径一四〇メートルにもおよぶ大きな環状集落を形成していることがわかっており、過去の類似例から推定すると、二〇〇～三〇〇棟程度の住居跡が存在していたと考えられている（北本市教委二〇一七）。

一方、台地下の低地部からはクルミの殻が廃棄された「クルミ塚」や道の跡のほか、泥の中に足が沈まないように土器を敷きつめて足場を固めた作業場が検出されている。多量のクルミ殻の存在は、単にクルミを採集してきただけではなく、集落付近でクルミ林の管理が行われていた可能性を示している。「クルミ塚」からは、クルミ形をした土製品が出土しているところから、ここが単なる廃棄の場であったのではなく、儀礼の場でもあったことを示している。

また、集落の周辺における花粉分析ではウルシの花粉が検出されていることから、近くにウルシ林がつくられていた可能性も高い。実際、低地からは多くの漆塗り製品や漆塗り土器が出土しているので、デーノタメ遺跡で漆工製品の生産が行われていたことは間違いない。

縄文人にとって重要な資源だったクリの管理

縄文時代の人々にとって、アク抜きなどの処理を行うことなく食用とすることのできたクリは非常に重要な植物だった。

青森県三内丸山遺跡では、集落の形成とともにクリが多くなるさまが花粉分析から明らかにされている。ここでは、縄文時代前期に集落が形成される前にはナラ林が主体であったものが、集落の形成とともにクリの純林（クリしか生えていない林）に覆われるようになり、中期末に集落が廃絶すると、再びナラ林が復活するという状況が確認されている。クリの純林が出現するような状況は、通常、自然界においては起こりえない。このため、縄文時代の人々は、集落の周囲にクリを意図的に植栽し、群生させ、これを管理していたと考えられている。もし、クリが農耕の対象となっていたというのであれば、私はこれを農耕と呼ぶことを首肯するのもやぶさかではないが、実際にはいわゆる農耕とは趣が異なる。

クリは食料としてだけではなく、加工が容易である、腐食しにくいなどの特性から木材としても多用されていた。富山県桜町《さくらまち》遺跡では、木材同士を組み合わせるための貫穴《ぬきあな》が開けられた建築材が出土しているし、時期は下るが、石川県真脇《まわき》遺跡では柱材を組み合わせるための枘《ほぞ》がつくり出された柱材が出土している（図25）。木材と木材を組み合わせることによってつなぐ工法を軸組《じくぐみ》工法と呼ぶが、軸組を行うことができるようになれば、大きく高い建物や複雑な構造の建築が可能となる。縄文時代の前期段階では、すでにこのような

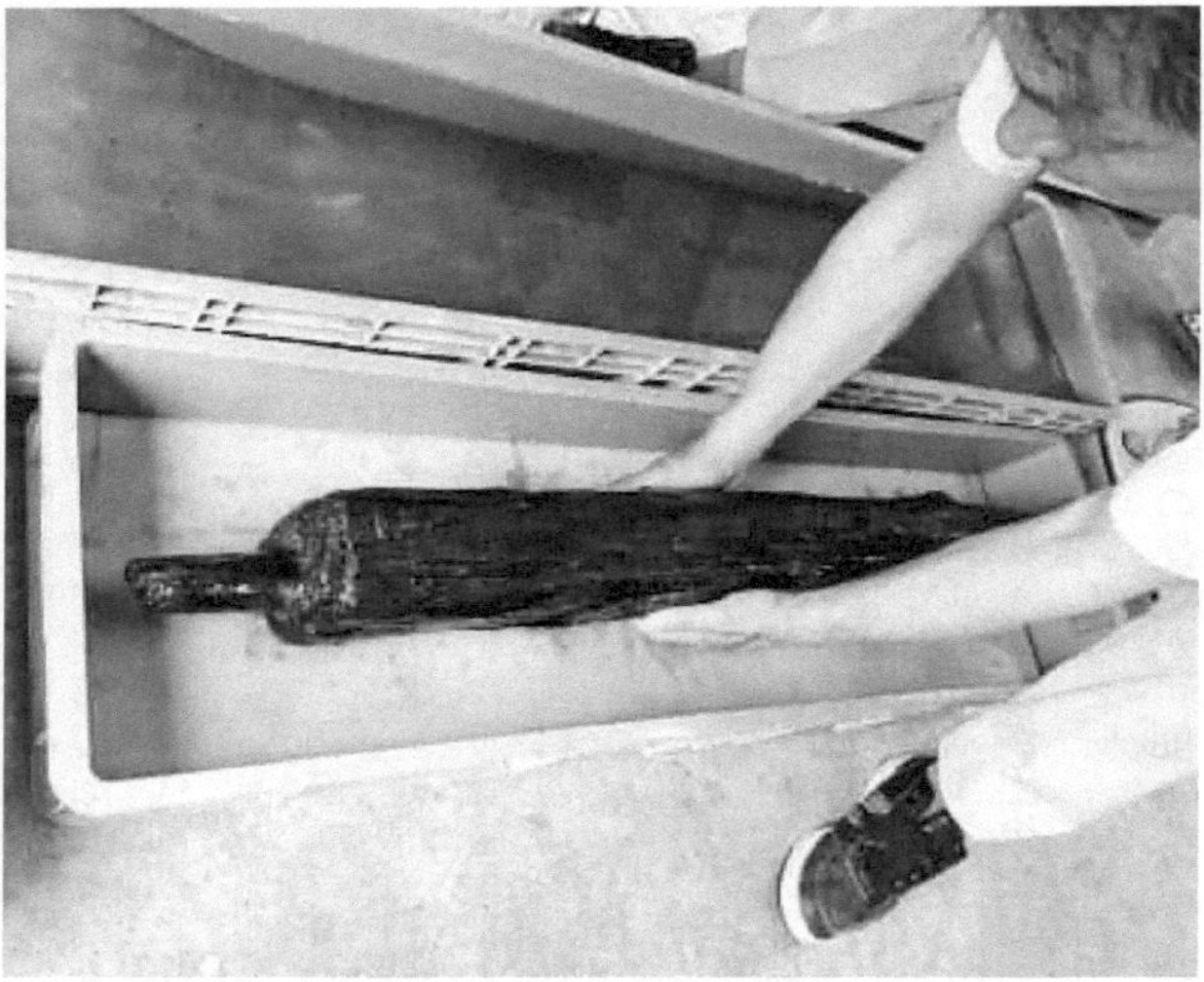

図25　石川県真脇遺跡の枘付き柱材　真脇遺跡縄文館

軸組工法が存在した可能性が高いと言えるだろう。中期の三内丸山遺跡や富山県不動堂《ふどうどう》遺跡をはじめ、東北地方の前期を中心として検出されることの多い、長径が数十メートルにも及ぶ大型住居などには、この軸組工法が採用されていたと思われる。

　また、多くの木材が出土した埼玉県寿能遺跡、赤山陣屋《あかやまじんや》跡《あと》遺跡、栃木県寺《てら》野東《のひがし》遺跡といった後晩期の遺跡では、土木材に用いられたクリの割合は五〇パーセントを超えるほどとなっている。三内丸山遺跡から検出された六本柱の大型掘立柱《ほったてばしら》建物では、直径一メートルものクリ材を用いている。日照条件のよいところでも、クリがこれだ

図26　石川県米泉遺跡から出土したクリの根株　石川県埋蔵文化財センター提供

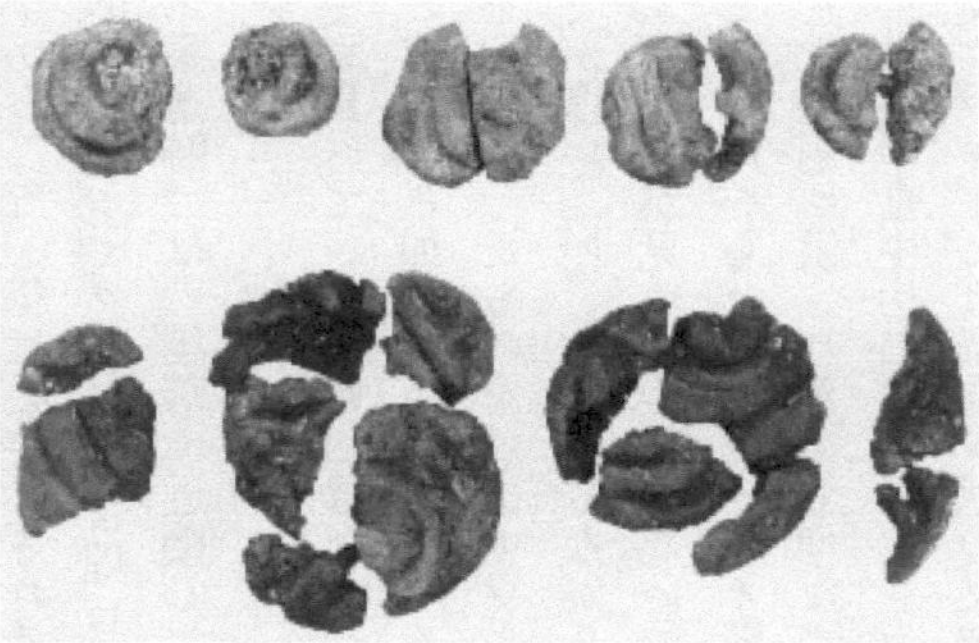

図27　山形県押出遺跡の縄文クッキー　山形県立うきたむ風土記の丘考古資料館提供

けの太さに成長するまでには二〇〇年から二五〇年は必要とされることから、縄文時代の人々は、世代を超えるような長期間にわたってクリ林を管理していたと考えられている。奈良県観音寺本馬《かんのんじほんま》遺跡や石川県米泉《よないずみ》遺跡では、集落に近接してクリ林が存在したことを示すクリの根株が検出されている（図26）。

なお、当時の人々は、クリをそのまま食べていただけではなかったらしい。縄文時代の遺跡からは、しばしば縄文クッキーと言われる加工食品が出土するが、通常このようなクッキー状の加工食品は、ドングリ類を粉末にしたものをハチミツやヤマイモなどのつなぎを使って固めたものと考えられることが多い（図27）。しかしながら、縄文クッキーが出土した前期の山形県押出遺跡からはドングリ類が見つかっていないので、おそらくは、クリなどをペースト状にしたものが材料として用いられたのだろうと考えられている。

そうだとすれば、クリの実がそのまま食用に供されたのではなく、さまざまな形で加工されていた可能性があることになり、当時の食生活のバリエーションを考える上でも非常に興味深い資料となる。一方で、縄文クッキーには渦巻き状の文様が描かれているものもあるので、これらの加工食品が日常的に食されていたものであったのか、移動時の携帯食料か、それとも祭祀用であったのかという点については議論が分かれるところである。

ウルシの利用

考古学研究者は、植物としてのウルシを指す場合にはカタカナでウルシと表記し、その樹液や樹液を精製して塗料としたもの、さらに漆塗料を塗って製作した漆工製品そのものを指すときには漢字で漆と書き、両者を使い分けている。

先にも述べたように、現在のところ最古のウルシは鳥浜貝塚から出土した木材で、一万二六〇〇年前のものとされている。また、漆工製品として、最も古いとされているのは北海道垣《かき》ノ島《しま》B遺跡の墓から出土した装身具で、墓から出土した炭化物の年代測定によって、およそ九〇〇〇年前のものとされている。

一方、中国で最も古い漆工製品は浙江《せっこう》省跨湖橋《クワフチャオ》遺跡から出土した弓とされる木製品で、七六〇〇年前のものである。また、韓国では古村里《コチョンリ》遺跡から出土した漆塗杯が最も古いものであり、約二四〇〇年前のものとされている。先の垣ノ島B遺跡出土例の推定年代が正しければ、今のところ東アジアにおいて最も古くから漆工を行っていたのは縄文時代の人々ということになる。

さて、これまでウルシ、漆工製品と簡単に書いてきたが、漆を利用する技術は非常に複雑で、一朝一夕に習得できるようなものではない。そこで、少なくともある程度は専従的に漆工製品の製作に携わる人々が存在していたと想定されている。この人々が漆の採集か

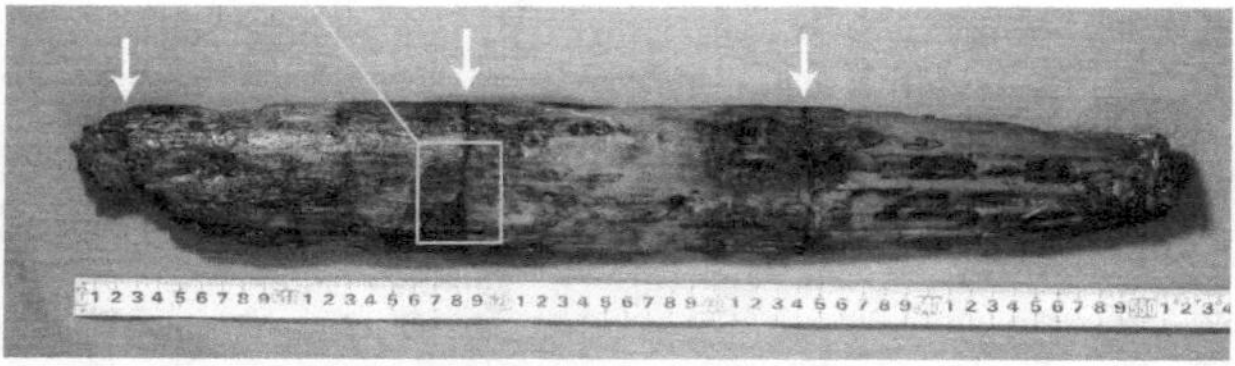

図28　東京都下宅部遺跡出土の掻き取り痕のあるウルシ材（千葉2009より）

ら漆工製品の製作までを担っていたスペシャリストであったのか、それともパートタイマーであったのかについては不明とせざるをえないが、素人が片手間でできるようなものではないことは確かである。

漆工製品の製作には、いくつものプロセスが存在する。漆はウルシの木から採れる樹液（生漆《きうるし》）を原料とする。この生漆は、ウルシの木の表皮に傷をつけ、そこからしみ出した生漆をヘラなどですくい取って集められる。東京都下宅部《しもやけべ》遺跡からは、漆を掻き取った痕が残されたウルシの杭が出土している（図28）。これは生漆が採れなくなった木を杭に転用したものと思われるが、その掻き傷の跡から、当時の生漆の採取が現在と同じ方法で行われていたことがわかる。ウルシの木の幹に入れた切り傷から一回にすくい取れる生漆は一cc程度しかなく、漆掻きのシーズンである初夏から秋にかけての約半年程度で、一本のウルシの木から一八〇～二〇〇cc程度しか採取できない。したがって、漆工を行えるほどの必要量を確保するためには、それこそ何十本、何百本というウルシの木が必要となる。このため、縄文時代の人々はウルシの林を集落の近くに意図的につくり出して、これを管理していたと考えられる。

集められた生漆は、そのままでは塗料として使えないので精製される。このときに生漆の水分を五パーセント以下にしてウルシオールという成分を精製して均質化するために、漆を土器に入れて火にかけ、大体四〇度の温度を維持するように熱しながら、長い間かき混ぜてやらなければならない。火の調節ができるガスコンロやかき回すためのモーターがない当時、この作業は非常に大変だったに違いない。その後、漆に赤や黒の顔料を入れて色漆をつくる。この時、赤漆をつくるためにはベンガラや水銀朱《すいぎんしゅ》が使われた。

縄文時代の水銀朱に関しては、中期以降の遺跡で確認例があり、後期中葉以降に量的に増加する。水銀鉱山の多くは中央構造線にそって分布しているが、そこから採取されたと思われる辰砂《しんしゃ》（水銀と硫黄からなる鉱物）の塊が縄文時代の遺跡からも出土している。これらの辰砂はだいたい一〇グラム程度の塊状のものが多く、黒曜石などと同様に広く流通していたと思われる。これを入手して、漆工に用いていたのだろう。

また、黒漆をつくるためには炭粉を入れたようだ。ただし、生漆が黒く発色する場合（黒目漆）もあったらしい。島根県夫手《それて》遺跡からは、黒目漆を入れた小型土器が出土しており、年代測定によって六八〇〇年前のものであることが判明している。

このようなプロセスを経た後で漆工製品がつくられるわけだが、縄文時代の漆工製品にはその素地によって木胎《もくたい》漆器、陶胎《とうたい》漆器（土器に漆を塗ったもので、縄文時代にはしばしば見られる）、籃胎《らんたい》漆器（カゴやザルなどの編組製品に漆を塗ったもの）など、さまざまな種類があったことがわかっている。

ここで注意しておきたいのは、縄文時代の遺跡から、しばしばエゴマの種子が出土していることである。エゴマはシソに似て、葉そのものを食べることもできるが、実からしぼられた油は、現在でも漆の溶剤として利用されている。縄文時代にも漆の溶剤として利用されていた可能性はあるだろう。

慶應義塾大学名誉教授の鈴木《すずき》公雄《きみお》はこのような漆工技術や漆工製品について、以下のように述べている。少々長くなるが、大変重要な見解なので、ここに引用しておこう。「注目しなくてはならないことは、この漆の技術は、縄文時代の人々の生存にとって、直接には何の役にも立たない技術だったということである。いかに美しい漆の製品を作ったとしても、それによって魚や獣がより多く獲れたり、木の実の採集が容易になることはない。食糧をより多く安定して得たいのなら、よりすぐれた狩猟・漁労の道具を作り出したり、効果的な狩りの方法を考え出すほうが早道である。それにもかかわらず縄文人たちは、多大の時間と労力を漆製品の製作に注いでいた。これは縄文人の生活が、われわれが従来考えていたよりもずっと安定しており、漆製品の生産のような、生存に直接かかわらない作業に対して、十分な時間と労力を注ぐ余裕があったことを示している」(鈴木一九八八)。まさにその通りである。現在では、このような漆工製品が奢侈品《しゃしひん》として交換財となり、当時の社会においてさまざまな価値と意味をもっていた可能性も考えられている。

縄文人はタネをまいたか？

このように卓越した植物加工技術を持つ縄文時代の人々だが、植物を管理していたその当然の帰結として、有用植物の栽培にも乗り出していた。これまでにも遺跡から出土した植物遺存体の分析から、エゴマやシソなどの植物が栽培されていた可能性が指摘されてきた。しかし、近年では土器の表面に存在する「穴」を調べることによって、縄文時代にもさまざまな植物が栽培されていたことが明らかになってきている。

土器の表面をよく観察してみると、意外に多くの「穴」があいていることに気づく。これは土器を作製する時に、胎土(粘土)の中にさまざまなものが混じり込んでできたものだ。その多くは小石などの不純物、あるいは土器を整形しやすくするために入れた砂などの混和剤の痕だが、中には土器作製時に周辺にあった植物の種子が入り込んでいることもある。

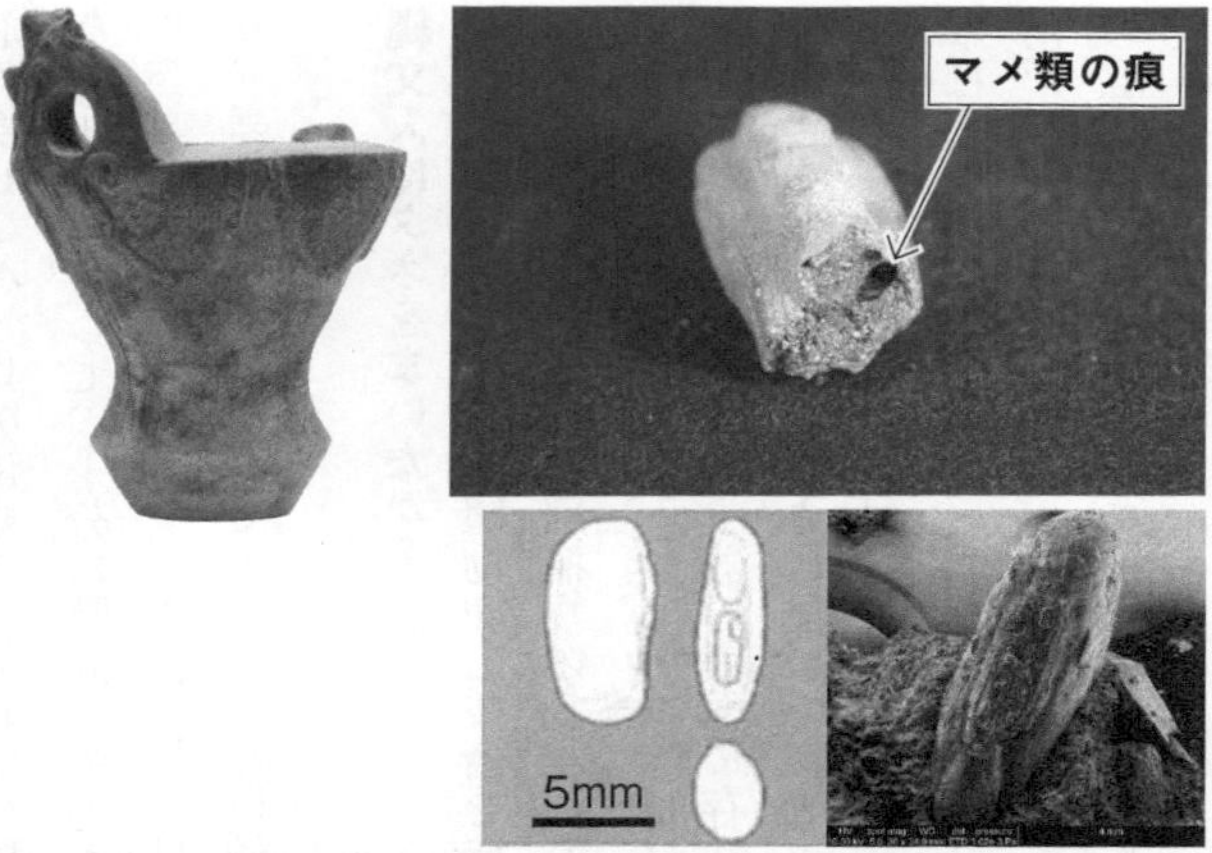

図29　山梨県酒呑場遺跡出土土器に残されたマメ類の痕跡　山梨県立考古博物館提供・改変

種子は土器を焼成する際に燃えてなくなってしまったが、種子の痕は、「穴」として数千年たった現在でも残っている。この「穴」に歯科医で歯の治療をする際に型取り剤として用いられるシリコンを流し込み、固まった後に取り出して顕微鏡で観察をすると、じつにはっきりと植物の種子の形状が残っていることに驚かされる（図29）。このように土器の「穴」（植物圧痕）から種子を同定する手法のことを、圧痕法《あっこんほう》あるいはレプリカ法と呼ぶ。

　圧痕法の利点は、土器に存在する「穴」を利用するので、時期決定が比較的容易にできるということと、後世のコンタミネーション（資料の混入）を排除できる点である。これまでにも縄文時代におけるコメやオオムギといった資料が報告されていたが、その多くは炭素14による年代測定を行ってみると、縄文時代よりもずっと新しい資料であったことが判明している（小畑二〇一一）。また現在のところ、縄文時代後期をさかのぼるような確実なコメの出土例は確認されていない。従来、晩期後葉とされていた時期には稲作関連の資料が確認できるが、現在では、この時期の資料を弥生時代早期として弥生時代側に繰り入れる見解が多くなっている。

さて、現在では熊本大学教授の小畑弘己《おばたひろき》を中心とした研究チームによって、縄文時代にもマメ類、特にダイズやアズキの栽培が行われていたことが明らかにされている（小畑他二〇〇七、小畑二〇一五など）。マメ類は炭水化物にはやや乏しいが、肉類とともに煮込むなどすればメジャー・フードとなりえる重要なタンパク質供給源なので、シソやエゴマといった栽培植物とはその持つ意味が異なる。したがって、小畑らの研究が発表された当初、他の考古学研究者に与えたインパクトは非常に大きかった。

小畑はマメ類の栽培が縄文社会に与えうるポテンシャルを高く評価し、縄文時代中期の中部高地や後晩期の九州における遺跡の大規模化（人口の増加）に大きな役割を果たしたと述べ、北海道南部や東北地方北部におけるヒエについても同様の存在であったとしている（小畑二〇一五）。播種・育成・収穫というサーキュレーションが存在するとすれば、マメ類などの栽培を技術面から「縄文農耕」と捉えることもできるかもしれない。また、中期以降、マメ類の粒が大型化してきていることも事実である。

しかしながら、農耕の存在を確定させるには、少なくとも以下の三つの条件が必要だと私は考えている。

認定条件一：対象となる作物の確定
認定条件二：作物を育てた「場」（耕作地点）の確定と規模（生産量）の推定
認定条件三：専用化した農具の確定

現在のところ、マメ科植物の土器圧痕は非常に多く検出され、もはや驚きを通り越して、日常化しつつある、そう小畑は述べる。しかし、その一方で、マメ科植物を育んだ「場」がどのようなものであったのかという点、およびその規模については未確定のままであることにも注意しておきたい。長野県伴《ともの》野原《はら》遺跡からはおよそ一六〇点ものマメ類（アズキ亜属）の圧痕がある土器が出土しており、当時の人々の周囲にマメ類が相当量存在していたことをうかがわせるが、弥生時代の炭化米のごとく、炭化したマメ類が一ヵ所に固まって多量に出土したような事例は存在しない。さらに中国地方など、マメ類の圧痕がほとんど確認できない地域があることにも意識的になっておきたい。

また、現在の分析技術では縄文時代の人々が何をどれだけ食べていたのかを、人骨に含まれるコラーゲン中の炭素・窒素の同位体比から知ることができる。この方法では、コメを食べていたのか、あるいはアワ・ヒエといった雑穀を食べていたのかも判別できる。もし、マメ類を縄文時代の人々がよく食べていたとすれば、それは必ずや同位体比（特に窒素）にあらわれるはずだが、今のところそのような傾向が見られないことも気がかりだ。

認定条件の三については、従来の土掘り具（打製石斧など）をこれにあてる向きもあるが、明確な形での検出はむずかしいかもしれない。

じつは、過去にも「縄文時代の農耕」が唱えられたことがあった。縄文時代中期になると、関東地方から中部高地の集落では打製石斧が数多く出土するようになる。これを農具としての鍬《くわ》であったと考え、古くから「縄文時代にもイモ類などを対象とした農耕があった証拠」として議論が行われてきた。これを研究史的には「縄文中期農耕論」と呼ぶが、その評価は総じて否定的だった。マメ類の栽培は、このような評価を覆す可能性をもっているだけに、より慎重な議論が必要である。

また、「縄文農耕」の存否は、考古学研究者が農耕をどのように定義するかにもかかわる問題であることも指摘しておきたい（山田一九九九）。食料生産技術である農耕について、多くの考古学研究者がその定義にこだわるのは、この導入に伴って引き起こされたと考えられるさまざまな社会的現象、階級の発生、国家の成立といった社会構造の変化をその背後にみるからである。したがって、縄文時代にどれほど高度な植物管理を行っていたとしても、社会構造に変化がみられないならば、歴史的な位置付けとしてそれを農耕、その社会を農耕社会とは考古学研究者は呼ばないだろう。そのように捉える限り、少なくとも食料生産の有無のみをもって単純に縄文時代と弥生時代を区分するような時代区分論は、もはや成立が困難である。

では、マメ類を主体とする「縄文農耕」が社会構造の変化を引き起こし、社会の複雑化、集団間の成層化を進展させたという証拠は存在するのだろうか。たとえば、後に第五章で述べるように、私自身が想定しているような北海道南部・東北地方北部の後期における社会階層化の萌芽などは、従来の生業論や墓制論などから導かれた理解であり、先に述べたような「縄文農耕」とは直接的に関係をもつものではない（山田二〇〇四・二〇一〇・二〇一四など）。これらの地域・時期以外に縄文時代において、墓制論からみる限り、そしてそこから復元しうる社会像から想定する限り、社会の階層化が大きく進行した可能性は、今のところ見当たらない（山田二〇〇八）。ただし、八ヶ岳山麓に分布する遺跡群における墓域のあり方については、後述するように注意が必要である。

全体論的には、マメ類を主体とする「縄文農耕」が、社会構造の変化を引き起こし、その階層化を促したとすることは現状ではできず、あくまでも従来における多角的な生業形態の一つとして導入されたものと私は考えている。このような見通しも将来的に大規模な畑の発見や、社会的格差を感じさせるような新たな墓の事例が確認されたりすれば、当然、修正しなくてはならないだろう。

3　環状集落の成立と大型貝塚の発達

環状集落の成立

縄文時代前期になって特徴的に見られるようになるのが、居住域、墓域、廃棄帯といった空間の使い分けが明確化した、定型的な集落である。そのような集落の最たるものが、東日本を中心に見られる環状集落だろう（図30）。

環状集落とは、広く定義すれば住居が環状に並ぶように配置されている集落のことである。しかし、より厳密に見れば、環状集落は同心円状の構造を持ち、竪穴式住居、貯蔵穴、掘立柱建物、墓域を同心円状に配置するという特徴がある（谷口一九九九）。また、環状集落は、円形に配置された住居群や墓群などがいくつかの単位に分割された構造を持っ

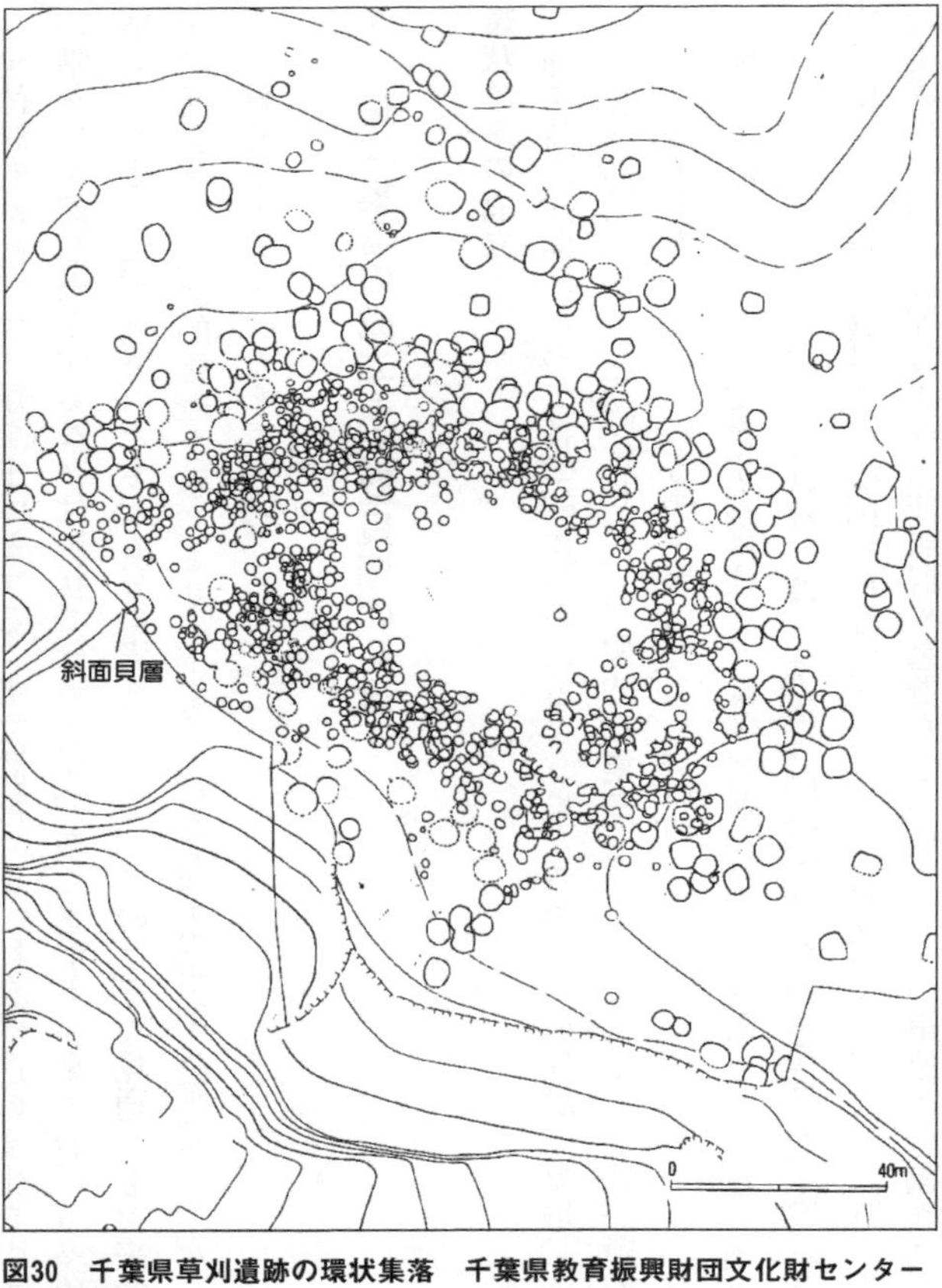

図30　千葉県草刈遺跡の環状集落　千葉県教育振興財団文化財センター提供・改変
外側の大きめの円は住居跡、内側の小型の円は貯蔵穴。

ている。このような環状集落は、中部・関東地方から東北地方にかけての前・中・後期の時期に著しい発達をみせるが、その起源は早期末から前期初頭にまでさかのぼる。

なお、関東地方では、前期の住居跡には比較的方形をなすものが多いが、中期になると、円形や楕円形、隅丸方形《すみまるほうけい》といった平面形態を持つものが多くなる。関東地方の西部から中部地方では、住居の中央部に石で囲った炉（石囲《いしかこ》い炉《ろ》）を持つ住居が多くなる。中には福島県域など東北地方南部に特徴的にみられる、複式炉と呼ばれる、炉の火処《ひどころ》（火を焚《た》いた場所）のすぐ脇に木灰をため込むことのできる場所を持つものも出現する。

環状集落間に見られる格差

一般に環状集落と言うと、規模の大きなものを想像しがちだが、実際には大きなものから小さなものまでさまざまなものがあった。住居群が環状に並ぶ居住域の規模は、最大級のもので外径一五〇メートルほどの大きさのもの（たとえば群馬県三原田《みはらだ》遺跡、千葉県加曽利《かそり》貝塚、草刈《くさかり》貝塚、東京都神谷原《かみやはら》遺跡、埼玉県古井戸《ふるいど》遺跡、神奈川県川尻中村《かわしりなかむら》遺跡、山梨県酒呑場《さけのみば》遺跡など）から、小さい集落では外径七〇メートル程度のもの（たとえば群馬県新堀東源《にいぼりひがしげん》ヶ原《はら》遺跡、埼玉県八王子《はちおうじ》遺跡、東京都滑坂《なめさか》遺跡、神奈川県二《に》ノ丸《まる》遺跡など）まで存在する。

これらの集落の大きさは、大きな円を描くのか、それとも小さな円を描くのかを予め想定していた、つまりその大きさは、予定された住居数や人口によって決められており、当初から、集落間における機能的な差異が存在していたと考えることができるだろう。また、東京都以西の環状集落の中央部には往々にして墓域が形成されるが、これにも数的な規模の格差が存在する。

これらの点から、環状集落には地域の中心となる拠点集落とそれに付随する、場合によっては複数の集落という二種類が存在したと考えられる。また、各拠点集落は一定の距離を置いて分布しており、その拠点集落を中核として、その周囲に比較的規模の小さな環状集落が位置している。この規模の小さな環状集落の性格は、拠点集落からの一時的な分村や、領域内の資源開発の中継点といったものが想定されているが、規模の差異だけではなく、何らかの分業的な役割分担や社会的な差異が存在していた可能性もあるだろう。

中期の段階にいたって顕在化する、集落間の格差・役割・性格の相違といった諸要素は、集落間ネットワーク上においても、集積・配分センターや、中継点、末端消費地といった機能差として理解することができるだろう。各集落は、そのような「差異」を内包しつつ、全体として、社会を成立させていたのである。

大型貝塚の発達

図31　千葉県加曽利貝塚の全景　千葉市立加曽利貝塚博物館提供

環状集落とともに、この時期を特徴付ける遺構に大規模な貝塚がある。これらは上から見た場合、往々にして馬蹄《ばてい》形（アルファベットのC字状）ないしは環状（円形）をなす。大規模な馬蹄形貝塚や環状貝塚としては、千葉県加曽利貝塚、堀《ほり》之《の》内《うち》貝塚、姥山《うばやま》貝塚などの東京湾沿岸の貝塚群が有名である。中でも千葉県曽谷《そや》貝塚は東西二一〇メートル、南北二四〇メートルという大きさであり、単独の馬蹄形貝塚としては日本最大の規模を誇る。

全国的にも知られる加曽利貝塚は、直径一四〇メートルほどの環状貝塚で縄文時代中期を主体とする北貝塚と、長径一九〇メートルほどの馬蹄形貝塚で、後期を主体とする南貝塚が連結して、全体で8字形をしており、南北両貝塚を合わせると日本最大の貝塚となる（図31）。

これらの大型貝塚は、基本的に貝層の外側あるいは内側に住居群や土坑群、場合によっては環状集落を伴っていることがほとんどで、食物残渣（生ゴミ）など、日常生活を営むことによって出された「ゴミ」を捨てた場所と理解されることが多い。しかし、特に千葉県域のこれら貝塚の貝層中からは、しばしば埋葬された人骨が見つかる。その点からみて、この時期の貝塚が単なるゴミ捨て場としての機能だけではなく、アイヌの人々の「送り場」のような精神文化的な意味合いを併せ持っていたと考える研究者は多い。私もその考えに賛成である。

貝塚からは、さまざまな情報を得ることができる。たとえば、当時の人々が実際にどのようなものを食べていたのかを、貝塚に残された各種の獣骨や魚骨、貝殻から知ることができる。また、ハマグリなどの成長線からは、貝をどの季節に採取したのかを判断することも可能である。このような研究を積み重ねることによって、縄文時代の人々がどの季節に何をどれくらい獲ったのか、採集したのかもわかってきた。現在では、図化されて「縄文カレンダー」として、各地の博物館等でも目にすることができるようになっている（図32）。

図32　縄文カレンダー（小林1996より）

東京湾沿岸の貝塚群は、その位置・立地からして内湾性の貝塚と言うことができる。貝層内から出土する魚骨もスズキやクロダイ、ボラなど内湾部に棲む種類のものが多く、貝層を構成する貝類もハマグリ、アサリ、オキシジミといった主に潮間帯《ちようかんたい》に生息する砂泥性の貝が多い。また、漁法としては、各種の網漁が多かったと思われ、網の錘に使用された多くの土器片錘《どきへんすい》が出土する。

東京湾沿岸部だけでなく松島湾《まつしま》や仙台湾《せんだい》沿岸部でも、前期以降のこの時期に大型の貝塚が発達していた。宮城県大木囲《だいぎがこい》貝塚、道珍浜《どうちんはま》貝塚、川下り響《かわくだひびき》貝塚、金山《かねやま》貝塚、里浜《さとはま》貝塚などの大型の貝塚群は、ほぼ等間隔で松島湾を囲むように位置しており、あたかもテリトリーが存在していたかのようである。

大型貝塚の周辺には貝層を持たない小規模な遺跡が点在しており、これらは季節ごとの出作り小屋のようなものであった可能性がある。また、仙台湾内の桂島《かつらしま》貝塚からは多量のマダイ骨が出土しているところから、この遺跡はマダイ漁に特化したキャンプサイトであったと考えられている。マダイは、普段は深い海の底に生息しているが、春後半から初夏にかけて産卵のために浅場にあがり、湾内に入ってくる。それを計画的に狙ったのだろう。

このように貝塚に残された資料からは、当時の人々の食料だけではなく、季節的な計画性をもうかがい知ることができる。その意味で貝塚は「縄文情報の宝箱」と言うことができるだろう。

4　広域交換・交易の発達

大型のハマ貝塚の出現

これまでにも貝塚について記述をしてきたが、貝塚にはじつは二通りの種類がある。一つは集落に近接して存在し、食物残渣（生ゴミ）や一般生活廃棄物などが捨てられており、機能的にはゴミ捨て場というものである。これを集落貝塚ないしはムラ貝塚と言う。先に述べた加曽利貝塚や曽谷貝塚などは、この集落貝塚に分類されるものである。多くの人々が貝塚と聞いてイメージするのはこちらだろう。

しかし中期になると、貝層がほぼ貝殻だけで構成されており、土器や石器や獣骨などがほとんど出土しない特殊な貝塚が出現する。このような貝塚をハマ貝塚と呼ぶが、たとえば東京都の中里貝塚《なかざと》（中期主体）や伊皿子貝塚《いさらご》（後期）、愛知県水神貝塚《すいじん》（晩期）などがこれにあたる。中里貝塚の場合、その規模はおよそ一〇〇〇メートル×四〇メートルという大きなもので、貝層はマガキとハマグリのみで形成されていた（図33）。貝殻の成長線を分析

図33　東京都中里貝塚の貝層　北区教育委員会提供

して採取季節を推定したところ、ハマグリは初夏を中心として採取されたものであり、マガキは成長線分析がむずかしいが、おそらくは晩秋から春先に採取されたもので、これらの貝殻が層をなして交互に堆積していることがわかった。このことは、ハマグリとカキを主体とした年間二シーズンにわたる採貝活動が繰り返し行われた痕跡と理解することができるだろう。

ハマ貝塚は、集落から離れて当時の海岸線近くに形成されることが多く、貝層内に火処が存在することなどから、貝を煮て干し貝などの加工食品をつくる場であったと考えられることが多い。その規模から見て、単独の集落が残したものではなく、近隣の複数集落の人々が形成に関わったものと思われる。中里貝塚は武蔵野台地の外縁部を降りた東京低地との境界部に形成されているが、台地上には中里貝塚とほぼ同時期の御殿前《ごてんまえ》遺跡や七社神社裏《ななしゃじんじゃうら》貝塚、そして大型の環状貝塚である西《にし》ヶ原《はら》貝塚といった遺跡群が存在する。これらの集落の人々が、中里貝塚の形成に関わっていたことは間違いないだろう。

また、その採取量は遺跡群の消費量を大きく超えていたと推察されることから、もっぱら内陸部の遺跡と交易を行うための加工品（干し貝）をつくっていたと考えられている。明治大学教授の阿部芳郎《あべよしろう》は、中里貝塚の形成時期と武蔵野台地における集落の分布のあり方、およびそこで行われた生業活動に注目し、中里貝塚の干し貝が河川を通じて内陸部の集落にまで流通していたと考えている（阿部二〇一四）。

海を越える黒曜石・南海産貝の交易

縄文時代における石器製作の特徴の一つは、原石の採取と道具としての石器への加工が別の地点で行われていることである。石材の輸送にあたっては、石材原産地と石器製作・消費地の間にいくつもの通過点があったはずだが、そのわかりやすい事例の一つが静岡県見高段間《みだかだんま》遺跡だろう。

伊豆諸島の神津島《こうづしま》産の黒曜石は関東一円で利用されたが、その採取にあたっては長距離の渡海という非常に困難なプロセスを経なければならなかった。黒曜石を必要とするすべての集団がなしえることではない。したがって、特定の集団が専従に近い形でこれにあたり、それゆえに黒曜石の陸揚げも一ヵ所に集積されていた可能性が高い。伊豆半島東海岸側に位置する見高段間遺跡は、黒曜石の出土量、検出された遺構などから、神津島から搬出された黒曜石の陸揚げ場となっていたと考えられている。ここから関東・東海各地へと黒曜石が搬出されていたと想定されている。

また、八丈島《はちじょうじま》に位置する倉輪《くらわ》遺跡の存在も見逃せない。伊豆諸島では土器をつくることができるような粘土を採ることはできず、土器の製作は困難である。したがって、基本的に土器は本土側から持ち込まなければならない。倉輪遺跡からは、関東地方中期初頭の五領ヶ台《ごりょうがだい》式土器の他、東海・近畿地方の土器も出土している。また、装身具として「の」字形や棒状の石製品も出土している。この他、イヌやイノシシの骨なども出土しているところから、本土側からイヌやイノシシ（仔であるウリボウか？）を連れた人の移動があったことは間違いない。

また、倉輪遺跡からは六棟の竪穴式住居跡が検出されたほか、三体の埋葬人骨が出土している。このことは、八丈島である程度、定着的な集落が営まれていた証拠だろう。本土側の人間が八丈島までわざわざ行き、そこで入手することのできる資源といえば、たとえばオオツタノハなどの、貝輪の素材となる貝類が想定できる。しかしながら、三宅島《みやけじま》と八丈島の間には黒潮が存在するので、丸木舟による人力航行は非常にむずかしいと思われる。二〇一七年一〇月現在、黒潮は八丈島の南を大きく蛇行しているが、このような時に渡海があった可能性もあるだろう。とすればこの時期、そのような状況を見切ることのできる渡海技術があったことになる。ますます渡航に関して高度な、かつ専門的な技術を持った人々の存在を想定することができるだろう。

さまざまなネットワークの発達

縄文時代前期・中期にもなると、集団間・集落間にはさまざまなネットワークが張り巡らされ、このネットワークを通じてさまざまな物資が行き交っていたと考えられる。右記のハマ貝塚の形成や黒曜石などの交易に見るように、縄文時代の中期にはすでに、特定の資源を生産・集積し、各地へと運び出す物流センターが存在していた。また、このことは一つの集落内ですべての生業活動・生産活動が完結するのではなく、複数の集落がお互いに補完し合いながら、一定地域内の集落群全体として生業や生産活動をまとめていくという経済のあり方、社会の紐帯を生み出していたことが想定される。このネットワークの発達と社会的紐帯の維持こそが、縄文集落運営上の生命線だったと言っても過言ではないだろう。

5　さまざまな墓制の展開

墓域・埋葬群・埋葬小群

縄文時代の墓地・墓域内においては、墓が群集し、塊状になっている場所がある。これを墓域内における墓群の最小単位という意味で埋葬小群と言う。この埋葬小群がいくつか集まって、より大きな群である埋葬群を形成する場合もある。また、埋葬小群と埋葬小群の間には墓が存在しない空間が存在し、これによって各埋葬小群は墓域内部で区画されている。このように、中期には整然と全体構造が企画された大型の墓域が登場する。

埋葬小群は何を表すのか？

これらの分節構造の区分原理、すなわち埋葬小群が何を表しているのか、完全に証明された事例は存在しない。しかしながら、蓋然性《がいぜんせい》の高い仮説はいくつか提出されている。

私は、時期は異なるが、晩期の愛知県保美《ほび》貝塚の事例から、埋葬小群内には遺伝的な関係を有する小家族集団（祖父母・父母・子どもにわたる三世代ぐらいの家族の歴史の一部）が埋葬されており、それが一つの世帯を構成している、そしてその状況が各時期においても一般

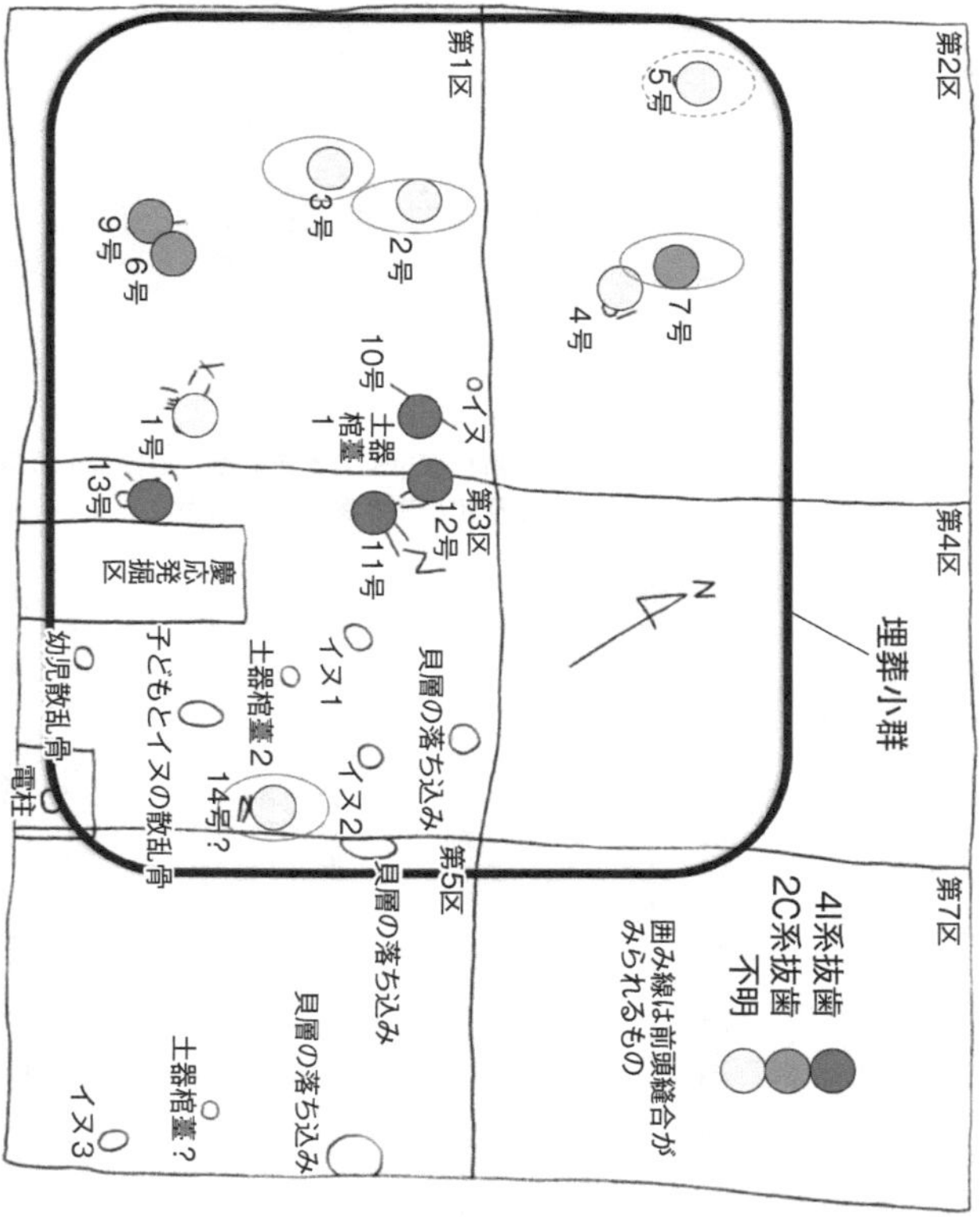

図34　愛知県保美貝塚C地点における人骨の出土位置（楕円でかこんだものは前頭縫合のあるもの）

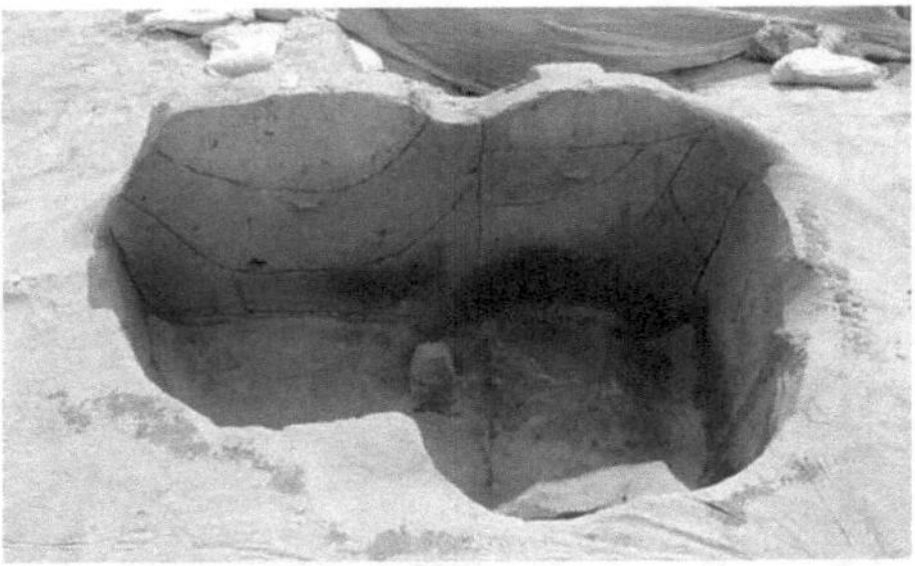

図35　青森県五所川原市五月女萢遺跡における土坑墓の斬り合い　五所川原市教育委員会提供

化できると考えているが、以下にその根拠を記そう。

　愛知県保美貝塚（C貝塚）からは、およそ一六体の埋葬人骨が出土している。その出土地点を図化したものが図34だが、この出土状況からみて、ほぼ一つの埋葬小群を発掘したものと考えてよいだろう。これらの人骨は伴出する土器から晩期の中頃に埋葬されたものと考えられるが、注目したいのは、これらの人骨に前頭縫合《ぜんとうほうごう》（額の部分にある縫合線）がみられるものが五例も含まれていることだ。

　人の頭蓋には、通常は存在しないような小さな変異が観察されることがある。このような変異は数字で計測できるものではないので、頭蓋形態《とうがいけいたい》非計測的小変異《ひけいそくてきしょうへんい》と呼ばれる。

　前頭縫合も頭蓋形態非計測的小変異の一つであり、その出現率は現代人ではおよそ四・五パーセント以下である。したがって、前頭縫合がランダムに選択された五体の人骨に確認できるような状況は○・○四五の五乗となり、通常では起こりえない確率である。頭蓋形態非計測的小変異は遺伝的な形質であると言われており、その点を含めて考えると、保美貝塚（C貝塚）の埋葬小群に、遺伝的なつながりのある人々が含まれていることはほぼ確実である。では、遺伝的な関係を持つ人々、すなわち血縁関係者が含まれ、規模的には一六人程度の人間集団とは、既知のものでは何が該当するだろうか。これらの点を勘案して、私は埋葬小群とは、三世代間くらいまでを含んだ家族集団が埋葬された地点ではないかと考えている。

また、埋葬小群の中には、土坑墓同士がいくつも斬《き》り合っている（一部分が相互に重なりあっていること。考古学研究者はこれを斬り合っていると表現する）ものがしばしば確認される。従来、このような事例は時間差に基づく偶発的なものと捉えられることが多かった。しかしながら、時期は異なるが、晩期の青森県五月女《そとめ》萢《やち》遺跡では、土坑墓の上部構造として盛り土が遺存しており、これが斬り合っているさまが確認されている（図35）。この場合、土坑墓同士の斬り合いは偶発的なものと言うことはできず、明らかに意図的であったと考えざるをえない。おそらくは、土坑墓をわざと重複させ、場所を共有することによって血縁関係者および祖霊との共存をはかるとともに、埋葬を行った人々のつながりを再確認・強化するという意図があったのだろう（第五章参照）。

小竹貝塚の墓域構造から前期の社会を考える

富山県小竹貝塚《おだけ》では、前期の墓域が良好な形で保存されていた。ここでは、小竹貝塚の墓域構造を繙《ひもと》きながら、当時の社会構造を考えてみよう。

小竹貝塚出土人骨の時期別分布をみると、埋葬人骨の出土位置がいくつかの塊状を呈しており、埋葬小群が存在することがわかる。私の分析では、小竹貝塚では時期を少しずつ違えながらも、八つほどの埋葬小群が存在していたと思われる。

これらの出土人骨のうち、注目したいのは三二号人骨である。炭素・窒素同位体からの食性分析の結果では、三二号人骨はドングリ等の堅果類などに偏った、かなり特殊な食生活をしていたと推定されている（米田二〇一四、図36）。さらに三二号人骨には、下顎の右第二小臼歯《しょうきゅうし》の、特殊な咬耗《こうもう》、すなわちすり減り方が確認されている。このことから推察すると、おそらく三二号人骨の下顎前歯もエナメル質部分が大きく丸くすり減るような、特殊な咬耗をしていたと思われる。

こうした特殊な咬耗は、小竹貝塚人の中では他に六一号人骨などにしか確認できない稀有な事例である。また、この種の特殊咬耗は、通常は皮なめしなど、歯を道具として使用する特殊な作業を行った際に形成されるものと考えられ、早前期の縄文人骨にもしばしば観察できるものである。これが、今回の他の出土人骨には見られないということは、小竹

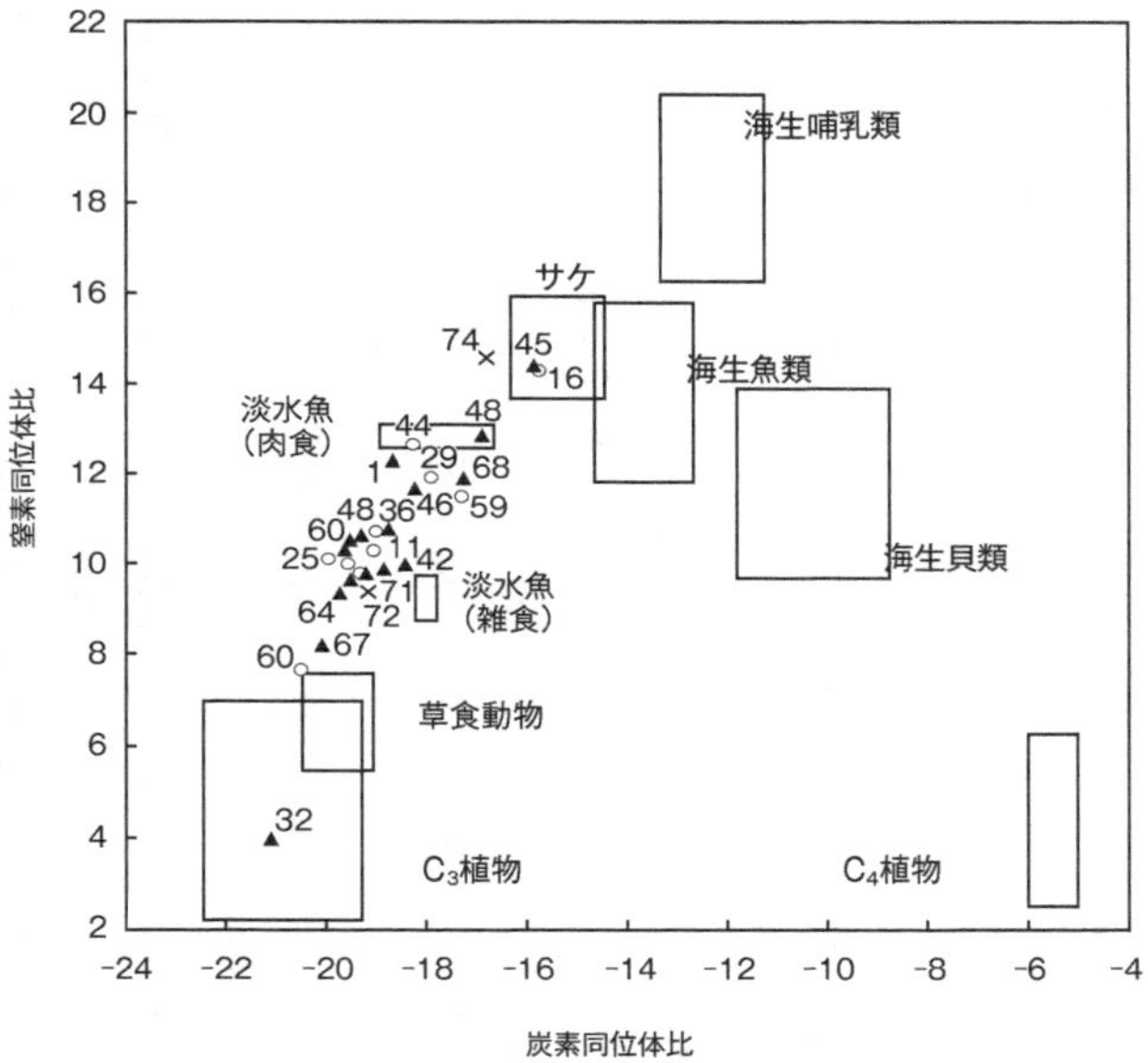

図36　小竹貝塚出土人骨の食性分析結果（米田2014より）

▲：男性、○：女性、×：子供

貝塚人は歯を道具とするような作業をあまり行っていなかったということになる。

そしてその中で、三二号人骨だけにこの種の特殊咬耗が観察できるということは、三二号人骨が他の小竹貝塚人とは異なった作業を行っていたことになる。これら三二号人骨の特殊性を鑑みると、この人骨は、小竹貝塚の集落・集団では少々特異な人物だったと考えることができる。ではその場合、この人骨の埋葬の状況から、どのような考察が可能になるだろうか。

通常、骨組織は一〇年程度で入れ替わると言われている。ということは、ある人物が他の地点から移動してきてまだ間もない段階であれば、炭素・窒素安定同位体比は、元の居住地での食生活の状況を指し示すことになる。

このような考え方をした場合、三二号人骨に対する理解の仕方も、報告書とはまた異なってくるだろう。たとえば、ドングリ等の堅果類に偏った食生活ということでは、長野県の北村《きたむら》遺跡の事例など、山間部の食生活を彷彿させる。想像を逞《たくま》しくすれば、三二号人骨は、小竹貝塚で生まれ育った人物ではなく、その出自を山間部の集落に求めることができるかもしれない。

先にも述べたように、私は墓域内に存在する埋葬小群は小家族集団を表すと考えているが、これを敷衍《ふえん》すれば、三二号人骨は、埋葬小群内に埋葬された小家族集団の一員であったことになる。その場合、出自の異なるものが小家族集団内に帰属する機会としては、やはり婚姻が一番自然だろう。三二号人骨は、山間部からやって来た婚入者《こんにゅうしゃ》だったのではないだろうか。さらに言えば、三二号人骨は頭蓋の乳様突起《にゅうようとっき》の大きさから男性であるとされているから、小竹貝塚では、男性が外から婿入りしてくるような社会構造を有していたとも想定できる。

同様に男性でありながら、「外的要素」を持つ可能性のある事例として、二八号人骨や四一号人骨が挙げられる。二八号人骨は上顎左右側切歯《そくせつし》を抜歯している。縄文時代前期に抜歯風習があった地域には、たとえば仙台湾周辺地域が挙げられるが、この地域の抜歯型式も、やはり上顎の側切歯抜歯である。

二八号人骨は、その埋葬姿勢から判断して、遺体腐敗時点で股関節を大きく開くだけの空間が周囲にあったと想定できるので、他の事例とは異なり、有機質の袋（たとえば皮袋など）に入れられて埋葬されたと思われる。このような事例は、他には七二号人骨があるだけなので、特殊な葬法を採られたものと考えられる。これらの点を勘案すると、二八号人骨も外来者であった可能性が指摘できる。そしてまた、二八号人骨も男性である。

また、四一号人骨には外耳道骨腫《がいじどうこつしゅ》が確認されている。外耳道骨腫は、潜水漁労を生業とする人々に頻発するもので、縄文時代では三陸海岸沿岸部から仙台湾周辺が多発地帯になっている。小竹貝塚からはサザエなど、主に潜水漁労で採取されたと考えられる貝類も出土しているので、近海で同様の作業が行われていたことが想定されるが、他のほとんどの人骨に外耳道骨腫が確認されていないことから、四一号人骨も外来者である可能性を指摘しておいてよいだろう。この四一号人骨も男性と鑑定されている。

上記の諸点を総合的に判断すると、小竹貝塚人の集団は、男性が婚入してくるような社会構造を有していたと想定できる（山田二〇一五）。男性が集団内に婚入してくるような社会構造としては、母系的な社会が一番、想定しやすい。この点からみて、小竹貝塚を残した集団は、妻方居住婚制を採り、母系的な社会を営んでいたと考えたい。

米田穣は報告書で、男性の方が食生活の変動幅が大きいと述べているが（米田二〇一四）、それは出自（婚入者の出身地）に起因する可能性もあるのではないだろうか。前期の北陸地方には妻方居住婚制を採り、母系的な社会が存在したと考えておきたい。この一遺跡の事例を全国に普遍化することはできないが、私はおそらくこのような傾向は全国的に認められるだろうという見通しをもっている。

抱石葬の理由

ところで、縄文時代前期に特徴的な葬法として抱石葬《だきいしそう》というものがある。これは人頭大の礫を遺体の胸部ないしは頭部において埋葬するものだが、これまでは死霊を封じ込めるために行われたと考えられてきた（長谷部一九二〇など）。小竹貝塚からも抱石葬例が検出されているので、この特殊な葬法についても若干検討してみよう。

じつは小竹貝塚の場合、抱石葬例すべてが大人の男性である。全国的な視野に立った場合、小竹貝塚に見られるような性的な偏りは必ずしも普遍的なものではない。逆に言えば、小竹貝塚人の社会には、男性側にそのような特殊な葬法を採らざるをえないような理由があったと考えるべきだろう。

上述してきたように、小竹貝塚人の集団は母系的な社会を持ち、そこに外から男性が婚入してくるような妻方居住婚制を採っていたことが想定されるので、小竹貝塚においては外来者や他集団からの婚入者が抱石葬の主たる対象となったのだと思われる。とすれば、抱石葬とは自集団出身以外の者に対して、「何らかの理由」があった際に呪術的に採られた葬法であった、とするのはどうだろう。「何らかの理由」を明確にできない点に歯がゆさを感じるが、今は抱石葬が行われた理由を、単に死者・死霊を封じるといった意味だけではなく、婚入者や外来者、ストレンジャーといった人々が死亡、ないしは客死した際に執り行われた葬法であった可能性を指摘しておきたい。

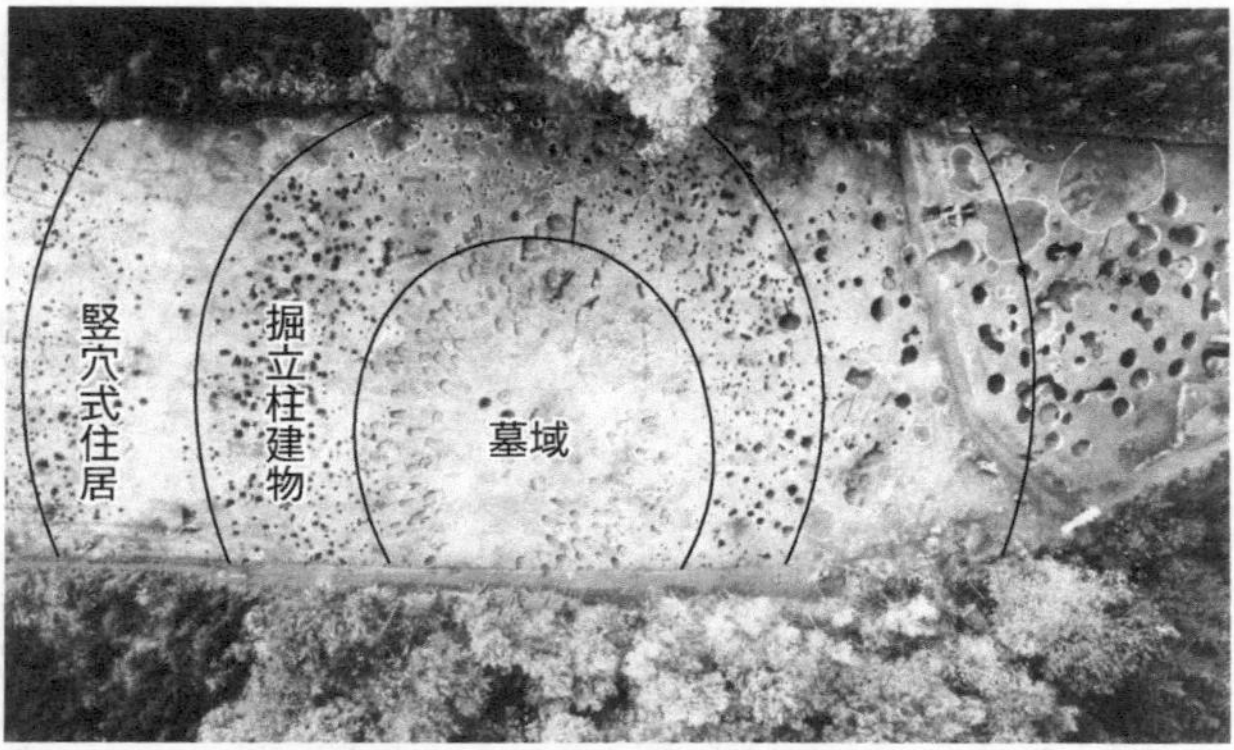

図37　岩手県西田遺跡における企画性のある遺構配置（中央部に墓域、その外に掘立柱建物がある）　岩手県文化振興事業団埋蔵文化財センター提供・改変

中期の社会構造をさぐる

縄文時代中期になると、各地で分節構造を持つ大型の墓域が目立ってくる。同心円状に環状に配置された中央部に墓域を有し、その外側に掘立柱建物、竪穴式住居が配置されるという規則性を持った集落としては、岩手県西田《にしだ》遺跡が有名である（図37）。一方で、東北地方の中期段階では、西田遺跡のように明確な構造を持つ遺跡は稀有であり、そのような事例は青森県風張《かざはり》遺跡や秋田県高屋館《たかやたて》遺跡のように、むしろ後期段階にしばしば見られるようになる。

中期の墓制、特に関東地方における墓制として、廃屋墓《はいおくぼ》がよく取り上げられる。廃屋墓とは、竪穴式住居内への埋葬である。中期前半の廃屋墓には、住居の床面に複数の遺体が

図38　千葉県姥山貝塚B9号住居跡における人骨出土状況　東京大学総合研究博物館提供

安置されることが多いのに対して、中期後半には、一つの住居に一遺体という事例が多くなる。また遺体の安置場所も床面だけでなく、住居跡の埋土の中であったり、場合によっては、すでに半ば埋まった状態の住居跡のくぼみから土壙《どこう》（墓穴）が掘られて埋葬されていることもある。

その意味で中期の中頃（加曽利ＥⅠ式期）は、関東地方の墓制の一つの画期をなすと言えるだろう。またこの時期は、遺体の頭部に大型の土器を被せる「甕被《かめかぶ》り葬《そう》」が目立つ時期でもある。同様に、骨化した遺体から首だけを持ち去るという事例もこの時期には多く、頭部を意識した埋葬例が多発する時期でもある。

関東地方における中期の社会構造につい

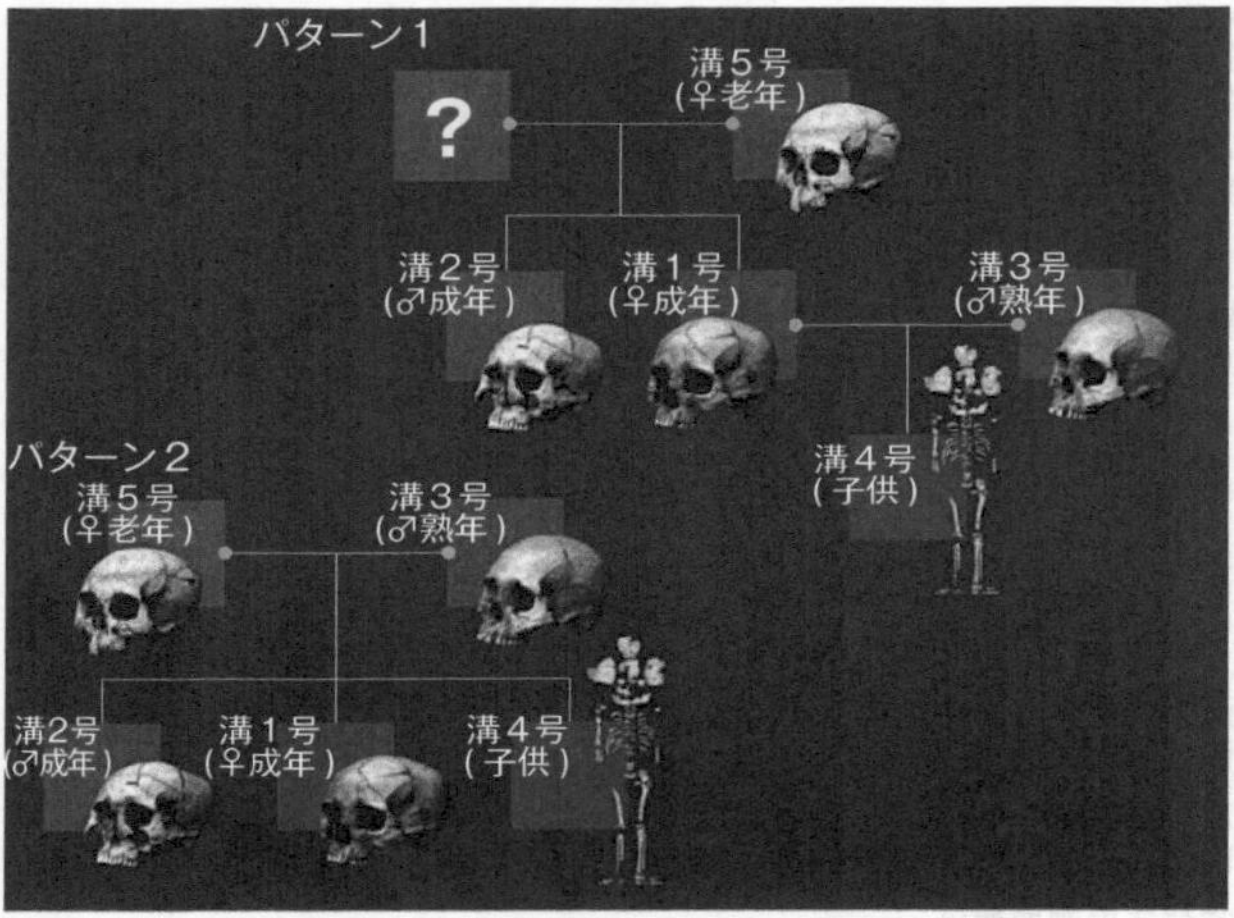

図39　千葉県姥山貝塚B9号住居跡出土人骨の家族構成（諏訪・佐宗2006より）

てはすでにさまざまな見解が提出されているが、ここでは姥山貝塚接続溝一号（B9号）住居跡から出土した、五体の分析結果を紹介し、その上で少々解釈を試みたい。

図38は、B9号住居跡の人骨の出土状況である。一見して、床面上にきれいな屈葬《くっそう》例一体と、埋葬姿勢が乱雑な四体（一体は人骨の下にある）があることが了解されるだろう。その解釈は多岐にわたるが、最近になって歯冠計測値および形態、顔面形態の類似度、年齢などの諸属性についての形質人類学的な再分析が行われ、これら五体の人骨が「なんらかの家族的構成をもっていた場合」の家族モデル像が提出されている（諏訪・佐宗二〇

〇六、図39)。

これによると、溝四号の子どもの人骨が、溝一号成年女性骨および溝三号熟年男性骨と強い血縁関係にあると推定され、また溝二号成年男性骨と溝五号老年女性骨、および溝一号人骨と溝五号人骨も、それぞれ近い血縁関係にあったと推定されるという。この点を踏まえた人類学的なシミュレーション結果によると、この五体の人骨の家族関係には二つのパターンが考えられるという。

パターン一は、溝五号人骨がB9号住居には埋葬されなかった別の人物と婚姻関係を持ち、その二人の子どもが溝二号人骨と溝一号人骨であり、一方溝一号人骨と溝三号人骨が婚姻関係を持ち、その子どもが溝四号人骨だというものだ。また、パターン二は、溝五号人骨と溝三号人骨が婚姻関係を持ち、溝一・二・四号人骨が二人の子どもだというものだ。

どちらのパターンの方が蓋然性が高いのか、その判断はむずかしい。しかし、溝三号人骨の四肢骨の形態などが他の成人骨とは異なるとされていること、パターン1では溝三号人骨のみが他の三体の成人骨との間に血縁関係が推定されていないことなどを考慮すると、溝三号人骨が他の血縁集団から参入してきた婚入者である可能性があるだろう。溝三号人骨は男性だから、その場合、中期中葉の姥山貝塚では、男性が婚入してくる妻方居住

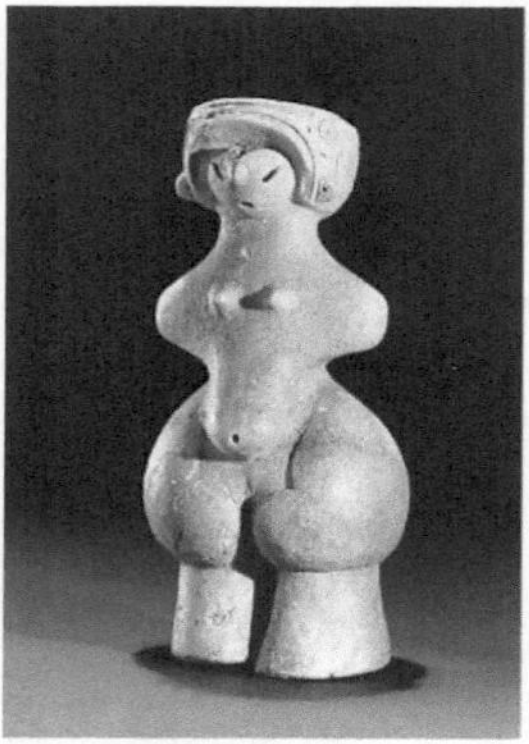

図40　長野県棚畑遺跡出土の「縄文のビーナス」　茅野市教育委員会提供

婚が行われていたと推定される。

関東地方では、中期における妻方居住婚から、後期初頭の選択的居住婚（状況によって妻方に住むか、それとも夫方に住むかを個別に判断する）を経て、後期中葉までには夫方居住婚へと変遷したと想定されている（春成一九八〇・山本一九九六など）。さらに言うならば、この時期の関東地方における縄文時代の社会は、母系的な社会から双系ないしは選系的な社会を経て、父系的な社会へと変化したと思われる。このように、ここにみられる集落や墓制の変化は、その背後に社会構造の大きな変化を伴った構造的なものだったと考えられるのだ。

中期における社会構造の変化ということで取り上げておきたいのは、長野県棚畑《たなばたけ》遺跡の事例である。棚畑遺跡は中期中葉から後葉にかけての環状集落である。しかも、ただの環状集落ではなく、住居群が8の字状に分布し、通常の環状集落が二つ合体したかのような構造をとる。これらのうち、南側の環状住居群の内側に存在する土坑墓群（南環中央墓域）の中央部付近には、国宝となった「縄文のビーナス」（図40）が出土した第五〇〇号土壙がある。

第五〇〇号土壙は楕円形を呈し、底面で七一×四六センチメートルの規模を持つ。この程度の規模を持つ土坑墓は、幼児期段階以前の子どもの埋葬例であった可能性が高い。土偶は土壙の底から三センチメートルほど浮いた状態で出土している。状況から見て、子どもへの副葬品とみて間違いないだろう。一般に土偶が副葬品とされることはほとんどなく、その意味で本例は特殊な事例と考えることができる。

この他、ヒスイ製の垂れ飾りが出土した第五八五号土壙や第五九〇号土壙も第五〇〇号土壙に近接して存在する。これらの土壙の規模はいずれも一メートルを下回り、幼児程度の子どもが埋葬された可能性が高い。かつ、これら三基の土坑墓は、南環中央墓域の中心部付近に存在する。

ここで注目したいのは、ヒスイといった遠隔地交易品や土偶という特殊遺物が子どもの墓から出土しているということである。遠隔地交易品であるヒスイ製装身具や特殊遺物である土偶が子どもの埋葬例に伴うという現象は、「子どもへの投資」として理解することができるだろう。

かつて中村大《なかむらおおき》は「特定の地位や集団に属する人々が、他人とは異なる装身具や副葬品を保有するならば、その社会は不平等社会である」と述べ、縄文社会を不平等社会としたうえで、「その社会的不平等が固定化され、個人の地位が世襲的な制度となった段階」を階層化社会と定義した。そして民族事例を参照しつつ、階層化社会では「子どもへの投資」が行われることを指摘した(中村一九九九)。

私はこれまで、縄文時代における「子どもへの投資(子どもの厚葬)」については、確実な事例は存在しないと考えてきた。一方で、もし以下のような事例が存在するならば、これを「子どもへの投資(厚葬)」と考えてもよいと述べてきた。それは、以下の通りである。

1. 必要以上の規模の土壙に埋葬されている。
2. 土製耳飾り・朱塗り笄《こうがい》・鹿角製腰飾りなど、大人が佩用《はいよう》する装身具を持つ。
3. 一種類・少量ではなく、多種・多量の装身具・副葬品が伴う。
4. その遺跡において直接的には入手困難と思われる材料を用いた装身具や副葬品を量的に多く有している。
5. 特殊な埋葬施設に埋葬されている。
6. 墓域内において特殊な地点に埋葬されている。

これに照らし合わせてみると、棚畑遺跡の南環中央墓域における第五〇〇・五八五・五九〇号土壙は、上記の4と6に一部該当する部分がある。もし、これを積極的に肯定するならば、第五〇〇・五八五・五九〇号土壙に埋葬された子どもたちは、「子どもへの投資」を受けた事例であり、将来的になんらかの社会的地位の継承が予定されていた特別な人物であったかもしれないということになる。このような世襲的地位(ascribed status)の継承が、棚畑遺跡を残した人々の社会には存在した可能性があるとなれば、縄文時代中期の段階で社会的な成層化が存在したという可能性もまた、無下には否定できないことになる。

特別な人物の出現

さて、前期から中期になると、墓域の中心部などの特別な場所に埋葬されただけではなく、特殊な装身具を着装して埋葬されていたなど、どうやら一般の人々とは少々異なった、特別な人たちが目立つようになってくる。たとえば、岩手県西田遺跡からは中期の典型的な環状墓域が検出されているが、その環状墓域の中心部には、いくつかの中心埋葬とでも言うべき土坑墓が残されている。このような場所に埋葬された人々が、その帰属する集団における特別な人々であった可能性は高いだろう。

特別な人物が埋葬されたと思われる状況は、他の遺跡にもみることができる。たとえば早期末から前期前葉の福井県桑野《くわの》遺跡には、複数の土坑墓の底面からアルファベットのC

字状を呈する玦状耳飾り《けつじょうみみかざ》が、二点ないしは三点で一セットの形で出土したものがある。これらの玦状耳飾りは滑石《かっせき》もしくは白色の優美な石材でつくられている。このような装身具を着装できた人も、特別な人物であった可能性がある。

また、縄文時代には、その量的稀少性、入手可能な場所が遠隔地にあるなどの点から、それを入手することが集団内での立場を向上させるような「モノ」があった。たとえば、ヒスイ製の大珠《たいしゅ》（楕円形をした大形の玉）やコハク製の大珠である。感覚的には現在の高級ブランドバッグや時計の限定品のようなものだ。このようなもののことをプレステージ・グッズ（prestige goods）と呼ぶ。日本語に直訳すると威信財ということになるが、考古学的研究上、弥生時代や古墳時代における青銅鏡や金属製武器などの「威信財」とは性格が異なるので、使用には注意が必要である。

ヒスイとコハクの利用

ヒスイ製品やコハク製品は、縄文時代前期から見られるようになるが、中期になるとその出土量はぐっと増加してくる。ヒスイは、多少の例外はあるものの新潟県姫川《ひめかわ》流域にしか産出せず、その原石の入手は川筋をさかのぼって山間部に入るか、転石として流れ落ちてくるものを海岸部で採取する以外にはない。富山県朝日《あさひ》町の宮崎《みやざき》・境《さかい》海岸では、現在でもヒスイを拾うことができ、ヒスイ海岸と呼ばれている。ヒスイはモースの硬度計でいうと六・五から七と非常に硬く、現代のナイフなどではとても歯が立たない。そのように硬いものを、長い時間をかけて整形し、そして孔まで開けているところにこそ、ヒスイ製品の価値がある。

ヒスイの大珠は中期以降、北海道から近畿地方と、広い範囲で確認できるが、特に北陸・中部・関東地方から多く出土している。主に首飾りとして用いられたようで、首飾りが装身具としてあまり発達しなかった東海地方以西での出土例は多くない。富山県の朝日貝塚から出土したヒスイ大珠は長さ一五・九センチメートルもある非常に大きなものである。縄文時代中期の人々は、このような大型のヒスイ大珠に特別な感情を抱いていたようだ。

後期に入るとこのような大珠は見られなくなり、むしろ数珠玉《じゅずだま》のような小型のヒスイ製玉が多くなる。この頃になると連珠《れんじゅ》状に連ねて使用されたのだろう。

ヒスイ製品の主な製作遺跡としては、新潟県長者ケ原《ちょうじゃがはら》遺跡（中期）、大塚《おおつか》遺跡（晩期）と寺地《てらじ》遺跡（晩期）、細池《ほそいけ》遺跡（晩期）、富山県境《さかい》A遺跡（中～晩期）などが知られている。これらの遺跡から製品として、東日本を中心として各地の遺跡に搬出されたと思われる。

青森県三内丸山遺跡からは、中期後半のヒスイ製大珠などとともに、原石や未製品なども出土しているところから、三内丸山遺跡でもヒスイ製品の加工が行われていたことがわかる。ただし、このような事例は特別で、むしろこのことは、三内丸山遺跡が特別な遺跡であったことの傍証となっている。

コハクについては、その産地が千葉県の銚子《ちょうし》や岩手県の久慈《くじ》にほぼ限定され、透き通った飴《あめ》色で、光沢に富むことで知られている。当時の人々はコハクにも特別な想いを抱いていたようだ。有機質のため、ヒスイ製品ほど出土例は多くないが、長野県棚畑遺跡や梨久保《なしくぼ》遺跡など、内陸部の遺跡から出土したコハク製の小玉類は銚子産と言われている。それらはヒスイと同じように高い価値を有し、広範囲に流通していたと考えられる。

縄文時代研究においては、ヒスイ製の大珠などの石製装身具、石棒・石刀類や鹿角製腰飾り、精緻なつくりの石製・土製耳飾りなどといった、稀少性や付加価値性の高い装身具や呪術具を、威信財と呼ぶことがあった。しかしながら、先にも述べたようにこの威信財という言葉の使い方は、弥生時代以降の研究とは少々意味が異なるので、ここでは括弧付きで「縄文威信財」と呼ぶことにしよう。

「縄文威信財」を佩用する人々

このような「縄文威信財」を着装し、副葬された人物の埋葬地点を検討してみると、た

図41　千葉県有吉南貝塚から出土した「特別な人物」の埋葬例　千葉県教育振興財団文化財センター提供・改変

とえば群馬県三《み》原田《はらだ》遺跡の事例のように、大型の環状集落の中央に位置する場所であることが多い。このような状況は、埼玉県北塚屋《きたつかや》遺跡、栃木県御城田《おしろだ》遺跡、茨城県坪井上《つぼいうえ》遺跡、堀米《ほつこめ》A遺跡、東京都滑坂《なめざか》遺跡、神奈川県東開戸《ひがしかいと》遺跡など、関東各地の遺跡でも確認されている。ヒスイ製大珠の多くは環状集落、特に規模の大きな環状集落から出土していること、集落・墓域の中心部に位置する墓から出土する傾向があることなどから、ヒスイ製大珠を身に帯びることは、環状集落の集団内の特定人物、おそらく最高位の人物と結びついていたとも考えられている（栗島二〇一五）。

「縄文威信財」は、おそらくこのような特別な人々が集落間のネットワークに積極的に働きかけた結果、入手できたものなのだろう。その結果として、入手者の社会的地位がさらに向上したとすれば、「縄文威信財」は単純なプレステージ・グッズとしてだけではなく、社会的地位の再生産をも促す機能を有していたと考えることができる。

ヒスイ製大珠以外にも、社会的な地位を指し示すような事例が存在する。千葉県有吉南《ありよしみなみ》貝塚第三五四号住居跡から検出された、頭に大型の土器が被せられた甕被り葬例の大人の男性人骨は、イルカの下顎を使用した特殊な腰飾りを佩用していた（図41）。このような特殊な腰飾りを身に帯びた人物が、複数集団を統合した拠点集落の政治的なリーダーであり、埋葬された後にも集落の統合・連携を維持するために、象徴的な存在として特別視された可能性が強いとする指摘もある（西野二〇一五）。どうやら中期の段階には、地域によってはすでに「特別な人物」が存在していたようだ。

「特別な人物」の姿

縄文時代の遺物には、このような「特別な人物」を具像化したと思われるものがある。三内丸山遺跡から出土した土器に描かれた人物画は、一見、何かの儀式を執り行っているシャーマンの姿に見えなくもない（図42右）。また、岩手県御所野《ごしよの》遺跡出土土器には、頭部から昆虫の触角状のものが伸びている人物画像が描かれており、「羽付き縄文人」と呼ばれている（図42左）。時期は新しくなるが、岩手県小田《こだ》遺跡や群馬県矢瀬《やぜ》遺跡の石製品

図42　描かれた「特別な人物」（左）岩手県御所野遺跡出土、御所野縄文博物館提供、（右）青森県三内丸山遺跡、青森県埋蔵文化財調査センター提供

には線刻で弓矢らしきものを持つ人物が描かれている。土器などに描かれた人体表現にまで対象を広げると、表現された人物像の数はかなり多くなる。

このように、東日本では中期段階までにおいて、すでに特別な人々が出現していたと考えられる。ただし現状では、そのような人々がどのような力（たとえば権力、権威、威信といったもの）を持ちえたのか、そしてその力が無条件に次世代に継承（世襲）されていったのかという点について答えることはむずかしく、今後さらなる検討が必要だろう。

6　精神文化の高揚

男と女からなる世界観の確立

縄文時代の遺物には、男性性や女性性を象徴したものが多い。そのような遺物の代表例に、たとえば石棒がある。石棒は、勃起した男性器をかたどった石製品である。大きいものでは二メートルを超えるものから、小さいものは一〇センチメートルくらいのものまである。このような石棒は、基本的には東日本で発達し、縄文時代前期から見られるようになる。関東・中部・北陸地方を中心とした地域では縄文時代中期に大型化し、後期から晩期には粘板岩《ねんばんがん》というきめの細かい石を使った、文様の多い精巧なものもつくられるようになった。

石棒の多くは最後に火にくべられたのか、熱を受けて赤くなっており、また意図的に打ち壊されたようである。おそらく、石棒を用いた祭祀の中には、性行為時の男性器のあり方、すなわち「勃起→性行為→射精→その後の萎縮」という一連の状態を擬似的に再現する、「摩擦→叩打《こうだ》→被熱→破壊」という動作が組み込まれていたと考えられる。最終的に破壊されるのは、擬似的性行為が終了したことを示すのだろう。ただし、熱が加えられた痕跡（石が焼けて赤くなる）をみると、石棒が割れた後にもこのような状況が見られる場合もあるので、加熱と破壊の順番は、必ずしもいつも同じではなかったようだ。もちろん、すべての石棒にこのような解釈があてはまるわけではない。

このような、性としての男を強調する男性的な遺物に対して、女性性の象徴とも言うべきものがある。その代表例が土偶である。

本格的な土偶祭祀のスタートは前期からで、早期以前と比較して、東日本を中心に量的に多くなっていく。前期の土偶は早期の土偶の延長線上にあり、その多くは板状にした粘土を人体的な形に整形し、乳房の表現を付した「板状《ばんじょう》土偶」である。中期になると、土偶の数は一気に多くなるが、その分布の中心は東北地方と関東地方西部から中部高地にかけての地域であり、それ以外の地域からの土偶出土例は限られるという傾向がある。

中期の東北地方では、前期の事例よりもいっそう顔面表現が明確になった十字型の板状土偶が発達する。中には、青森県三内丸山遺跡のように、破片も入れて一七〇〇点以上と、大量に出土する遺跡も出てくる。

図43　山梨県釈迦堂遺跡出土の「出産土偶」
釈迦堂遺跡博物館提供

縄文時代には、人々の身の回りに土偶が数多く存在したと思われるかもしれないが、現在までのところ日本全国から出土した土偶の総数は二万点ほどであり、仮にまだ見つかっていない土偶を含めて、この倍の四万点が存在したとしても、土偶の出土数が多くなる縄文前期から晩期までの期間が約五〇〇〇年間とすると、単純計算で全国平均で年間八点ほどしか製作されなかったことになる。土偶は、本来製作数の少ない貴重な呪術具だったのだ。したがって、土偶が数多く出土する遺跡には、それなりの特殊な事情があったと考えなければならない。

また、中部高地を中心とした地域の中期の土偶は、多くの場合、妊娠した女性をかたどっている。国宝ともなった長野県棚畑遺跡出土の土偶「縄文のビーナス」は、おへそが下をむき、下腹部が大きく膨らむなど、まさに臨月、出産直前の状態を表現しているし、山梨県鋳物師屋《いもじや》遺跡の土偶などは、大きく膨らんだお腹に手を当てて、まさに妊婦の仕草を表現している。また、山梨県釈迦堂《しゃかどう》遺跡から出土した土偶には、股間に丸い突起が付されており、これなどは出産光景そのものをうつしたものと考えられている（図43）。

ただし、土偶が石棒と対をなしてセットで出土した事例は乏しく、この二者は、それぞれ独立した祭祀体系を有していた可能性の方が高い。石棒（およびこれを模した細長い礫）がセットとなるのは、たとえば新潟県長者ケ原遺跡や山梨県海道前《かいどうまえ》C遺跡の事例のように、土器埋設遺構（埋甕《うめがめ》）や人面付き土器などであることが多い。國學院大學教授の谷口《たにぐち》康浩《やすひろ》は、大形の石棒と石皿のほか、埋甕と石棒の組み合わせなど、象徴的に生殖行為を表現したと考えられる事例を集成・分析した上で、葬送や住居の廃絶儀礼で模擬的・象徴的な生殖行為が演じられていたとして、このような祭祀の象徴的存在である大形石棒は、祖霊観念と結びついていたとしている（谷口二〇〇六）。十分に可能性のある説であろう。

福島県大畑《おおはた》貝塚のE地点では、アワビを一面に敷き、そこにイノシシの頭蓋、クジラの脊椎、壊れていない完形の土器、大型石棒、石皿、シカの下顎、ヒトの下顎などが置かれた祭祀遺構が確認されている。時期的には中期のものであり、アワビや石皿に象徴される女性性と、石棒に象徴される男性性との関係から、「もの送り」的な行事を通じて生殖関係による豊漁・豊猟の祈願を行った遺構だと解釈されている。この時期における動物祭祀

図44　動物の交尾するさまをうつした土器
青森県大湊近川遺跡出土　青森県埋蔵文化財調査センター提供

として注目される遺構である。

男性性と女性性、この二つが結合して、新たな生命が誕生する。このような「新生」に対する考え方を縄文時代の人々が持っていたのは間違いない。時期的には後になるが、青森県大湊近川《おおみなとちかがわ》遺跡から出土した香炉形土器には、イノシシ（あるいは海獣か？）が交尾している様子をかたどった突起が施されている（図44）。北海道大麻《おおあさ》3遺跡から出土した土偶は、形状から男女一対のものと考えられているが、この土偶は重ねられて墓穴に副葬されていた。

埼玉県の馬場《ばんば》小室山《おむろやま》遺跡や新潟県井《い》の上《うえ》遺跡、北海道の千歳《ちとせ》一三遺跡から出土した土器には、性器を露わにした男性と女性の人形が土器の口縁部を挟んでそれぞれ反対側に付けられている。さらに石棒頭部の表現の中には、男性と女性の象徴が結合し、男女交合のさまを表現したと考えられるものも存在する（能登一九八一など）。これらの遺物およびその出土状況は、男女の交わりによって新たな生命が誕生するというモチーフを端的に表しているといえるだろう。

縄文時代の人々の残した遺物そのものやその出土状況には、男性性と女性性、そしてその交合が強く表現されている。これは、縄文時代の人々の持つ世界観が、男性と女性に大きく区別されていた、さらに一歩踏み込んで言えば、縄文人にとっては、世の中のものが大きく男と女に区別することができ、この二つが交わることによって新たな生命が誕生し、あるいは再生されると信じていたことを表している。

それは、縄文人の世界観の中では、新たなヒトの生命が誕生するということだけにはとどまらなかった。男女の交わりから生まれる生命は、それが与えられることによって解決できると思われたすべて、たとえば病気や怪我の快癒などヒトの命に対してだけではなく、あらゆる生命の復活・再生に対しても影響を与え、効果を発揮した。

そのような祭祀に用いられていた呪術具が石棒であり、土偶であったのだろう。したがって、動物や木の実、魚、貝などといった自然の恵みに対しても、男女の交わりをモチーフとした祭祀を行うことによって、豊穣と再生産を促すことができると信じられていたと推察される。そのような思想は、墓制にも明瞭に記されている。

屈葬の意義

縄文時代の人々の死生観を語る際によく引き合いに出されるのが、埋葬姿勢の「屈葬」である。縄文時代の人々には、埋葬を行う際に手足を折り曲げて、墓穴の中に遺体を入れる「屈葬」という風習があった。これは死者の霊が再びよみがえってこないようにしたものだと歴史教科書などでは説明されてきた。

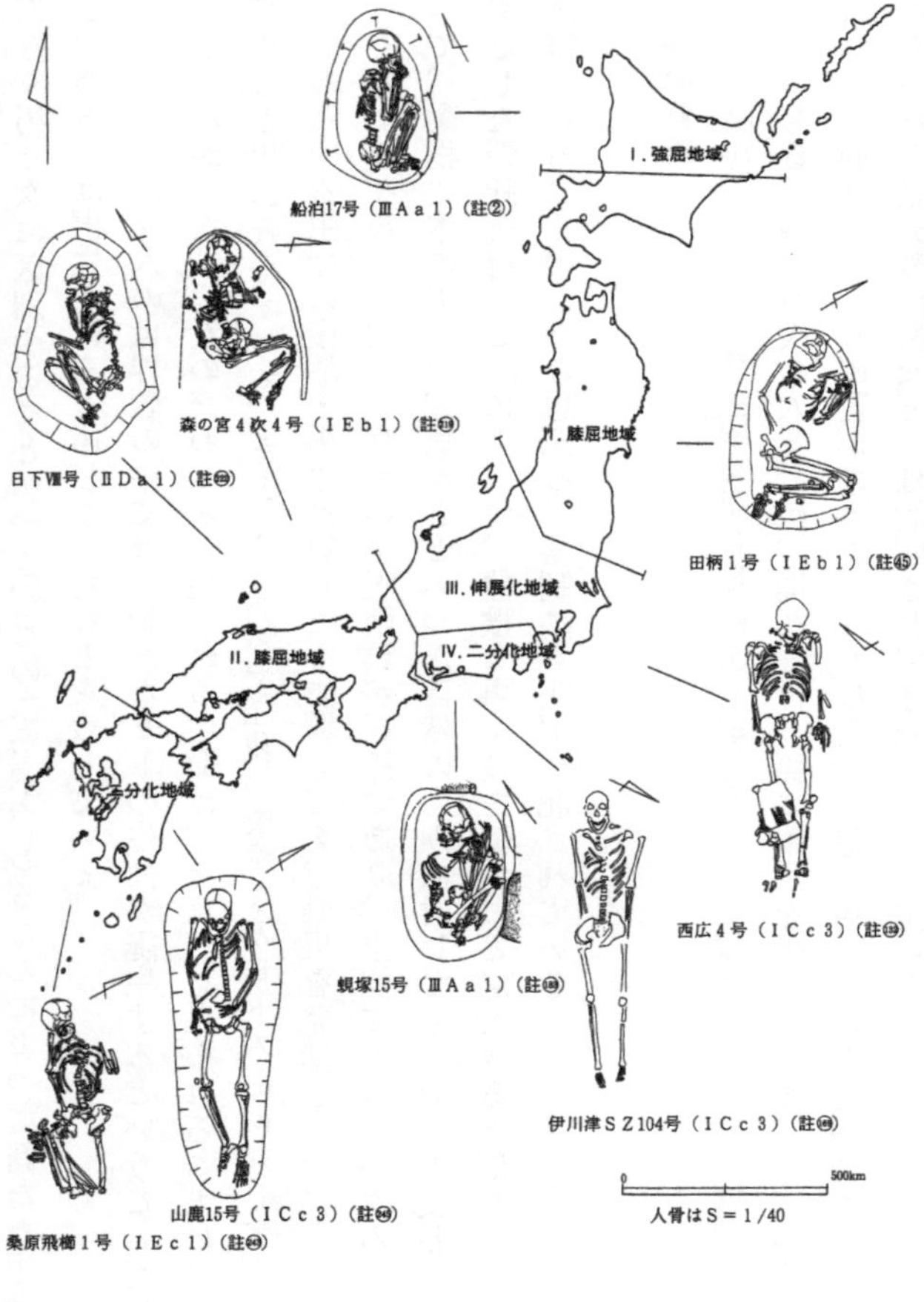

埋葬姿勢の地域性

図45　全国における縄文人の埋葬姿勢（山田2001より）

この解釈に対しては、しばしば別の解釈が提出されてきた。その中の一つが、墓穴を掘る労力を節約したものだとする説だ。体を伸ばしたまま埋めるよりも、手足を曲げて小さくした方が墓穴を掘る時間が短くてすむという仮説であり、何事も効率化をおし進めようとする現代においては、大変、理解しやすいものだ。また、葬る際に胎児のような姿勢を取らせ、再生を促すという説もある。

しかしながら、日本全国の人骨出土例の埋葬姿勢を検討してみると、手足を窮屈に折り曲げた、明確な「屈葬」例は意外に少なく、むしろ肘関節を伸ばしたり、腰や膝関節をゆるく曲げたりしただけの、言ってみればだらしない姿勢で埋葬された事例の方が圧倒的に多いことがわかっている（山田二〇〇一、図45）。逆に、膝さえ曲げられていれば屈葬であると、これまでの考古学研究者たちは判断してきたわけで、このようなゆるい姿勢では、死者の霊が迷い出るのを防ぐことなどできはしないだろう。

また、手足を伸ばした伸展葬例の事例でも、きちんと墓穴が掘られているものも多い。中にはわざわざ大きな平石を組み合わせて埋葬施設をつくっている事例もあるし、何十個もの重い川原石を積み上げて墓標としている事例もある。縄文時代の人々の感性が、必ずしも現代人のように省力化・効率化の方向へ進んでは行かないことは、非常に手間ひまがかかるさまざまな造作をみればよくわかる。一生懸命にヒスイを磨いて立派な大珠をつくったり、精巧な装飾を持つ骨角製品を製作する手間ひまを考えれば、直径たかだか一メートルちょっとの墓穴一つ掘るくらいわけないだろう。

丁寧にデータを集成し、それを分析してみると、縄文時代の人々が屈葬を行った理由として、死霊が迷い出るのを防ぐなどという見解や、労力の省略のためという見解は、一部の強い屈葬例にはその可能性が残るとしても、多くの場合には、まずあてはまらないことがわかる。さらに分析を進めると、縄文時代の人々の埋葬姿勢には時期差・地域差が存在し、一見だらしない埋葬姿勢とみえるものであっても、じつはそうではなく、一定の埋葬の仕方（葬法と言う）に則ったものであることもわかってきた。消去法の推定だが、屈葬は縄文時代の人々の再生観念を表しているという考えを否定する根拠は、今のところはないだろう。

また、そもそも縄文時代の人々は死んだ人の霊を恐れたのか、という問題も残される。私自身は、これまで縄文時代の墓制の研究を続けてきて、縄文時代の人々は、さほど死んだ人の霊を恐れていなかったと考えている。その証拠の一つが、墓域の場所である。通常、縄文時代の墓域は集落の一角、関東地方の中期の環状集落などでは、中心部にある「広場」の部分が墓域になっていたりする。このような場所は日常的に目に入る場所だから、ことさらに死者を避けた場所にあるとは言えないだろう。また、後ほど話をするが、縄文時代には「再生・循環」を基本とした円環的な死生観が存在していたことも、よほどのことがない限り、死者をみだりには恐れなかったことの裏付けになるのではなかろうか。ただし、異常死した場合などは、この限りではないかもしれない。

ここで、私がこれまでにも幾度となく述べてきた縄文時代の死生観について、もう一度記しておこう。

縄文の基本的死生観・「円環的死生観」

縄文時代に存在したと考えられる死生観の一つは、再生・循環の死生観である。このような死生観はアイヌなどにみることのできる「もの送り」の思想ともリンクする。この世のものはすべて、あの世とこの世を循環すると考えるこの「もの送り」の思想は、縄文時代における根本的な死生観であった。これは生命・霊が大きく円環状に回帰・循環するという意味から、円環的死生観と呼ぶことができるだろう。

そのことを最も象徴的に表現しているのが、土器棺墓や土器埋設遺構である。第三章でも取り上げたが、縄文時代の遺跡を調査すると、完形もしくはそれに近い形の土器が意図的に地面に埋められている遺構に出あうことがある。これを、土器埋設遺構と呼ぶ。この土器埋設遺構（土器棺墓）こそが、縄文時代の円環的死生観を具現化したものであると、

図46-1　出産風景をうつした土器　山梨県津金御所前遺跡出土出産文土器、北杜市教育委員会提供

そう私は考えている。

じつは、土器の中に子どもの遺体を入れて埋葬を行うという習俗は、東アジアを中心として広く世界中にみることのできるものである。土器内に子どもを埋葬する理由も、土器を女性の身体（母胎）になぞらえるという点で一致している。これらの行為は宗教学的研究成果から、母胎中に子どもを戻し、もう一度生まれてくるように祈願する、「回帰・再生・循環」の思想に基づいていることが明らかにされている（エリアーデ一九七一他）。

生を産み出す女性の象徴としての土器

縄文時代の人々が、土器を母胎の象徴として捉えていたことを推測できる資料もいくつか存在する。たとえば、長野県月見松《つきみまつ》遺跡や山梨県津金御所前《つがねごしょまえ》遺跡などから出土したいわゆる「出産文土器」や、長野県唐渡宮《とうどのみや》遺跡出土の絵画土器などの事例は、出産時の光景をうつしたと思われるものであり、土器がまさに子どもを産み出す母胎でもあることを示している（図46―1・2）。

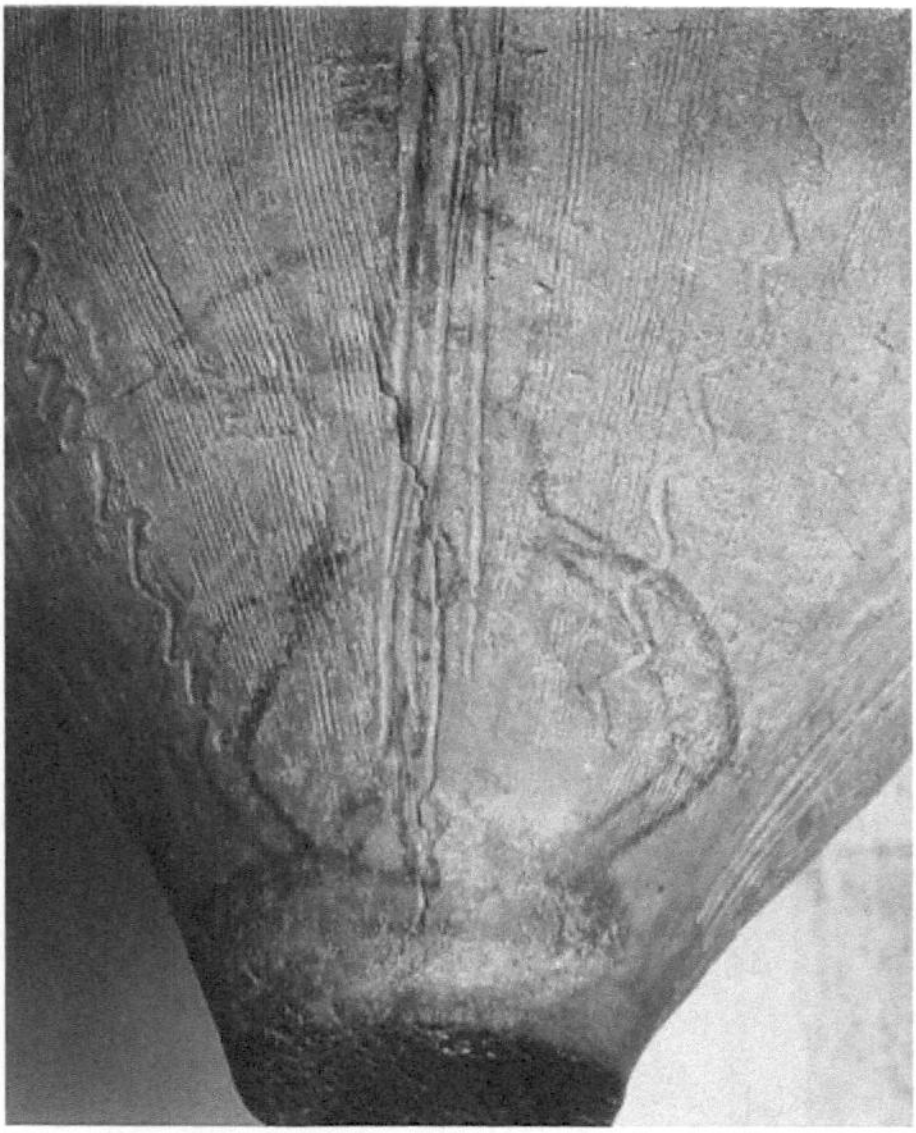

図46-2　出産風景をうつした土器　長野県唐渡宮遺跡出土絵画土器、井戸尻考古館提供

また、長野県尖石《とがりいし》遺跡出土例のように、生命を産み出す妊産婦の象徴であると考えられる土偶が土器を抱えている事例も少なくない。このような事例からは、生命を産み出す女性と土器が精神的な面で強いつながりを有していたこと、土器が母胎の象徴として存在していたことを推察できるだろう。当然ながら、縄文時代における土器棺墓葬の理由も、これに類似するものと想定される。これらの点を勘案すると、縄文時代の基本的な死生観として、「回帰・再生・循環」という思想があったと判断できるだろう。

話は少々逸れるかもしれないが、これらの埋設された土器の多くは、底部や底部付近の側面部に加撃等によって意図的に孔があけられていたり、底部そのものが除去されていたりする。縄文時代の人々は、日用品の一部を打ち欠いたり、破損したりすることによって日常性を失わせ、それを呪術具に転用するということをしばしば行っている。「鍋」としての土器を埋葬用に転用するなどは、その最たるものだろう。また、「土器《かわらけ》を割る」という言葉は、性交を意味する古いスラングでもある。まさかこのような言葉が縄文時代にまでさかのぼるとは思えないが、想像を逞しくすれば、土器底部に孔をあける行為なども、ひょっとしたら擬似的な生殖行為の痕跡かもしれない。

土器埋設遺構の中に埋納されたのは、ヒトだけではなかった。埋設された土器の中にはイノシシ・シカ・イヌといったヒト以外の動物に加え、木の実・黒曜石・石斧などさまざまなものが入れられ、埋納されていたこともわかっている。少し考えてみれば理解できるように、これらの動植物や品々は、自然の恵みを生きる糧とする縄文時代の人々にとって、「自分たちが生きていく上で、より多くあってほしいもの」であった。「より多くあってほしい」という強い思いは、やがて「豊かな恵みをたくさんとることができるように」という祈りとなり、そのための祭祀を行うという形へと変化していく。

土器棺墓が、母胎回帰という観点から「再生」を祈る施設でもあったとすれば、当然ながら人に対して祈願された「回帰・再生・循環」という考え方は、「より多くあってほしいもの」に対しても応用されたことだろう。再生が願われたのは、なにも人の生命ばかりではなかった。このことは、縄文時代を通じて当時の人々が「回帰・再生・循環」という死生観を広く共有していたことを物語るものである。

そのような思想を基盤とした場合、当時の人々にとって、新しい生命を産み出す「出産」とは、「回帰・再生・循環」の世界観を具体的に体感できる、きわめて象徴的な事象だっただろう。じつは、出産時の事故などで亡くなった女性は、その女性だけ、ほかとは異なる頭の方向で埋葬されたり、特別な副葬品が供えられたり、イヌを顔の上に置かれたりというように、特殊な埋葬方法で葬られていることが多いのだ（山田一九九四）。

妊娠・出産時に母親が死亡するという「事故」は、単に労働力が削減されるという物理的損失だけにとどまらず、縄文人の基本的思想の根本をなす「回帰・再生・循環」の環が絶たれるという、精神的にも非常に危機的な出来事であった。妊産婦が特殊な方法で埋葬されているということは、呪術的な対応策を講じることによって、この思想的危機を乗り越えようとしたに違いない。

古くから存在した「円環的死生観」

ここで論じているような「円環的死生観」は、決して縄文時代になってから急に発生したようなものではなく、おそらくは、より古い時期から人類が持っていたものであり、少なくとも、後期旧石器時代まではさかのぼるものと思われる。たとえば、沖縄県港川《みなとがわ》の採石場で発見された港川人は、大きなフィッシャー（割れ目）の中から出土したが、縦に裂けたフィッシャーに意図的に入れられていた可能性も否定できないだろう。洞窟内を母胎内とする思考は世界各地にみることができるから、ホモ・サピエンスである港川人が、母胎内から再生するという死生観を持っていたことも十分に考えられるのではないだろうか。とすれば、旧石器時代の人々も、現代の私たちと同じように、死に関してさまざまな観念を持っていたに違いない。

参考文献

阿部芳郎「中里貝塚の形成をめぐる生業活動と地域性──複合的生業構造と遺跡群の形成」『ハマ貝塚と縄文社会』明治大学日本先史文化研究所　先史文化研究の新視点第四巻、雄山閣、二〇一四。

エリアーデ、M（堀一郎訳）『生と再生』東京大学出版会、一九七一。

小畑弘己・佐々木由香・仙波靖子「土器圧痕からみた縄文時代後・晩期における九州のダイズ栽培」『植生史研究』第

一五巻第二号、日本植生史学会、二〇〇七。

小畑弘己『東北アジア古民族植物学と縄文農耕』同成社、二〇一一。

小畑弘己『タネをまく縄文人　最新科学が覆す農耕の起源』吉川弘文館、二〇一五。

北本市教育委員会『デーノタメ遺跡が拓く縄文の世界Ⅰ』デーノタメ遺跡関連シンポジウム資料、二〇一七。

工藤雄一郎『旧石器・縄文時代の環境文化史』新泉社、二〇一二。

栗島義明「大珠を佩用する人物」『季刊考古学』第一三〇号、雄山閣、二〇一五。

小林達雄『縄文人の世界』朝日選書五五七、朝日新聞社、一九九六。

小山修三『縄文時代　コンピュータ考古学による復元』中公新書、一九八四。

小山修三・杉藤重信「縄文人口シミュレーション」『国立民族学博物館研究報告』第九巻第1号、国立民族学博物館、一九八四。

篠田謙一「DNA分析」『小竹貝塚発掘調査報告』第三分冊、富山県文化振興財団埋蔵文化財調査事務所、二〇一四。

鈴木公雄『縄文人の生活と文化』古代史復元第二巻、講談社、一九八八。

諏訪元・佐宗亜衣子「縄文の骨」『アフリカの骨縄文の骨――遥かラミダスを望む』東京大学総合研究博物館、二〇〇六。

谷口康浩「環状集落から探る縄文社会の構造と進化」『最新　縄文学の世界』朝日新聞社、一九九九。

谷口康浩「石棒と石皿　象徴的生殖行為のコンテクスト」『考古学Ⅳ』安斎正人、二〇〇六。

千葉敏朗『縄文の漆の里　下宅部遺跡』新泉社、二〇〇九。

中村　大「墓制から読む縄文社会の階層化」『最新　縄文学の世界』朝日新聞社、一九九九。

西野雅人「腰飾の分析による社会復元」『季刊考古学』第一三〇号、雄山閣、二〇一五。

能登　健「信仰儀礼にかかわる遺物（1）」『神道考古学講座』第一巻前神道期、雄山閣、一九八一。

長谷部言人「石器時代の蹲葬に就て」『人類学雑誌』第三五巻第一号、日本人類学会、一九二〇。

春成秀爾「縄文中・後期の抜歯儀礼と住居規定」『鏡山猛先生古稀記念　古文化論攷』同論文集刊行会、一九八〇。

藤野龍宏監修『埼玉の考古学入門』さきたま出版会、二〇一六年。

森川昌和・橋本澄夫『鳥浜貝塚　縄文のタイムカプセル』日本の古代遺跡を掘る第1巻、読売新聞社、一九九四。

山田康弘「縄文時代の妊産婦の埋葬」『物質文化』第五七号、物質文化研究会、一九九四。

山田康弘「縄文から弥生へ　動植物の管理と食糧生産」『食糧生産社会の考古学』現代の考古学第三巻、朝倉書店、一九九九。

山田康弘「縄文人の埋葬姿勢」『古代文化』第五三巻第一一・一二号、古代学協会、二〇〇一。

山田康弘「縄文時代の装身原理」『古代』第一一五号、早稲田大学考古学会、二〇〇四。

山田康弘『人骨出土例にみる縄文の墓制と社会』同成社、二〇〇八。

山田康弘「縄文時代における階層性と社会構造」『考古学研究』第五七巻第二号、考古学研究会、二〇一〇。

山田康弘『老人と子供の考古学』吉川弘文館、二〇一四。

山田康弘『つくられた縄文時代　日本文化の原像を探る』新潮選書、二〇一五。

山本典幸「縄文時代の出自と婚後居住　五領ヶ台式土器の分析を通して」『先史考古学論集』第五集、一九九六。

米田　穣「第Ⅵ章　人骨の理化学的分析・形態分析　4　炭素・窒素安定同位体比分析」町田賢一編『小竹貝塚発掘調査報告』富山県文化振興財団、二〇一四。

第五章　精神文化の発達と社会の複雑化

後期・晩期（Ⅳ期）

1　縄文社会の変質

遺跡数の減少

縄文時代の中期末から後期初頭の関東地方では、大きく遺跡数が減少する。第四章でも述べたように、中期の東日本では各地に大規模な環状集落が営まれ、発掘調査によって検出される住居跡の数が一〇〇棟を超えることも稀ではなかった。しかしながら、中期のおわり頃から後期の初頭になると、関東地方では環状集落のような大規模な集落はみられなくなる。また、それに応じて人口も減少し、人々は住居が一棟から数棟しかない小規模な集落に居住するようになったこともわかっている。

4.2 kaイベント

ちょうど中期と後期の間頃には、環境史による研究成果から気候の極端な冷涼化があったことがわかっている。この気候の冷涼化は、東アジアではおよそ四三〇〇年前から三八〇〇年前という四二〇〇年前を前後する時期に発生し、その年代から4.2 kaイベントと言われている。

このような気候の変化は、縄文時代の人々の活動場所にも大きな影響を与えた。関東地方では、この時期の環境変化に関する研究が蓄積され、詳しく分析されている。それによると、この時期の環境的変化は次のようになる。

気候が冷涼化することによって海水面は低下し、海岸線は遠ざかった。これを海退《かいたい》と言う。その結果、関東地方の台地周辺では谷が発達し、低地では土砂の再堆積による自然堤防や砂州の生成、扇状地形《せんじょうちけい》の発達が促された。たとえば、海岸部から離れた埼玉県堀東《ほりひがし》遺跡では、中期の生活面の上に厚さ一メートルにもわたって土砂が堆積し、その上が後期の生活面となっていた。このように、後期になると中期の時期に利用できた多くの低地部の土地が急激に埋没してしまい、生活環境が変わってしまった。当然ながら、食料となっていた動植物の分布の仕方も大きく変化しただろう。そして冷涼化に伴って、そのバイオマス自体も減少し、利用方法にも変化が生じたに違いない。

集落立地の多様化と生存戦略

先に見たように、縄文時代の人々の低地・水辺の利用は、すでに早期には始まっていた。しかし後期になると、関東地方では集落そのものが低地に降りていき、水辺を彼らの集落景観、生活領域に積極的に取り入れていく傾向が顕著となる。

この時期、集落の立地は台地上だけではなく、低地をも含み多様化していったことがわかっている。たとえば、埼玉県樋《ひ》ノ下《した》遺跡や清左衛門《せいざえもん》遺跡などでは、後期前葉から晩期にかけて住居が低地へと進出し、集落全体がより低地へと降りていく様子をうかがうことができる。関東平野、特に大宮《おおみや》台地の北側などでは、後世における関東造盆地運動（関東平野の中心部が沈降し、周辺部が隆起する地殻変動）の影響を受け、台地が沈降したので現在の地表面よりもかなり深いところから遺跡が発見される。しかし、その影響を除いたとしても、遺跡の低地への進出は疑いない。

この中期末から後期初頭にかけての気候変動に対して、当時の人々が採った生存戦略は、大型集落で多くの人口を維持するような生活様式を止め、一集落あたりの人口を減じて小規模な集落へと分散居住するというものだった。それは、後期初頭の称名寺《しょうみょうじ》式土器の時期（約四四〇〇〜四二〇〇年前）の集落から発見される住居跡の数が、一棟ないしは数棟にとどまるということからも推定することができる。

また、関東以東の地域でも、この時期に竪穴式住居跡数が減り、集落も小規模化する事例は多い。しかしながら、東北地方北部では、この時期から後期前葉にかけて墓制が多様化し、石棺墓や土器棺墓が出現するほか、青森県小牧野《こまきの》遺跡のように環状列石も出現する（図47）。福島県では中期末を主体とする環状集落が存在する（上納豆内《かみなっとううち》遺跡など）ほか、住

図47　青森県小牧野遺跡の環状列石　青森市教育委員会提供

居跡が弧状に展開し、環状集落となる可能性があるものも確認されている（田地《でんち》ヶ岡《おか》遺跡など）。群馬県では、中期後葉から後期前葉に小規模集落が展開するが、環状集落がなくなる中期後葉の加曽利EⅢ式土器が使用されていた頃（約四七〇〇〜四六〇〇年前）に、田篠中原《たじのなかはら》遺跡や野村《のむら》遺跡、久森《ひさもり》遺跡のように大型の環状列石が出現し、後期前葉の堀之内式土器が使用されていた頃（約四二〇〇〜四〇〇〇年前）には消滅するという現象が起こる。これらの事例をみると、必ずしも気候変動によってさまざまな活動が停滞したわけではなさそうだと言うことができるだろう。

広範囲における人の移動？

また、気候変動による分散居住と連動して注意しておきたいのが、西日本における集落・住居跡数の増加である。近畿地方では中期末に、中国・四国地方ではそれよりやや遅れて後期の初頭から前葉にかけて、遺跡数の顕著な増加が認められる。西日本においては、たとえば京都府桑飼下《くわがいしも》遺跡などにおいて古くから指摘されているように、遺跡から打製石斧が多く出土するようになる現象や、石囲炉を持ち平面形態が隅丸方形になるような住居跡が出現するなど、東日本的な様相が後期になり見られるようになる（大野二〇〇一）。それはあたかも、関東地方や中部高地を中心とする東日本から西日本へ、ある程度の規模で人の移住があったことをうかがわせるものである。

2　後晩期の集落景観

敷石住居の出現

関東地方の縄文時代後期前半における集落景観の変化の一つに、柄鏡形《えかがみがた》住居の出現が挙げられる。柄鏡形住居とは、炉を中心とした円形の居住部に、出入り口施設である長い張り出し部を伴う住居構造を持つものである。住居を上から見た際に、その平面形が柄鏡の

図48　神奈川県子易・大坪遺跡の敷石住居跡　神奈川県埋蔵文化財センター提供

ように見えることから、柄鏡形住居と呼ばれている。なぜこのような形状となったのか、その理由は判然としない。寒い季節に外気の流入を防ぐためだろうか。柄鏡形住居の中には、住居床面の全面ないしは一部に、大型の扁平な石を配置するものがあり、このような住居のことを敷石住居と呼んでいる（図48）。

土木工事を行うにしても、木を伐採する石斧と掘り棒や打製石斧といった土掘り具、土を運ぶにはザルくらいしかない当時、竪穴式住居を一棟建てるには、かなりの労力が必要とされた。敷石住居の場合、通常の竪穴式住居と同様に地面を掘り下げ、柱を立て、屋根などの上屋《うわや》構造を架けるという手間に加え、多くの石を集落内に運び込み、住居の床に敷くという点で、さらに膨大な労力が必要とされる。

また、縄文時代の祭祀場には、多くの石を用いて大型の配石遺構や環状列石などをつくり出しているものがしばしばある。祭祀と配石には密接な関係があったようだ。そのような観点から、敷石住居は研究当初、祭祀を司るための特殊な家屋と理解されてきた。しかしながら、関東地方では敷石住居が一棟から数棟集まって、一つの集落を構成するような事例も存在する。その意味では、一般的な集落や家屋とあまり変わるところはない。これらの点から見て、敷石住居は、祭祀的な様相を極度に発達させた一般家屋と捉えておくのが現状ではよいと思われる（山本一九七六）。

敷石住居は、中期後半に出現する屋内配石を起源として中期末（約四五〇〇年前）には出現し、後期前葉から中葉（約三五〇〇年前まで）にかけて数多くつくられた。その分布は、敷石に適した石材が豊富な関東地方の山地寄りの丘陵地帯や中部・甲信地方を中心とし、一部は北陸から東北地方にまで及ぶ。なかでも神奈川県下北原《しもきたはら》遺跡は、遺構のほとんどに配石が用いられている特徴的な集落である。敷石住居二一棟が馬蹄形に配置され、その内部に配石墓群が東西に二ヵ所、存在する。また、住居の分布が希薄な集落北西部には、環状方形配石遺構や非実用的な遺構と考えられる環状組石遺構が集中する。

先にも述べたように、敷石住居がつくられはじめた中期末から後期初頭は、気候が冷涼化し、そのために資源環境がきわめて厳しくなった時期である。この時期、環状を呈する大きな集落遺跡はほとんど見られなくなり、住居が一から数軒しかない小規模集落が散在し、分散居住を行うようになる。敷石住居の出現と展開は、時間的には前後しつつもこれらと軌を一にする現象と捉えることができるので、その出現意義を環境変化への呪術的対応策の一環として理解するのは間違いではないだろう。

敷石住居の建設に用いられた石材は、至近距離で調達されたものではなく、また、古い敷石住居の配石を使い回したりしたようなものでもない。たとえば、神奈川県の伊勢原《いせはら》市や厚木《あつぎ》市周辺における敷石住居には、伊豆半島の付け根付近にある真鶴《まなづる》半島周辺で採れる根府川石《ねぶかわいし》という石材が使われている。また、埼玉県さいたま市の大木戸《おおきど》遺跡では、長径一・三メートル、重さ七一キログラムもある紅簾片岩《こうれんへんがん》が使用されていたし、川越市下広谷《しもひろや》の牛原《うしはら》遺跡四号住居跡には四七二キログラムの結晶片岩《けっしょうへんがん》・緑泥片岩《りょくでいへんがん》が使用されていた。これらの石材の産地は荒川上流部であり、最も近い供給源である埼玉県小川《おがわ》町の槻川《つきかわ》からでも、約三〇キロメートルも離れている。わざわざこのような石材を遠距離から集落内に運び込んでいるという点を考えるならば、その石材そのものに当時は高い価値があり、その石を敷くという行為自体になんらかの象徴的な強い意味があったと考えざるをえないだろう。

また、遠方から石材を搬入する、そしてそれを使用するにあたっては、膨大な労力が必要とされる。おそらくは、一つの集落の人々のみで対応可能なものではなく、周辺の複数の集落から労働力としての人的援助が必要だったと思われる。敷石住居の構築、あるいは後述するような配石遺構の構築過程そのものが、多くの人々を参集させる機会となったことは間違いないだろう。そして、敷石住居や配石遺構の構築過程および完成後には、多くの人々が参加するさまざまな祭祀・儀礼が行われたはずである。このようなあり方が、中期までのような血縁的な関係を基礎とした人々のつながりとは、また異なる地縁的なつながりを結ぶ契機となったことは想像にかたくない。これは後述する大型配石遺構、環状列石においても同様である。

多くなる掘立柱建物跡

後期に入ると、亀甲形《きっこうがた》に柱が並ぶ六角形の柱穴配置を持った掘立柱建物、あるいは四本柱の掘立柱建物が多数集まって群在化するようになる。掘立柱ということで言えば、本来は竪穴式住居の柱も掘立柱だが、考古学では、おそらくは平地式の建物（住居）であろうと思われるこの種の遺構を慣習的に掘立柱建物と呼ぶ。

後期から晩期にかけての遺跡では、大量の遺物が廃棄され、環状盛り土《かんじょうもど》遺構が形成されるにもかかわらず、竪穴式住居の確認例は少ない。一方で、晩期の柱穴列群と報告された事例の中には、しばしば長方形に並ぶものが含まれており、それらは掘立柱建物であった可能性が高い。竪穴式住居が少ない一方で掘立柱建物が多いという状況からみて、当時の主たる居住施設が掘立柱建物とされる、掘り込みを持たない平地式の住居であったことは十分に想定できるだろう。

一方で、大型の墓域に付随する掘立柱建物群は、住居というよりも殯《もがり》（遺体を一定期間安置する風習、現代のお通夜）などの死者儀礼を行った施設、あるいは葬祭に伴う一次的な宿泊施設、さらには小型のものは食料などの貯蔵施設と考えられるものもあるので（佐々木二〇一〇）、一概に掘立柱建物群＝恒常的な居住施設と捉えるのは少々乱暴である。事例ごとのさらなる検討が必要だ。

水場遺構の発達

また、後期以降になると各地において、堅果類の皮むきやアク抜きなどの処理や、クズやワラビなどからデンプンを採ることを目的とした水場（水さらし場）遺構の検出例が多くなる。たとえば、埼玉県赤城《あかぎ》遺跡では、後期後葉（約三四〇〇〜三二〇〇年前）の水場遺構が検出されている（図49）。これは長軸四メートル、短軸三メートル、最深部の深さ〇・五メ

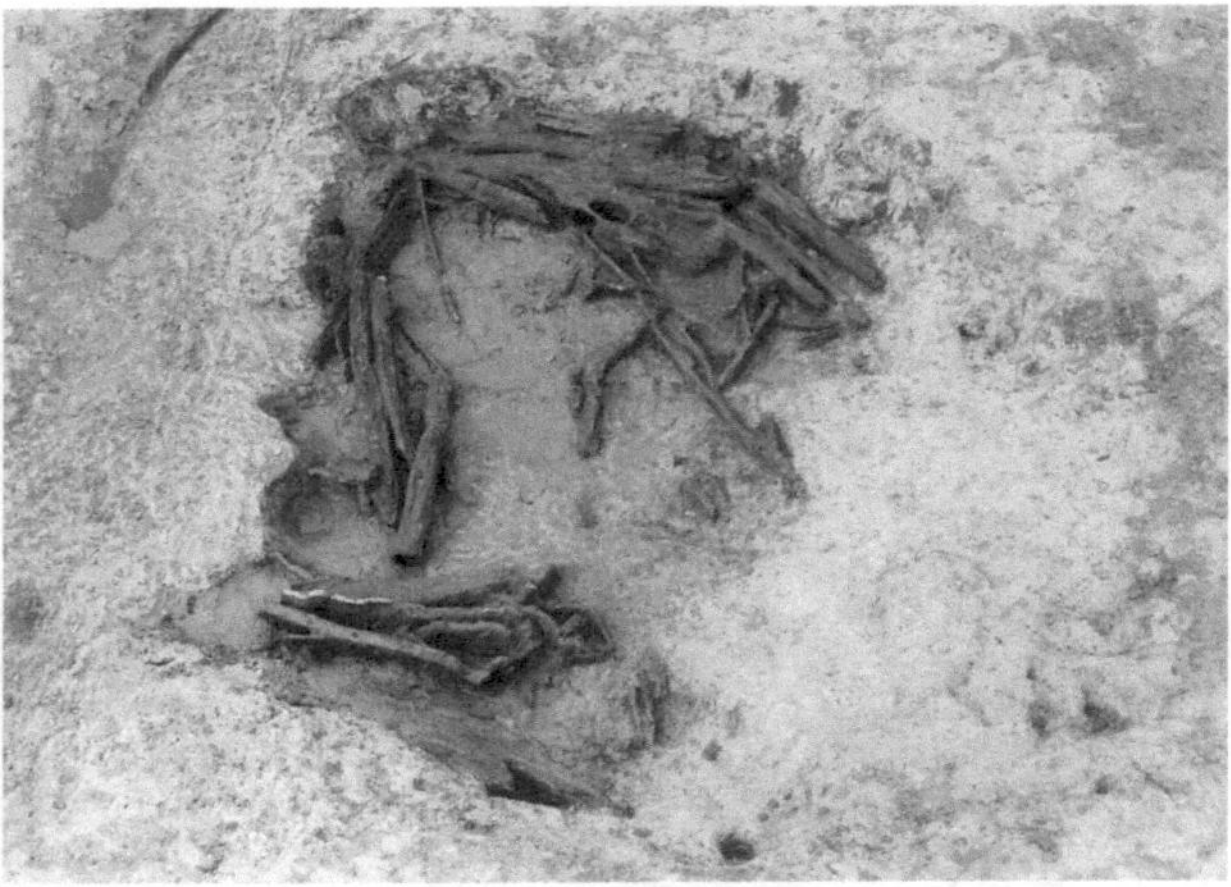

図49　埼玉県赤城遺跡の水場遺構　埼玉県埋蔵文化財調査事業団提供

ートルの不整長方形の竪穴遺構で、内部には杭を伴った木組みがあり、隣接する溝から調査区の外に存在する河道の水を引き込む構造となっていた。木組み内部からはトチ・クルミ等の堅果類が出土した。後谷《うしろや》遺跡でも、同じく後期後葉の水場遺構が確認されている。これは集落から旧河道に下る斜面に木材で仕切った区画を設けたものだが、斜面の下からは、トチ・クルミの果皮を含む砂の層が検出されている。赤山陣屋跡遺跡では、水場遺構の周辺から堅果類のアク抜きにおける煮沸工程に使用されたと思われる土器が出土している。

栃木県明神前《みょうじんまえ》遺跡における後期の水場遺構は、水さらし工程がわかる良好な事例である。扇状地崖下の湧水《ゆうすい》点から水路で木組み遺構内に水を引き、水をためて水さらしを行った後、導水側とは反対に設けた水路に排水をしていた。

関東地方の低地に臨む遺跡では、この他にも多くの水場遺構が確認されている。中には、埼玉県姥原《うばはら》遺跡にみられるように、低地ではなく段丘崖から流れ出る湧水を引き込んだ、石列状の配石遺構もある。これは、石の列でいくつもの区画をつくったもので、低地の水場遺構と同じ機能をもった施設であったと考えられる。これなどは、その場その場における地形的特性を上手に活かしてインフラ整備を行った事例と捉えることができるだろう。

これらの水場遺構は、いくつかの集落に隣接してはいるものの、多くの場合、遺構自体は単独で存在しているので、周辺集落の共同の作業場として管理されていたものと考えられる。

ここで注意しておきたいのは、東日本のこうした水場遺構、およびその周辺からは、主にトチやクルミが出土する場合が多く、いわゆるドングリ類は、あまり出土しないということである。一方で、西日本では、小河川の側や低地などの水辺に近いところにドングリ類を貯蔵した低地型貯蔵穴が発達する。これは、採集した堅果類を水漬けにした状態で保存する貯蔵穴で、東日本からは発見されないという分布上の東西差が存在する。低地型貯

図50　栃木県寺野東遺跡の環状盛り土遺構　写真中央やや高くなっている部分が盛り土。栃木県文化振興事業団提供

蔵穴がドングリ類の貯蔵に用いられていたとすれば、この時期の東日本ではドングリ類の利用はきわめて少なかったことになる。このことは、西日本と東日本では、メジャー・フードとなった堅果類に差があったことを意味している。

環状盛り土遺構の出現

後晩期の遺跡では、遺跡内の窪地をとりまくような形で大規模な環状のマウンドが築かれることがある。これを環状盛り土遺構と呼ぶ（図50）。環状盛り土遺構は、栃木県寺野東遺跡の事例が脚光をあびて以降、報告が相次いでいるが、中には環状とならない盛り土遺構も存在する。また、過去の調査の検討から「再発見」される例も多く、関東地方における縄文後晩期の集落景観を特徴づける大きな要素の一つとなっている。

これらの盛り土遺構については、寺野東遺跡で当初、指摘されていたような祭祀遺構とする見解は現在ではほぼ見られなくなり、基本的には集落の景観の一つ（つまり集落における普通の風景）として評価されることが多い。阿部芳郎は、これらの盛り土遺構が成立した原因を住居の積み重なりに求めているが（阿部一九九六）、その成因および用途については、なお議論が続いている。ただ、寺野東遺跡では盛り土の中から土製耳飾りが二個対に並んで出土しており、これなどは盛り土中に耳飾りを着装した遺体が埋葬されていたと考えられる。

また、盛り土遺構から骨片や焼骨が出土することも多い。このことから見て、盛り土遺構内が埋葬の場となっていたことも確実だろう。加えて盛り土遺構は、一気に積み上げられたものではなく、土や遺物を少しずつ積み上げて、時間をかけてできたものである。このような様相は、沿岸部の貝塚のあり方に類似する。小林達雄は寺野東遺跡における盛り土遺構を「貝のない貝塚」と評したが（小林一九九九）、この点は私も同感である。

3　モノの流通とネットワーク

交易の発達と特産品の生成

後期以降で注目しておきたい文化的事象の一つに、交易用の交換材の採取・製作が拠点化、活発化していく点がある。

定住生活が開始された頃は、一つの集落ですべての食料や資源を調達するような生業活動が採られていたと思われる。しかし、ある程度、人口が増え、周辺の集落の数も増えてきた段階では、自らが食料や各種の必要資源を採りに行くよりも、近隣各地の集落とのネットワークを通じて、交換によってそれらを入手した方が効率がよくなっていく。いわゆる「物々交換」だが、この方法は、気候が安定しバイオマスの量が予想できる状況下では、大変、有効に機能した。

ネットワークが拡大すればするほど、さまざまな資源そして各種の製品の入手が可能となる。縄文時代の経済活動は、このような集落と集落の間に張り巡らされたネットワークによって維持されていたと言っても過言ではないだろう。これは何も生業的な側面に限られたことではなかった。このネットワークでは、多くの情報の交換や、婚姻といった人的資源の交換も行われていたに違いない。その意味では、集団構造という縄文社会の存立基盤であったとも言うことができる。

このようなネットワークが発達した社会では、集落間における分業的な傾向も強くなっていたと思われる。各地域では、それぞれの生態的環境や地質的環境に応じて特定資源・特産品を開発し、このようなネットワーク上に製品としてそれを流通させることで、自らが必要とするさまざまな資源・物資の入手を企図したものと思われる。いくつかの事例を示してみよう。

塩の生産と流通

後晩期の霞《かすみ》ケ浦《うら》沿岸部・仙台湾周辺・陸奥《むつ》湾周辺では、器壁が薄く、文様がまったく描かれない粗製の土器が一遺跡から大量に出土することがある。これらの土器は、海水を煮沸して塩をつくり出すために使用された製塩土器と呼ばれるもので、熱効率の上昇と大量生産・大量廃棄を前提として、特につくられたものである。

土器製塩のプロセスは、採鹹《さいかん》(海水の濃縮)、煎熬《せんごう》(海水の煮沸、粗塩の生成)、焼塩(二次焼成、固形塩の製造、潮解性の除去)と進むとされる。土器製塩を行っていた茨城県広畑《ひろはた》貝塚や法堂《ほうどう》遺跡、宮城県里浜《さとはま》貝塚などでは煎熬過程に用いられたと考えられる製塩土器が多量に

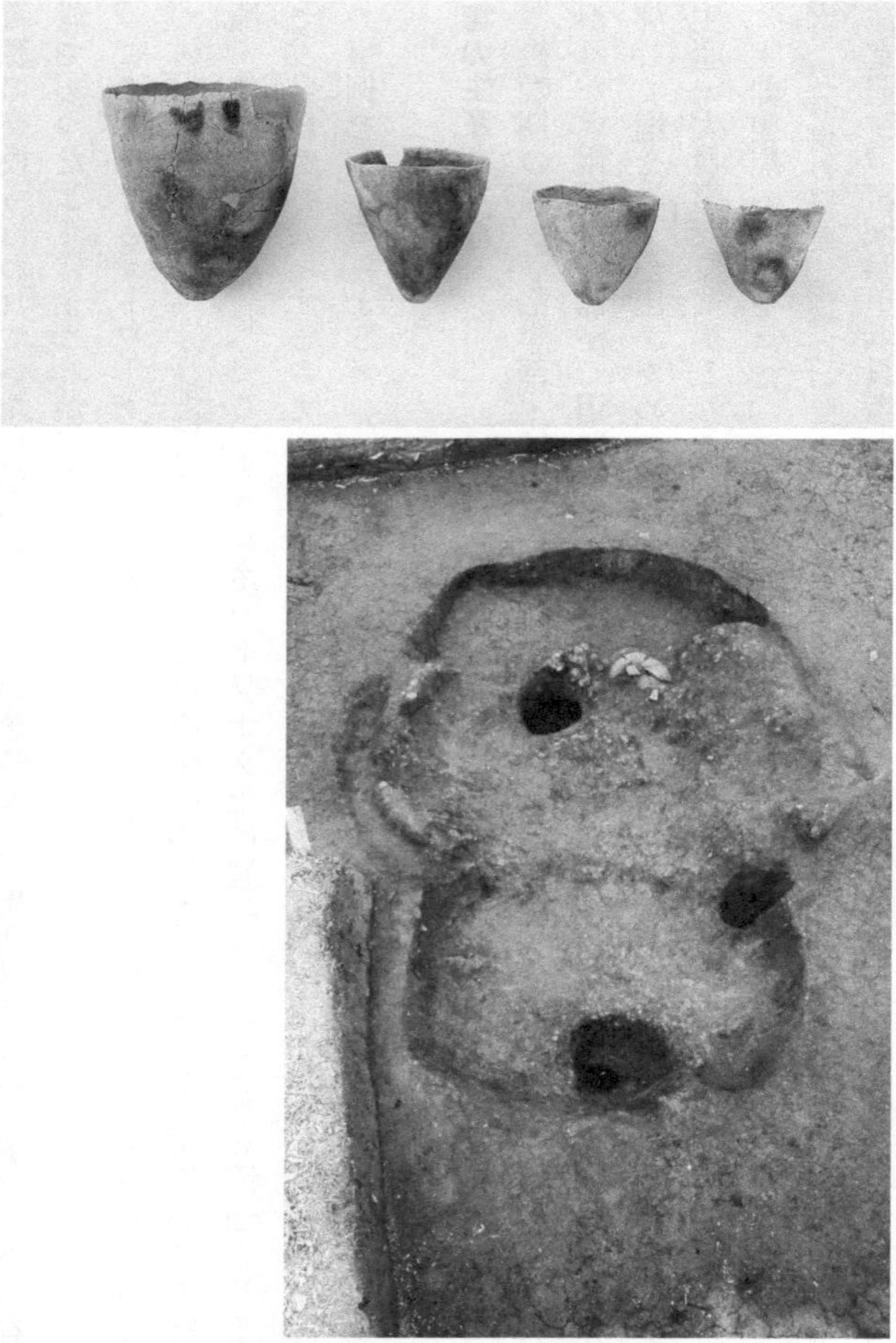

図51　茨城県上高津貝塚の製塩土器（上）と大型炉（下）　上高津ふるさと貝塚歴史の広場提供

出土しているほか、煎熬炉と思われる炉址も検出されている。また、茨城県上高津《かみたかつ》貝塚E地点からは、煎熬後の燃焼工程である焼塩（固形塩）製作に使用されたと考えられる大型炉が検出されている（図51）。

土器製塩に使用されたこれらの遺構からは、海藻に付着する微小な巻き貝が検出されることが多いため、海水の濃縮・煎熬過程に海藻を用いていた可能性が高い。『万葉集《まんようしゅう》』では「……淡路島《あわじしま》　松帆の浦に　朝凪《あさなぎ》に　玉藻《たまも》刈りつつ　夕凪に　藻塩《もしお》焼きつつ　海人《あま》をとめ……」（巻六の九三五）と詠われているが、この方法は縄文時代までさかのぼるかもしれない。

生産された塩は小型の製塩土器に入れられて内陸部にも運ばれたようだ。埼玉県の大宮台地周辺の遺跡からは、少量の製塩土器がしばしば出土している。なお、このような製塩は一集落だけの労力で完結できるものではなく、製塩土器の製作・供給なども含めて、周辺複数の集落の参画があったと考えられている（高橋二〇〇七）。塩を通じたネットワークは、相当発達していたのだろう。

大型石棒の生産

縄文時代の祭祀を語る上で外すことのできない大型の石棒も、特産品として製作・搬出されていた可能性がある。岐阜県塩屋《しおや》金清《きんせい》神社遺跡では、縄文時代後期の大型石棒の製作過程がわかる資料が出土している。工房そのものが確認されたわけではないが、原材料となる石材（黒雲母《くろうんも》流紋岩質《りゅうもんがんしつ》 溶結凝灰岩《ようけつぎょうかいがん》。塩屋石《しおやいし》と呼ばれる）の露頭があること、製作工程の各段階の資料が出土していること、剝離・叩打・研磨に使用した磨石類や砥石が出土していることなどから、大形石棒の生産址と考えられている。ただし、その搬出・流通範囲についてはまだ未確定の部分も多く、今後の研究成果に期待がかかっている。

縄文鉱山の開発

長野県鷹山《たかやま》遺跡群（星糞峠《ほしくそ》）からは、一部、早期にまでさかのぼる可能性があるものの、縄文時代後期を中心とする黒曜石の採掘坑が多数見つかっている（図52）。この地域の黒曜石の採取はすでに旧石器時代には行われていたが、当初は川原などで転がって丸くなった黒曜石を採取していたと思われる。その後、地表での採取がむずかしくなったため、当時の人々は地表から、黒曜石が包含されている、八七万年前に発生した火砕流《かさいりゅう》である白色火山灰層まで竪穴を掘り、黒曜石の採掘を行うようになった。その深さは、現在の地表面から三メートル以上もあり、掘り出された土が二・五メートルほどの高さの山になっていたこともわかっている。

図52　長野県鷹山遺跡群の黒曜石採掘坑址（凹んでいる所）　山田撮影

また、第一号採掘坑では、掘り上げた土や採掘坑の壁が崩落しないように土留めしていた丸太材を用いた木柵が検出されている。鷹山遺跡群の黒曜石採掘坑は、地表面から確認できただけでも一九五ヵ所以上もあり、まさに縄文時代の黒曜石鉱山と呼ぶにふさわしい。

星糞峠の黒曜石は、和田《わだ》峠の黒曜石と同じ成分組成であり、理化学的な分析でも、この二者を区別することはむずかしい。しかし、両者を合わせた信州系と呼ばれる黒曜石は、東北地方南部から近畿地方東部にいたる日本列島中央部ほぼ全域に運ばれており、当時の交易の広さを物語っている。

このような採掘跡は、秋田県樋向《とよむかい》Ⅰ・Ⅲ

遺跡、大沢《おおさわ》Ⅱ遺跡といった上岩川《かみいわかわ》遺跡群でも発見されている。こちらは時期的には前期から中期を主体としたものであり、一部には後期のものも含まれるようだ。ここでは、東北地方の石器素材としてしばしば用いられる珪質頁岩《けいしつけつがん》の原石を採掘していたことがわかっている。樋向Ⅰ遺跡からは、さほど深くはないが直径一〇メートルにも及ぶ不整形の採掘坑が検出されている。採掘坑付近からは石器の製作跡も検出されているので、掘り出した原石を近場で加工して石器を製作していたと思われる。

石材の採掘を行っていた遺跡としてはイギリスのノーフォーク州にあるグライムス・グレイブス遺跡（Grimes Graves Site）が有名である。ここはおよそ四五〇〇年前の新石器時代後期における石器製作用の石材であるフリント（燧石《ひうちいし》）の採掘遺跡で、四〇〇基もの深い竪坑を掘って地下にあったフリントを採掘していた。竪坑の深さは深いもので一五メートルにも達しており、そこから今度は横方向へ採掘坑をのばしている。鷹山遺跡群は、竪坑の規模こそ及ばないとはいえ、グライムス・グレイブス遺跡群と類似しており、現在では鷹山遺跡群とグライムス・グレイブス遺跡は、世界初の国際姉妹遺跡となっている。

オオツタノハにみるネットワークの広がり

オオツタノハは、その生息域が伊豆諸島南部以南と大隅《おおすみ》諸島より南の島々に限定される珍しい貝で、縄文時代にはしばしば貝輪（貝製腕飾り）の素材として利用されていた。磨いた貝本来の表面には、濃いエンジ系の色が放射状に伸びており、これが大きな特徴となっている。その利用は少なくとも縄文時代早期にまではさかのぼり、古くから縄文人に希求された貝輪と言えるだろう。また、オオツタノハ製の貝輪は北海道でも発見されており、その価値が広範囲に共有されていたこともわかっている。

一方で、その出土量はごく少なく、大規模遺跡でさえ二、三点、通常はあっても一遺跡に一点しか出土しない。かつて千葉県古作《こさく》貝塚から蓋付きの壺形土器二点が掘り出され、その中からオオツタノハ製貝輪九点を含む計五一点の貝輪が発見されたことがあったが、これなどは、オオツタノハ製貝輪がいかに貴重なものであったのかを想像させる。逆にオオツタノハが出土するということは、その遺跡がオオツタノハを入手できるようなネットワークを有する集落だったことを意味し、おそらくは、地域の中心的役割を担うような集落であった可能性を想定することができるだろう。

日常生活道具・装身具のブランド化

富山県境《さかい》A遺跡からは、多量の蛇紋岩《じゃもんがん》製磨製石斧が出土している。その量は完成品一〇〇〇点以上、未製品にいたっては三万五〇〇〇点以上あり、境A遺跡が蛇紋岩製磨製石斧の一大生産地となっていたことがわかる。また、磨製石斧を製作する際の工具となる台石や砥石なども多数出土している。この磨製石斧は、姫《ひめ》川流域や黒部《くろべ》川流域の遺跡を含め、広域に流通していた。ひょっとしたら、ブランド化していた可能性も考えられるだろう。

また、境A遺跡で製作されたヒスイ製大珠は、他とは形状が異なって先端部が尖っており、一目で境A遺跡産とわかる。これは縄文時代の人々にとってもそうであったと思われ、このような特殊な製品が特産品化・ブランド化していた証拠である。

後晩期になると、たとえば長野県エリ穴《あな》遺跡や群馬県茅野《かやの》遺跡などのように、大量の耳飾りを出土する遺跡が見られるようになる。また、愛知県保美《ほび》貝塚などのように石鏃の大量保有という現象も、後晩期の遺跡にはしばしば見ることができる。このような、一つの集落で必要以上に単一種類の「モノ」を大量に保有している遺跡は、それを特産物・ブランド化して、交換材としていた可能性も考えることができるだろう。

規格品の製作

宮城県里浜貝塚からは、貝輪製作の過程を追うことができる晩期の資料が見つかっている。里浜貝塚では貝輪を多数製作し、これを他の集落に供給していたと考えられているが、興味深いのは、貝輪の大きさが大体直径八センチメートル程度に統一されていることである。たとえば、二枚貝であるベンケイガイを素材として用いた場合、一〇センチメートル以上の大型貝の場合には、その貝の外縁をわざわざ割り落として小さくしている。これは、「貝輪は大きければ大きいほどよい」わけではなく、交換材として一定の規格が存在していたことを示している。ニーズに合わせて、規格化された製品を搬出していたのだろう。ひょっとしたら、受注生産を行っていたのかもしれない。

集落間ネットワークの重要性

私たちは一つの大きな遺跡を目の当たりにすると、そこでは「完結した集落」として、さまざまな生業活動や物品製作・社会活動がすべて行われていたように想像しがちである。だが、実態はそうではなく、周辺、あるいは遠隔地も含んだ大小複数の集落間でさまざまな分業や役割分担が行われ、さらには人材をも含めたモノの交換や互恵的扶助が行われていた。そしてこれらの集落を取り結んでいたネットワークが、一つの、いわば「共同体」を構成していたと考える必要があるだろう。繰り返すが、この集落間に張りめぐらされたネットワークこそが、縄文時代の集落・社会を支える基盤となっていた。このことは、各地において規模の大小はあれど、同様であったに違いない。

4　多様な祭祀の展開と精巧な祭祀・呪術具の発達

土器の精製化・粗製化

後期になると、東日本の土器を中心として、生地も細かく丁寧なつくりで装飾性も高い精製系の土器（精製土器）と、装飾性が排除され、簡単に縄文を施した程度の粗製系の土器（粗製土器）に分かれていく傾向が顕著となる。精製土器には、深鉢形や浅鉢形のものに加えて、壺形土器や注ぎ口のついた急須《きゅうす》のような注口《ちゅうこう》土器、香炉のような形をした香炉形土器、皿形土器、大きな脚部（高台《こうだい》）を持つ台付き鉢形土器等のほか、さまざまなものがある。

これらの多くは黒色で、表面には磨きがかけられており、光沢を持つものも存在する。中には土器の表面を赤色顔料で塗彩されているものもある。これに対して粗製土器は、そのほとんどが深鉢形に限定されており、煮沸用の土器としての機能を突き詰めたような印象を受ける。

このように、後期以降の土器は精製土器と粗製土器とに分かれるが、精製土器が祭祀のみに使用された特殊な土器であったと言うわけではない。精製土器と粗製土器は遺跡内の同じところから出土することも多いので、両者の間で完全な使い分けがあったわけでもなさそうだ。ただし、祭祀には、やはり精製土器が使用される傾向が強く、水場遺構などの作業場からは粗製土器が出土する傾向があることもまた事実であり、当時の人々も、その点は意識していたと思われる。

活発化した動物儀礼

動植物を主体的に用いて行われたと思われる儀礼を動植物儀礼と言う。東京都西ヶ原貝塚では、獣骨の出土状況から、動物儀礼の存在を想定できる後期の事例が検出されている。たとえば、一二二号土坑の埋土の上層には後期前葉の貝層が存在するが、その貝層の直下からは、イノシシの下顎がひっくり返った状態で出土している。さらに、二三・二九・四三号住居跡内に見られる貝層直下からは、イノシシやシカの骨が面状になって出土している。一方で、これらの獣骨は他の貝層中からはほとんど出土しておらず、貝層の下に意図的に置かれたものであることがわかっている。加えて貝層の直下からは、男性器を模した鹿角製品が意図的に配置されたような状態で出土していることから、貝層が形成される前に儀礼的な行為が行われていたと想定される。

千葉県西広《さいひろ》貝塚でも、動物儀礼の跡と思われる事例が確認されている。西広貝塚では、竪穴式住居の跡地である窪地に後期前葉に形成された貝層が堆積しているが、貝層に覆われた床面のすぐ上にイノシシの頭蓋がおかれていた。周辺からは磨石類やハマグリ・オオノガイの二枚貝類とアワビ類の破片が出土しているが、これらには赤色顔料が付着していたので、竪穴式住居廃絶後に動物儀礼が執行されたと想像される。

東京都下宅部《しもやけべ》遺跡からは合計で四〇点ほどの弓が出土しているが、その多くは獣骨の集中地点から発見されている。また、意図的に折られたイヌガヤ製の弓の破損部位の上にイノシシの下顎がのせられているものもあった。動物の解体場から狩猟具が出土する点から、これらの弓は狩猟儀礼に用いられたものと考えられている（図53）。

晩期では、静岡県伊東《いとう》市の井戸川《いどがわ》遺跡でイノシシ・シカ・イルカの頭骨が環状に配置された例や、山梨県北杜《ほくと》市金生《きんせい》遺跡で見つかった土坑内から、イノシシの幼若獣（ウリボウ）の焼けた下顎骨が一〇〇個体分以上、出土している事例などがある。これらも動物儀礼が行われたことを示すものだろう。東京大学名誉教授の大林太良は、北方ユーラシア狩猟民の民族誌の中に骨から生命が再生するという事例があることを指摘しているが（大林一九九二）、おそらくそれと同様に、生命の再生・狩猟の成功を祈る儀礼が行われたのだろう。

このような動物儀礼が存在したことを間接的に示すものとして、各種の動物形土製品が

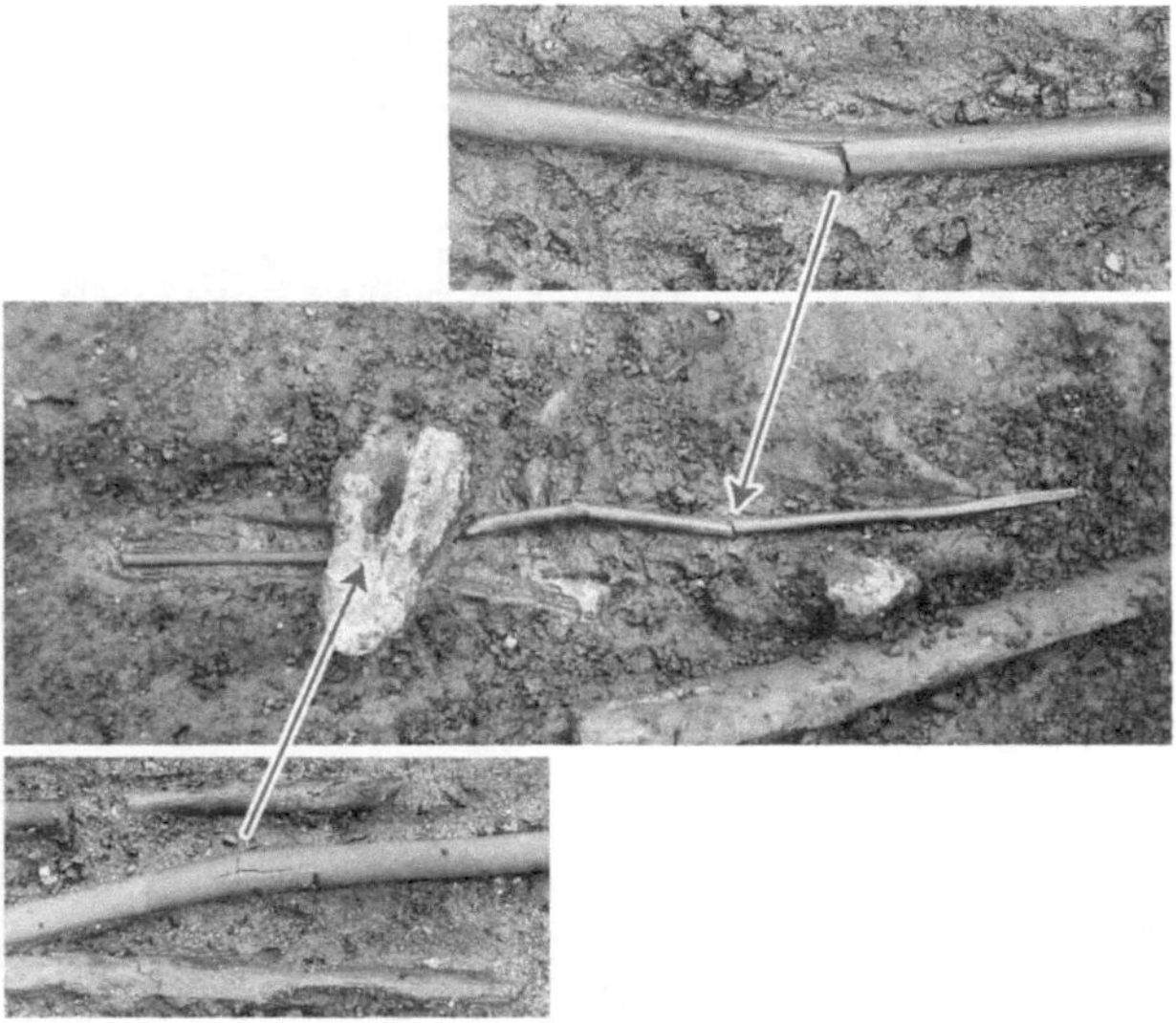

図53　東京都下宅部遺跡における狩猟儀礼の一例　弓にみられた2ヵ所の損傷部とその上に供えられたイノシシの下顎骨（千葉2009より）

ある。動物意匠を持つ土器自体は前期段階から認められる。群馬県中野《なかの》谷《や》松原《まつばら》遺跡からは、波状口縁《はじょうこうえん》の突起の部分にイノシシがつくり出された土器が数多く出土している。また、同じく前期の石川県真脇遺跡からは、トリをかたどったと思われる浅鉢が出土している。

　中期の段階では、動物形土製品はさほど確認されないが、後晩期になると、動物形土製品の出土が目立つようになってくる。これらの多くは、イノシシをかたどったも

図54　青森県十腰内遺跡のイノシシ形土製品　弘前市教育委員会提供

の（青森県十《と》腰内《こしない》遺跡出土例など〔図54〕）だが、中にはサルをかたどったと思われるものや（青森県十《と》面沢《つらざわ》遺跡出土例）、イヌをかたどったもの（栃木県藤岡《ふじおか》神社遺跡出土例など）も存在する。このほか、大型の巻き貝をかたどった写実的なもの（新潟県上山《うえやま》遺跡）もあり、変わったところではイカの形をした土製品が出土している（北海道鷲《わし》ノ木《き》遺跡）。

　これ以外にも、縄文時代の人々は想像を逞しくして、不思議な動物形土製品をつくり出している。たとえば、海獣とトリを合わせたキメラ状のもの（北海道美々《びび》4遺跡出土例）や、カメのようにも見えるが二本足で立つもの（埼玉県東北原《ひがしきたはら》遺跡出土例）もある。これらの土製品は、先のような動物祭祀の中で効果的に用いられたのだろう。また、愛媛県船《ふな》ヶ谷《たに》遺跡からは、動物をかたどったと思われる晩期の木製品が出土している。もし、動物形木製品が存在していたとしても、それは台地上の遺跡では腐敗して残らなかったかもしれないので、実際にはより多様な動物祭祀が行われていた可能性もあるだろう。

なお、このような事例は動物だけに限られるものではなく、植物を模したものもある。たとえば、埼玉県デーノタメ遺跡からはクルミ形の土製品が出土しているし、また秋田県池内《いけない》遺跡からはクルミ殻に線刻を施したものが出土しており、植物を対象とした祭祀・呪術も存在したことを想像させる。

多彩な装身具とその着装理由

縄文人もさまざまなアクセサリーを身につけていた。たとえば頭飾りとして、漆塗りの櫛や骨角製の笄《こうがい》、耳飾りとして、石製の玦状《けつじょう》耳飾りや土製耳飾り、多種・多様な素材による首飾り、鹿角製の腰飾り、トリの長管骨《ちょうかんこつ》やイノシシの犬歯による足飾りなどである。これ以外にもおそらくは、ボディペインティングなどの装身があったのだろう。また、抜歯以外にも入れ墨（文身《もんしん》）や傷身といった身体変工（身体を意図的に変形あるいは傷つけ、その傷跡を装身として用いる）も行われていたと思われる。

通常、伝統的未開社会では、個人的な嗜好や趣味だけで装身具を着装したり、身体変工を行ったりすることは概して少なく、帰属する集団や社会の慣習として、それも強制力をもった慣習として装身具を着装することが多い。おそらく縄文時代も例外ではなく、着装にはさまざまな意義が付随していたことがわかっている。

また、装身具の着装は他者との差異を表すと同時に、同じ装身具を着装することで他者との同一性を示すことになる。言葉によらない、服装や髪型、身振りなどのコミュニケーションのことを、ノンバーバル（非言語）・コミュニケーションと呼ぶが、視覚的な装身具はまさにそれを具現化したものであった。

年齢と性差による装身具の着装原理

時期別に見た場合、装身具の数自体は晩期に多くなる。装身具の着装は、すでに新生児期から行われているが、その種類は子どもの場合、首飾りと腕飾りにほぼ限られる。一方、最も装身具の種類が多く、かつ着装事例数も多いのは壮年期と熟年期だが、老年期になるとその種類と数は減少する。

このことから、年齢によって着装できる装身具が決まっていたことがわかる。特にピアスのように耳たぶにはめ込む土製耳飾りは、大人のみに着装が許されたものであり、大人である証という意味を持っていたと思われる。また、土製耳飾りの大きさにはいくつかのまとまりがあることから、耳飾りは何段階かの通過儀礼の度に大きさを取り替えていったとも推定されている（大塚一九八八、設楽一九九三など）。

最も多種・多量の装身具を着装している壮年期や熟年期の人々は、おそらく集落構成員の中核をなし、その運営上、重要な地位・立場を占めたことであろう。また、その年齢にいたるまでには、さまざまな社会的経験も積んでいたはずである。社会的に重要な地位・立場にあり、かつ経験も豊富な人々が多く含まれる年齢層に装身具の着装例が多いことから推察すると、逆説的ではあるが、装身具の着装意義の一つとして、年齢およびこれに付随する経験の有無や多寡に基づく社会的地位や立場の表示が存在したと考えることができるだろう。

だが、ただ単に年齢が上がれば上がるほど、より多くの装身具を着装しているのでもないらしい。老年期段階になると、装身具の着装率はとたんに低くなる。このことから私は、当時の社会に、集落の中心的役割から外れる退役や隠居のような慣習があったと考えている。

性別でみると、男性には頭飾りと腰飾りの着装例が多く、女性では腕飾りの着装例が多い。腕飾りの着装例は北日本にはあまりみることができず、関東以西の、ことに東海や中国・九州の女性に多い。これに対し、腰飾りの着装例は東海地方晩期の男性に多い。

これらの点からみても、装身具のあり方には性差によるなんらかの区分があったことが推定できる。どちらかの性に特有の装身具というものは存在しないようだが、性別によって装着される装身具が異なる傾向がある以上、その着装意義の一つに、何らかの性別原理が介在していたとみてよいだろう。

呪術的な医療行為としての装身具着装

縄文時代には、装身具の着装部位と人骨にみられた骨病変の部位が一致し、両者の間になんらかの対応関係がある事例がいくつか存在する。たとえば、岩手県宮野《みやの》貝塚から出土した壮年女性人骨は、イノシシの切歯および犬歯を用いた牙玉一〇点および獣骨製垂れ飾り一点からなる首飾りを着装していた。この人骨の頸椎《けいつい》には、重度の関節障害（骨腫瘍《こつしゅよう》か?）が確認されている（小片・森本一九七〇）。手首や肘など、関節障害を持つ個所に装身具が着装されている事例は、千葉県中峠《なかびょう》貝塚や岡山県津雲《つくも》貝塚などでも確認されている。現代でも怪我や病気の際に、お守りなどを首からさげたり、あるいは病巣にお守りをあてたりする呪術的な医療行為の事例をみることができる。縄文時代でも、装身具が現代の「お守り」のような役目を果たす場合があったと言うことができるだろう。

ちなみに、縄文時代における医療としては、呪術的なもの以外に、薬となる果実をしぼって汁を飲んだり、薬草を煎じて飲んだり、あるいはペースト状にして患部に塗ったりといったものが多かったと考えられるが、大腿骨《だいたいこつ》や脛骨《けいこつ》などの骨折に対して整形・修復が行

図55　北海道入江貝塚小児麻痺？に罹患した人骨の出土状況。手足の骨が異様に細い。洞爺湖町教育委員会提供

われた確実な事例は確認できず、たとえば千葉県古作貝塚出土例や加曽利貝塚出土例のように、骨折個所がそのまま癒着してしまった例もしばしば確認されている。また、北海道入江《いりえ》貝塚出土人骨などのように、筋ジストロフィーや小児麻痺、リウマチなどに罹患《りかん》し、動けなくなってしまった人を周囲の人々が介護していたことをうかがわせるような事例も見つかっている（図55）。

素材別にみた装身具

装身具の素材についてみると、全体としては男性の装身具の方がより多様な素材を用いているようである。男性ではイノシシ（犬歯）とシカ（鹿角）を材料としたものが多く、女性では貝を材料としたものが多い。これは、男性に首飾りや腰飾りが、女性に腕飾り（貝輪）が多いことと関係していると思われるが、素材選択に性差が関与していた可能性も捨てきれない。

また、男性の装身具の素材として、イノシシ・サメ・ワシ・オオカミといった荒々しさや力強さ、怖さを連想させる動物が用いられていることも多く、このような装身具が視覚的に目に付きやすい耳飾りや首飾り、頭飾りとして使用されているということには注意しておきたい。

装身具の着装原理と社会

これらの検討結果をもとに、装身具の着装意義を大きく次の四つにまとめてみよう（山田二〇〇八）。

1．自己能力の拡張：世界各地の民族誌を概観すると、ある種の装身具を着装することによって運動感覚の増大を感じることができるとする事例が散見される。縄文人たちも、動物たちの歯牙《しが》や爪でできた装身具を着装することによって、その動物と同化する、あるいは動物たちの持つ能力を得たいと思ったのだろう。先の検討で、縄文時代にはこれらの動物を素材とした装身具は男性側に多いと述べたが、このような装身具の着装は、多くの場合、狩猟など主に男性の活動形態と関係があったとみてもよいだろう。

2．性的魅力の向上：装身具を着装することによって性的魅力を向上させるという事例も、民族誌には多くみることができる。縄文時代における装身具の着装意義に男女を区分する原理が関与していたことは明らかだ。また、装身具には耳飾りのように大人にならなければ着装できないものがあった。したがって、これらの装身具の着装開始は、着装者が生物的・社会的に、成熟した男あるいは女であるということを明示することになる。

通常、伝統社会においては、公に婚姻ないし性的関係を認められるのは大人だけなので、大人であることを意味する装身具を着装するということは、社会的に婚姻可能である、より強い言い方をするならば、着装者自身が社会的に認知されうる性的対象者であるとのメッセージを他者に発信することになる。また、装身具を着装し、自身の性的魅力を向上させるということは、本人にとっては望む相手との婚姻を成立させるための一手段かもしれないが、その帰属集団からみれば、人的財産として、そして婚姻時の交換財としての価値をより一層高めるということでもある。装身具の着装は、自身や帰属集団の維持・存続をかけて、より優れた配偶者とその背後の人脈を得るための婚資の投入を意味していたのだ。

3．身体的・心理的保護：世界の諸民族の中には、装身具を魔除けのための護符として用いる人々が多々、存在する。また、動物の歯牙等を素材とする装身具には、動物たちの鋭い武器をもって魔除けや呪術的な医療行為に用いられたと思われるものも存在する。縄文時代にもこのような考え方が存在したことを傍証する事例としては、先に述べた岩手県宮野貝塚出土例を挙げることができる。そしてこの宮野貝塚例の場合、その骨病変のあり方や装身具の質と量からみて、特殊な知識なしにこのような施術を行いえたとは思えない。とすれば、当時すでにそのような呪術を施すことができる特殊能力者、すなわち呪医《じゅい》（witch doctor）が存在していたことになる。

4．地位・立場・経験の表示：希少性のあるもの、価値があるもの、皆から望まれるものを所有するということは、多くの社会の中でしばしば高く位置づけられている。縄文時代でも、たとえば遠隔地交易によってもたらされたヒスイ製品などを有する者を集団内で特別な人物であったと考える研究は多い。また、装身具の中には権力・権威の象徴として機能するものも存在する。それが集団統率者や、呪術者、勇者、特殊能力者、特殊事象経験者などを表示するものであると考えるならば、現代の民族事例による通文化的比較検討の結果として、縄文時代にもこれを認めてよいと思われる。

抜歯の意義

縄文時代には、健康な歯を儀礼的な目的によって意図的に除去する、抜歯という風習が存在した。抜歯例は前期の段階から見られるが、これが非常に発達するのは晩期の東海地方以西の西日本であり、その被施術率は一〇〇パーセント近くになる。東日本でも上顎の第二切歯を対象とした抜歯が発達するが、被施術率はそれほど高くない。これらの抜歯対象となった歯の種類は、切歯や犬歯など基本的に口を開けた際に他者が見ることのできる部位に限られていることから、見せることに本質的な意味があったと思われる。抜歯も縄文時代におけるノンバーバル・コミュニケーションの一部を担っていたのである。

西日本晩期における抜歯は、次のように考えられている（春成一九七三・一九七九など）。まず、最初に行われる抜歯は、上顎の左右犬歯であり、この抜歯のタイプを0《ゼロ》型と呼ぶ。このタイプの抜歯は、第二次性徴が見られるようになる思春期に行われており、その点から当時の成人式における通過儀礼の一つであったと考えられている。これを成人抜歯と言う。さらに、結婚・出産・死別・再婚などの時にも抜歯は行われたらしい。

結婚するときには、下顎の抜歯を行った。これを婚姻抜歯と言う。当時の人々は、下顎の切歯（incisor）を四本除去するタイプの4I型、あるいは下顎の左右犬歯（canine）を除去する2C型のどちらかに分かれていた。4I型は、さらに下顎左右の犬歯を除去し、

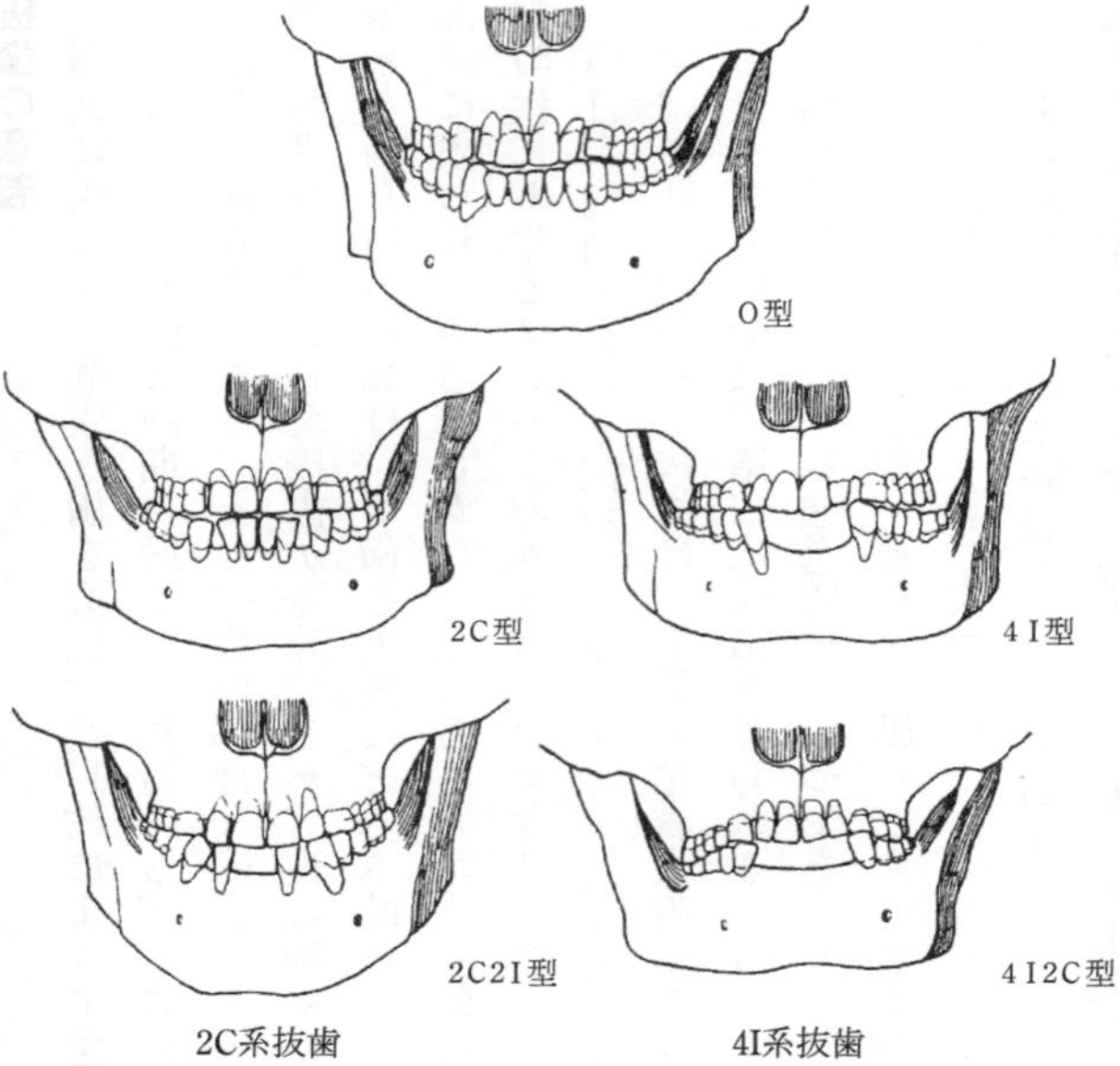

図56　春成秀爾による抜歯の進行図（春成2002より）

4I2C型へ、2C型はさらに下顎左右第一切歯を除去する2C2I型へ進むとされている（図56）。このような抜歯型式の差は、これまで4I型の人がその集落に元から住んでいた人であり、2C型の人は他所の集落から婚入してきた人と解釈されてきたり、集団を半分に分けたときの「半族」の表象だと解釈されてきた。私自身は抜歯型式の相違を、婚姻時に付された出自集団の表示と考えているが、これについては現在、議論が行われているところである。

5 墓制と祖霊祭祀の発達

後晩期にいたると、複数の埋葬小群がその内部に存在するような規模の大きな墓域が各地でつくられるようになる。中には愛知県吉胡《よしご》貝塚のように三〇〇体を超える人骨が出土した事例や、一〇〇基以上の土坑墓が検出されたような事例もあり、数的な規模だけでなく、時間的にも長期にわたる継続性を想定せざるを得ないものも確認できるようになる。

後期から晩期にかけての墓で特徴的な点は、従来、集落の一角、もしくは環状集落の中央広場などに位置してきた墓域が、集落の外に出て、単独で墓地遺跡を構成する傾向が強まることである。それに伴って、東日本では大規模な配石遺構を形成することも多い。以下、後晩期における様相を概観してみよう。

配石墓・石棺墓の増加

後晩期には、日本列島域全体で墓の上部構造に石を用いる配石墓が増える。中には上部構造だけではなく、埋葬施設である下部構造にも平石を立てて石を棺桶状に並べた石棺墓と呼ばれるものもある。配石墓・石棺墓の分布域は、先に述べた敷石住居の分布と重なるところがあるが、基本的には東日本を中心としている。

関東地方における配石墓・石棺墓は、たとえば神奈川県下北原遺跡の事例のように往々にして数基から十数基程度の規模で群在していることが多い。中には長野県北村遺跡の事例のように数百基もの配石墓が検出されることもあり、後晩期においては比較的ポピュラーな埋葬施設となっている。

これらの配石墓の中には、より大型の配石遺構の中に取り込まれて、その一部となっているものもある（たとえば群馬県深沢《ふかさわ》遺跡、山梨県青木《あおき》遺跡・金生遺跡など）。このような事例では、一つの配石墓が必ずしも遺体一人の埋葬に用いられたのではなく、焼かれた人骨が集積されていたり、撒布されていたりと、特殊な使われ方をしているものも多い。墓が単なる埋葬施設として使われたのではなく、何らかの象徴的な意味を持っていた証拠である。

特に上部配石を持つ墓は、埋葬が行われた後にもそれをみることによって、さまざまな「死者の記憶」を想い起こすことが可能となる。このような特性は、従来の円環的な死生観とはまた異なった死生観によるものであったと推察される。では、それはどのようなものであったのか、少し考えてみよう。

多数合葬・複葬例の意義

縄文時代後期前葉にしばしば見ることのできる墓には、いったんは個々の墓に埋葬した遺体をふたたび掘り起こして、何十体もの遺体を一ヵ所の墓に埋葬し直したものがある。このような事例を考古学的には多数合葬・複葬例（または人骨集積）と呼ぶ。多人数を一ヵ所に合葬して、なおかつ埋葬回数が複数回に及ぶ事例、という意味である。

この時期の多数合葬・複葬例は、東京湾沿岸部に比較的多く確認されている（たとえば千葉県古作貝塚、権現原《ごんげんばら》貝塚、祇園原《ぎおんばら》貝塚など）。私も調査に参加した茨城県中妻《なかつま》貝塚から検出された多数合葬・複葬例の場合、頭部だけで九六体にものぼる人骨が直径二メートルほどの土坑の中に一括して埋葬されていた。これはおそらく、縄文時代の事例としては、一つの土坑から出土した人骨数の最多だろう（図57）。

この中妻貝塚出土人骨については、血縁関係を示唆される個体が多く含まれていること

図57　茨城県中妻貝塚の多数合葬・複葬例　取手市埋蔵文化財センター提供

が指摘されているものの（松村・西本一九九六、篠田他一九九八）、土壙内の人骨（頭蓋）は、このような血縁関係に留意して埋葬されてはいなかったことがわかっている。一方でこのような多数合葬・複葬例は人類学的な分析や考古学的検討によって、いくつかの別々の家族（家系）が一括して同じ墓に埋葬されたものであることも判明している。

また、乳幼児の人骨が含まれることはほとんどなく、その意味では年齢的に限定性のある葬法と言うこともできる。多数合葬・複葬例に含まれる遺体数を見る限り、一括埋納する際に、これまで埋葬したすべての遺体を掘り出したわけでもないだろうから、その意味ではきわめて遺体選択性の高い葬法であったと言うこともできるだろう。

さて、先にも見たように、縄文時代の一般的な墓地内にはいくつかの区画（埋葬小群）が存在し、埋葬小群は、おおよそ一つの小家族集団が埋葬された場所と考えることができる。この点から見れば、多数合葬・複葬例は、家族を中心として埋葬を行うという縄文時代における伝統的な墓制からは外れた、特殊な葬法だったことになる。

さらに、関東地方で多数合葬・複葬例が行われたのは、縄文時代後期前葉の時期にほぼ限定されることもわかっている。ちょうどこの頃は、それまでの大型集落が気候変動などにより一度分解し、少人数ごとに散らばって小規模な集落を営んだ後、再度、人々が新規に結合し大型の集落が形成されるようになった時期にあたっている。また、このような多数合葬・複葬例の墓坑内部もしくは、墓坑にごく近接した地点には柱穴が確認されていることから、上屋などの上部構造が存在したことが確実視されている。集落内においても目立つ存在だったようなのだ。

これらの点から、私は多数合葬・複葬例を、集落が新規に開設される際に、伝統的な血縁関係者同士の墓をいったん棄却し、異なる血縁の人々と同じ墓に再埋葬することによって、生前の関係を撤廃し、新規に関係を再構築するもので、集団構造を直接的な血縁関係を主とするもの（たとえばリネージ）から地縁的な関係や擬似的な血縁関係に基づくもの

（たとえばクラン）へと再構成させるための行為であったと考えている。

リネージとは、直接的な血縁関係をたどることができる共通の先祖を持つ人々の出自集団であり、一方クランは血縁関係の有無は不問とするが、先祖は共通であると考えている人々の出自集団である。集落の新規統合が行われた時に、集団統合の儀礼として人骨の集積が行われ、多数合葬・複葬例となった。上屋のある多数合葬・複葬例は、集団統合のモニュメントとされたのだろう。このような墓のことを、私は最近になり「記念墓」と呼ぶようにしている。

「記念墓」に埋葬された人々

私は、故人の個人的な記憶、たとえばどのような容姿をしていたか、どのような声で話したか、日常においてどのようなことをしたかといった、いわば一個人そのものの思い出にあたるものを「個人的記憶」（personal memory：個人的な個性の記憶）という概念で定義し、個人の社会的な役割とそれに基づく行動によって構成される記憶のことを「社会的記憶」（social persona：社会的仮面、個ではなく社会人としての記憶）という概念で定義するようにしている。

墓の上部構造など、埋葬後にも他の人が見ることのできる部分には、多くの場合、この

「社会的記憶」が反映されている可能性が高いと推察される。さらには、故人の霊に対する個々の「個人的記憶」や「社会的記憶」を消失してしまい集団化したものを、私は祖霊と呼んでいる。この場合、通常、故人の霊は、年月の経過とともにやがて祖霊化していくことになる。

日本民俗学の研究成果を見る限り、「個人的記憶」や「社会的記憶」といった記憶が消失するのは、だいたい三世代、一〇〇年を超えた頃と推定されるので、祖霊化するのは被葬者の死後三世代、およそ一〇〇年を経過したあたりにあるようだ。縄文時代の場合にも、当時の寿命が五〇歳前後であることから、「個人的記憶」が明確に保持されるのは死後三世代くらい（一世代三〇年程度としても一〇〇年間程度）まであったことは容易に想像できる。

一方で、中妻貝塚の多数合葬・複葬例に含まれる人骨では、頭蓋はほぼ完全な形できれいに残り、四肢骨の骨端部などについても破損は、出土時点ではほとんど見られなかった。各人骨はクリーム色に輝き、じつにきれいであった。これは実際に中妻貝塚の多数合葬・複葬例の発掘調査に参加し、人骨を取り上げた私の観察による実感である。このことから、これらの人骨が最初に埋葬された地点（初葬地）からきわめて丁寧に取り上げられて、集積されたものであると推定することができる。

このように遺体を丁寧に取り扱っているということは、初葬地から人骨を取り上げる段階で、それぞれの遺体に「個人的記憶」や「社会的記憶」が存在していたことを推定させる。ということは、埋葬を行った人々（埋葬者）は、葬られた人々（被葬者）たちからみて、およそ死後、三世代以内の人々であった可能性が高いことになる。現在、私たちの共同研究において中妻貝塚の多数合葬人骨の年代測定を行っているところだが、その死亡時期の時間幅はおよそ一〇〇年程度のところで収まるという予想を立てている。

一方で、中妻貝塚の事例の場合、血縁関係が示唆される個体が多く含まれていることが指摘されているものの、土壙内の人骨（頭蓋）は、このような血縁関係に留意して埋葬されてはいなかったこともわかっている。むしろ、わざとバラバラの位置に置かれた可能性すら存在し、このことは「個人的記憶」や「社会的記憶」を考慮することなく、一括して人骨が埋葬されたことを意味している。これなどは意図的に「個人的記憶」や「社会的記憶」を消失させる行為と考えることができるかもしれない。

中妻貝塚などにおける多数合葬・複葬例のあり方は、京都府伊賀寺《いがじ》遺跡の墓（遺構に付けられた番号からＳＫ０３と呼ばれている）のような事例とよく似ている。伊賀寺遺跡ＳＫ０３の場合、人骨が他所で焼かれて墓内に埋葬されたのだが、この場合は人骨がすべて一括されており、「個人的記憶」や「社会的記憶」には一切、配慮がされていない。このような状況は、一一体もの焼いた人骨を一括して炉状配石遺構の中に埋納した新潟県寺地遺跡の炉状配石における焼人骨のあり方や、焼いた人骨を砕いて撒布した群馬県深沢遺跡の配石遺構における人骨のあり方とも類似する。これらの事例は、死者の「個人的記憶」や「社会的記憶」を消失させる、祖霊化のための埋葬・祭祀行為と位置づけることができるだろう（設楽二〇〇八）。

「記念墓」構築の契機

ただし、最近では千葉県牧之内《まきのうち》遺跡のように三〜四体が合葬・複葬されるような少数合葬・複葬例と呼べるような事例も見つかってきている。このような少数合葬例の場合、集落・集団の統合のモニュメントとされたと言うよりは、集落内等の比較的狭い範囲における人間関係の再構築を目的として行われたものである可能性があるだろう。

集団関係を再構築する際に合葬・複葬が意図的に行われ、そのあり方・目的の規模によって、合葬・複葬例が多数合葬・複葬例にもなり、少数合葬・複葬例にもなるというような「人間関係再構築原理」とでも言うべき方法論が縄文時代には存在したとみておきたい。これが発動されたときに合葬・複葬が行われたと考えた方が、モデルとしてはシンプルである。その中の一つが多数合葬・複葬例であり、祖霊祭祀にまで通じるものであったということになる。

さて、多数の死者を祀ったモニュメントにおける集団的祭祀行為・葬送儀礼は、現在の盂蘭盆会《うらぼんえ》などの集まりを見てもわかるように、酒肴《しゅこう》の席などを通じながら親類同士の確認、親戚付き合いをよりいっそう密にするなどといった感じで、帰属集団内の紐帯（つながり）を強化したはずである。そして、それは集団統合の象徴として会葬者個々の直接的な父母や祖父母、曾祖父母を祀ることから、次第に会葬者自身が覚えている三世代程度までの「個人的記憶」を超えて、さらに古い共通の先祖の祀りへ、やがては祖霊祭祀へと連動していっただろう。

その一方で、「記念墓」に複葬された人々は、先にも述べたように厳選された人々であったことにも注意しておきたい。これは、当時の生きとし生ける人々がすべて等質的な存在だったわけではなかった可能性を示唆するからだ。

また、先のような祖霊観・祖霊祭祀が成立するためには、自分たちが一族や家系などの系譜において、どのような歴史的・時間的位置にいるのかを知る必要がある。したがって、縄文時代の後半期には、このような形で系譜的な結びつきを重要視する、祖霊崇拝という新たな思想が成立していたと見られる。

図58　石川県金沢市チカモリ遺跡の環状木柱列（復元）　金沢市チカモリ遺跡公園提供

北陸地方の環状木柱列

北陸地方には、このような「記念墓」とおそらく同様に、モニュメントとして建設された環状木《かんじょうもく》柱列《ちゅうれつ》がある。石川県チカモリ遺跡からは、直径八〇センチメートルほどのクリの木を半分に切り、それを直径七メートルほどの円を描くように立てた晩期中頃の環状木柱列が検出されている（図58）。この木柱列には入り口があったようで、その部分は外側に向かってカタカナのハの字状につくり出されている。同様の事例は石川県真脇遺跡、中屋《なかや》サワ遺跡、御経塚《おきょうづか》遺跡、白山《しらやま》遺跡、六橋《ろつきょう》遺跡からも検出されている。

このような環状木柱列は、地域をこえて太平洋側に所在する愛知県保美貝塚からも検出されている。保美貝塚の場合は、環状木柱列の周囲が墓域となっており、多数合葬・複葬例が集中的に検出されている。また、環状木柱列の北側には大型の柱穴が二基あり、ここに大きな柱が二本同時に立てられていたと想像され、付近一帯が葬墓祭制の場となっていたことがわかる。東海地方沿岸部と北陸地方の間に文化的交流があった証拠として捉えることも可能であろう。

大型配石遺構の形成

後晩期になると、東日本では墓に絡んで環状列石や規模の大きな配石遺構が構築されるようになる。このような祭祀に関わる巨大な構造物をつくるために、多くの人々が共同でその作業にあたったことは想像にかたくない。そしてその作業過程が、人を集め新たなネットワークをつくり出し、人々の紐帯を強化させたと考えられることは、敷石住居の構築について記述した点と同様である。

これまで述べてきたような系譜的観点を重視する祖霊祭祀を行うためには、それに見合った規模の施設（ステージ）が必要であっただろうし、先のような墓と関連する環状列石や大型配石遺構がそのような場となったことは容易に想像できる。先の「記念墓」は、まさにその機能に特化させたモニュメントであったし、先に述べてきた大型配石遺構、環状列石にみられるような墓と連動した大型配石遺構もその類例であろう。

このような、自身の歴史的立ち位置を、時間軸に則して直線的に理解する死生観を、私は系譜的死生観と呼んでいる。この系譜的死生観の特徴は、自己の存在を、過去には自分の親、さらにその親、未来には子ども、孫といった形で歴史的な系譜の中に直線的に位置づけることにある。

したがって、往々にしていわゆる祖霊の概念とリンクしてその概念および死生観を確認する行為は、祖霊崇拝・祖霊祭祀という形になることが多い。縄文時代もその例外ではないと思われる。当然ながら、そのような系譜的な死生観を有する社会は、集団・個々人ともに系譜的関係を重視する。この関係が社会構造の根幹をなしたのであろうし、その逆もまた是なりであろう。

一方で、その古い段階から縄文時代には、血縁関係や遺伝的関係が重要視されていたことは、これまでにも繰り返し指摘してきたことである。そしてこれも、系譜的関係の一種であることは言うまでもない。しかしながら、縄文時代の後晩期には、これまで以上に系譜的な関係が重要視され、祖霊祭祀が活発化したのである。

縄文ランドスケープ

このような、大型配石遺構を中心とした祭祀空間（ステージ）をつくり出すにあたって縄文時代の人々は周辺の山などの景観や、その地点における夏至《げし》や冬至《とうじ》、春分・秋分といった二至二分《にしにぶん》の日の出・日の入り場所を取り入れて設計していたとする説がある。小林達雄はこのような事例を「縄文ランドスケープ」と呼んでいる（小林編二〇〇五）。

確かに、福島県三貫地《さんがんじ》貝塚における埋葬人骨の頭の方向は、遺跡に立つと最も目立つ頂上を持つ鹿狼《かろう》山《さん》の方向を向いているなど、周辺の地形を考慮していたと考えられる事例がある。縄文時代の人々が、周辺の自然地形を意識していたことは間違いない。また、自然に対する鋭い観察力を持っていた縄文時代の人々が、夏至や冬至、春分・秋分といった太陽の運行に気づかなかったはずがない。二至二分を特別な日とし、その日に何らかの祭祀的行為を行ったという考え方は、民族事例と照らし合わせたとしても一定の説得力を持っている。北海道の晩期の墓の頭の方向が西側に偏向するという事象も、太陽の運行と関係しているのかもしれない。

小林の言う「縄文ランドスケープ」を確実なものとするためにはなお慎重な検討が必要だが、縄文時代の人々が、自分たちの生活空間の中に周辺の自然地形を取り込んで、これを意味のあるものにする「社会化」を行っていた可能性は高いと言えるだろう。

墓からみた後晩期の社会構造

前章で述べたように、関東地方の中期から後期にかけての婚姻後の居住方式は、中期の妻方居住婚から後期初頭の選択的居住婚を経て、後期中葉までには夫方居住婚へと変遷したと想定されている。婚姻後の居住方式は、当の社会が父系的な社会であったのか、あるいは母系的な社会であったのかという系譜的な関係を判断する上で大変、重要である。これから判断すれば、この時期の関東地方における縄文時代の社会は、母系的な社会から双系、ないしはどちらかを選ぶ選系的な社会を経て、父系的な社会へと変化したと思われる。

後期の社会構造は、基本的には中期までの社会構造を踏襲し、それが発展したものと考えられるが、この傾向には地域によって相違があることがわかってきた。たとえば九州では、左右の腕に多数の貝輪をつけるなど、ことさら目立つような装身具の着装例は女性ばかりである。このような場合、女性の方が社会的立場が有利な社会、すなわち母系的な社会があった可能性を考えてもよいだろう。

国立歴史民俗博物館名誉教授の春成秀爾《はるなりひでじ》は、人骨の出土状況や装身具の着装傾向、抜歯のあり方などを手がかりに、縄文時代の社会を次のように見通している。縄文時代晩期の東日本では、夫方居住婚が支配的で父系制の傾向がある。東海地方西部から近畿地方では選択居住婚で、双系制的である。西日本では妻方居住婚が優勢で母系制の傾向がある。

日本列島における婚姻後の居住方式は、妻方居住婚から選択居住婚を経て夫方居住婚へと移行していく。その移行の時期は、東日本では縄文中期末から後期頃で、西日本では弥生時代の前期から中期にかけてと遅くなる（春成二〇〇二、図59）。私も、時期的に細かい相違はあるものの、大筋ではこの考え方に賛成である。この場合、東日本の中期から晩期には父系的な社会が存在し、東海・近畿地方には、晩期にいたり双系的な社会が出現し、中国地方から九州にかけては縄文時代を通して母系的な社会が存在したと理解できるだろう。ただ、私は中国地方に関しては、男性側が婚出する妻方居住婚を主としつつも、場合によっては女性も婚入しうる双系的な社会が存在したと考えている（山田二〇一〇）。

また、最近では人骨に含まれるストロンチウム（Sr）同位体の分析から、人の移動を復元し、これを社会構造の復元に応用するという研究法も開発されている。自然界におけるSrは土壌に含まれており、主に植物を通じてヒトの体内に取り込まれる。体内において、Srはカルシウムと似た動きをするために、主に骨と歯に蓄積する。このうち永久歯は形成・萌出する年齢がほぼ決まっているので、歯のSr同位体比（$^{87}Sr/^{86}Sr$）は歯が形成された頃に摂取していた食物の値で固定される。一方、骨はおよそ一〇年程度の周期で組織が入れ替わるので、死亡時から一〇年くらい前までのSr同位体比の値を示すことになる。

したがって、歯と骨のSr同位体比がほぼ同じであれば、その人は生まれ育った集落から

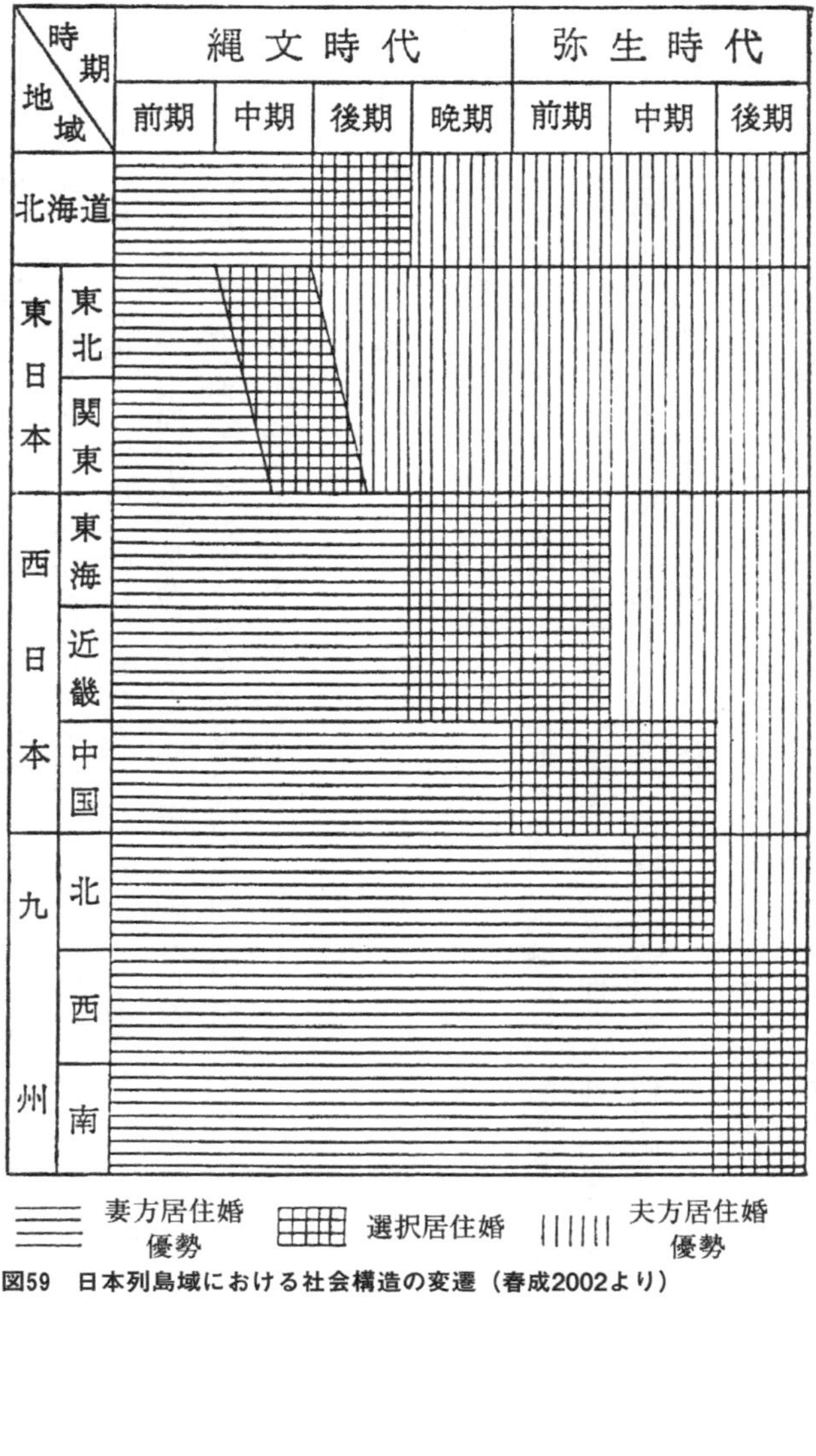

図59　日本列島域における社会構造の変遷（春成2002より）

ほとんど動いておらず、逆に大きく異なるのであれば、その人は婚姻などの機会に居住地を大きく移動したことになる。この方法を用いて東海地方における晩期の貝塚出土人骨を分析すると、男性と女性の両方に移動してきた人が含まれると判別された（日下二〇一八）。このことからみて、東海地方の晩期には選択的な居住婚制が存在し、双系的な社会が営まれていたと推察できる。この方法が全国の人骨出土例に適用されるようになれば、遠からず縄文時代の社会構造もより具体的に明らかになるだろう。

6　階層社会へのきざし

社会の階層化プロセス

以前より私は、北海道や東北地方北部における後期の一部の地域には、階層制が存在していたと捉えてもよいのではないかと考えてきた。また、記念墓に埋葬された、選択された人々にもこのような傾向が見て取れるかもしれない。第四章で述べた「縄文威信財」を着装する特別な人々も、この検討対象に含めるべきだろう。

特別な人々を考慮するということで言えば、東京都の田端《たばた》遺跡に見られる環状列石・配石墓群などは、周辺に同様の遺構を持つ遺跡が確認できないことから、地域の有力集団が埋葬された特殊な場であった可能性も指摘されている（谷口二〇一七）。このように、縄文時代にも「特別な人物」が存在していたことはもはや確定的と言えるだろう。問題は、その「特別さ」が何に起因するのかということだ。

階層社会とは、「二つの社会がいくつかのグループに分かれており、財貨・名誉など、有形・無形の社会的財産の分け前がグループによって違う、つまり社会的な価値が不平等に分配される社会のことである。一方、階級社会とは、社会的な価値を生産するためのハードウェア（土地・原料・設備）やソフトウェア（資本・技術・イデオロギー）を管理・所有する立場の人々と、その人々にサーヴィスあるいは労働力を提供する人々とに社会が分裂し、そのあいだに支配するもの・されるものの関係が成立している社会のことである」（林一九九八）。そして、両者ともにその社会的地位や特権は、親から子へ世襲される。当然ながら、それは生まれながらの地位が保証される社会である。ここで若干の再検討をしておきたい。

考古学的な手法を用いて社会の成層化プロセスを描いたモデルとしては、西南学院大学名誉教授の高倉洋彰《たかくらひろあき》が示した弥生時代の事例がシンプルで理解しやすい（高倉一九七三）。これを縄文時代の事例に適合させて改変すると以下になる。

I段階：単一の埋葬小群で構成される、あるいは埋葬小群が複数存在しても、装身具・副葬品がない、もしくはそれらが些少な、等質的な墓地・墓域の段階。

Ⅱ段階：埋葬小群が複数存在し、共同墓地的な様相をもちつつも、特定の個別墓に稀少性や付加価値性の高いものが集中する段階。特定の個人が発現する。

Ⅲ段階：埋葬小群が複数存在し、特定の埋葬小群に埋葬施設に対するエラボレーション(労働力の投下度合い)の高いもの、稀少性や付加価値性の高いものが集中する段階。装身具・副葬品にも大きな差異が存在し、特定の集団が浮上する。

Ⅳ段階：先の状況を踏まえて、墓域内から特定の埋葬小群が外に出る、あるいは特定埋葬小群から特定の個人たちが飛び出す段階。特定集団が突出し、エリート層が析出する。

社会複雑化の一プロセスである社会の階層化は、段階的に生じたはずである。したがって、階層化について議論する場合、単純に階層の有無を論じるのではなく、どの程度まで階層化が進行しているのかを見極めながら検討することが重要である。このようなモデルを各遺跡の状況に当てはめて考えると、たとえば山口県土井《どい》ヶ浜《はま》遺跡や島根県堀部《ほりべ》第一遺跡などの弥生時代前期の墓地を取り上げた場合、右記のモデルのⅢ段階以上にまではまだ達していないと考えられる(山田二〇一七)。それに対して、北海道南部における後期から晩期初頭には、このモデルのⅢ段階にはすでに達していると考えることのできる状況が存在する。以下、考えてみよう。

キウス周堤墓群

キウス周堤墓群《しゅうていぼ》は、北海道千歳市に所在する、縄文時代最大級の墓群である。周堤墓とは、地面を円形に深く掘り下げ、その周りに土を環状に高く盛り上げた、上から見るとドーナツのような形をした縄文時代の墓である（図60）。直径が数メートルのものから、大きいものでは七〇メートルを超える大型のものまである。縄文時代の後期後半における北海道固有の墓制であり、その大部分は恵庭《えにわ》市、千歳市、苫小牧《とまこまい》市といった、いわゆる石狩《いしかり》低地帯に集中的に分布している。

周堤は完全に一周するものではなく、一部には切れ目があり、この部分は内側への入り口として開いていたようである。周堤の内側の空間には複数の土坑墓が存在し、当初から多人数の埋葬が予定されていた集団墓だったと思われる。

キウス周堤墓群は、大小八基の周堤墓から構成されており、中でも最大規模を誇る二号周堤墓は、外径七五メートル、内径三二メートル、周堤内の掘り込みから、盛り土の最頂部までの比高差は五・四メートルもある。最も小さな一二号墓でも、外径三〇メートル、内径一六メートルにも及ぶ。実際に周堤墓の内側に入ってみると、その大きさ、深さに

図60　北海道キウス1号周堤墓の全景　写真中央のくぼんでいる部分が内側で、その外側の高まりが周堤。千歳市教育委員会提供

は、これが縄文時代の墓かと驚くばかりである。

千歳市教育委員会が二号墓における土砂移動量を計算したところ、その量は二七八〇～三三八〇立方メートルにも及ぶことがわかった（大谷二〇一〇）。仮に成人男性一人が一日に八立方メートル（一辺二メートルの立方体を想像していただきたい）の土を動かすことができたとしても、のべ四二三日分の労働力が必要になる。単純な計算ではあるが、土を掘るのに打製石斧などの掘り棒しかなく、土を運ぶのに植物で編んだ箕《みの》・カゴ程度しかない時代にこれだけの土量を動かすことがいかに大変なことか、ご理解いただけるだろう。まさに縄文時代の「大土木工事」の産物である。縄文時代の墓を専門とする私だが、キウス周堤墓群ほどの規模を持つ事例は寡聞にして知らない。

周堤墓が構築される社会

キウス周堤墓群の調査以降、北海道内ではいくつもの周堤墓が発掘された。たとえば恵庭市の柏木《かしわぎ》B遺跡や、苫小牧市の美沢《みさわ》1遺跡、そしてキウス周堤墓群と同じく千歳市に所在するキウス4遺跡などである。これらの調査では、周堤墓全域が発掘の対象となり、その構造が明らかにされた。

それによると、周堤墓には周堤の内部空間だけではなく、周堤上にも土坑墓がつくられていること、周堤の内部空間の中央部には中心となる土坑墓があり、その周囲に他の土坑墓が取り囲むようにつくられていること、周堤墓以外にも土坑墓が存在し、周堤墓に埋葬されなかった人々も存在したこと、周堤墓内部の土坑墓には多くの装身具・副葬品が伴うことなどが明らかにされた。このことは、周堤墓群が構築されるようになった社会の内部において、周堤墓の中心部に埋葬される人、周堤墓の内部空間に埋葬される人、周堤上に埋葬される人、周堤墓に埋葬されるのではなく、外の空間に埋葬される人という区分が存在したことを物語っている。

墓における埋葬位置の違いは、被葬者の死後も生きている人々によって目視でき、その位置を繰り返し確認できるものである。したがって、そこには社会的な側面が強く表されている。周堤墓がそのような社会的な差異を墓として表現したものだとすれば、そのような周堤墓を生み出した社会が単純にすべての人々を等質と見なすような平等なものであったとは考えにくい。ましてや、周堤墓内の土坑墓は、他よりも装身具・副葬品を多く持つという傾向があることを考えると、周堤墓内外の人々にはある種の差異が存在したと捉えた方がよいだろう。

だとすると、当時の社会には、周堤墓に埋葬される人/埋葬されない人という差、そして周堤墓内に埋葬される人々の間には、周堤墓の中心部に埋葬される人/周堤墓の内部空間に埋葬される人/周堤上に埋葬される人という、何らかの差が存在したと想定されることになる。この場合の差とは、墓を造り営む上で投下されたさまざまな意味での「労働力」の差、実質的に格差とも言うべきものである。つまり、周堤墓は、従来の縄文時代観によっては捉えることができない、すなわち格差のない平等な社会の産物とは考えにくい構造を持っていたことになるのだ。単純な平等社会ではなく、すでに社会に階層などが存在する「複雑化した社会」であった可能性は高いだろう。

周堤墓以降の社会

図61　北海道カリンバ遺跡118号墓における装身具・副葬品の出土状況
一般の墓では考えられない質と量の遺物が出土した。恵庭市教育委員会提供

このような「社会的複雑化」の様相は、周堤墓の構築が衰退し、再び土坑墓群による墓域構成が復活した後期終末から晩期の初めという、きわめて限定された時期にさらに顕著になる。恵庭市に所在するカリンバ遺跡は、その典型例である。

カリンバ遺跡からは、さまざまな装身具・副葬品が出土しているが、その大部分は規模が大きく、地点的にも一ヵ所にある特定の土坑墓群に集中している（図61）。このように特定の場所にある大型の土坑墓群に、他とは異なった埋葬形態を示し、多種・多様かつ多量の装身具・副葬品を持つ人々が集中するという状況を、先のモデルに当てはめてみると、確実にⅢ段階には達していることになる。

	achieved status 獲得的地位	ascribed status 生得的地位	status symbols 表象の保有	想定される人物像
power 権力	○	○	○	社会的上位階層者
authority 権威	○	△	○	呪術師・呪医
influence 影響力	○	△	△	威信財の獲得に成功した集団のリーダー
violence 暴力	○	×	△	狩猟時などのリーダー？

（○：おおいにあり、△：ありえる、×：なし？）

図62　人を使役できる「力」と他の属性との相関

また、Ⅲ段階に達するような社会では、特定の人々が稀少品を独占するとまではいかないまでも、かなりの程度で集中するような状況が想定される。先に、漆塗製品やヒスイなどの奢侈品に触れたが、後晩期にこれらのモノの流通が特定の人々によって押さえられていた可能性は想定してみてもよいだろう。

カリンバ遺跡でみられた墓制上の差異は、特定の人々がそのように葬られるべき社会的立場にカテゴライズされていたことを示すのだろう。そのように区分された人々は、埋葬にあたっては、他の人々よりも多くの労働力、物資が投入されるという社会的価値を、「不平等により多く」受け取った人々と理解することができる。社会的価値が不平等に分配され、それが制度化されていたという点からみた場合、カリンバ遺跡を営んだ人々の社会には、何らかの社会的成層化、すなわち階層が存在した可能性が指摘できるだろう。

ただし、その場合の階層性が、政治的な権力（power）によるものなのか、それとも宗教的あるいは呪術的な権威（authority）によるものなのか、それとも狩猟が上手であった、あるいはヒスイなどの遠隔地交易品を持ち帰った、大きなイノシシやクマを倒したなど、後天的に獲得される何らかの威信（prestige）に基づく影響力（influence）によるものなのか、そしてその階層は生まれながらにして維持されるものなのか（ascribed status）、あるいは後天的な努力によって獲得されるものなのか（achieved status）という点については、さらなる議論が必要だ。

これらの関係をまとめたのが図62である。おそらくは、先に述べた「特別さ」はこの中のいずれか、あるいは複数種の「力」によるものと推察される。

東北地方北部にみる階層化の兆候

かつて、青森県三内丸山遺跡の小型の環状配石を伴う土坑墓群は、その発見当初、縄文時代における階層制を表すものだと言われたことがあった。だが、私は集団のリーダーの墓ということは確実だろうとしても、それを恒常的な階層制の産物とするには、装身具・副葬品などの質と多寡の点から、やや弱いと考えている（山田二〇〇四）。

しかしながら、東北地方の北部における後期の墓制には、階層社会の存在の可能性を垣

図63　青森県水上(2)遺跡の「墳丘墓」　青森県埋蔵文化財調査センター提供

間見ることができる遺跡もいくつか存在する。

たとえば、青森県一《いち》ノ渡《わたり》遺跡では、一〇二基の配石遺構が発見されているが、そのうちの一つである大型組石遺構は長軸一五メートル、短軸五メートルの長方形を呈し、その下部からは土坑墓が確認されている。また、遺構外からではあるが、ヒスイ製大珠も出土している。津軽ダム建設に伴う発掘調査で注目された水上《みずかみ》（2）遺跡では、一五メートル×二〇メートルほどの小高い範囲から一五基の配石墓が集中的に検出されている。一部は盛り土を行ったり整地をしたりとマウンド状になっていたこともわかっており、その姿は弥生時代の墳丘墓を彷彿とさせる（図63）。

また、青森県薬師前《やくしまえ》遺跡からは、イノシシ

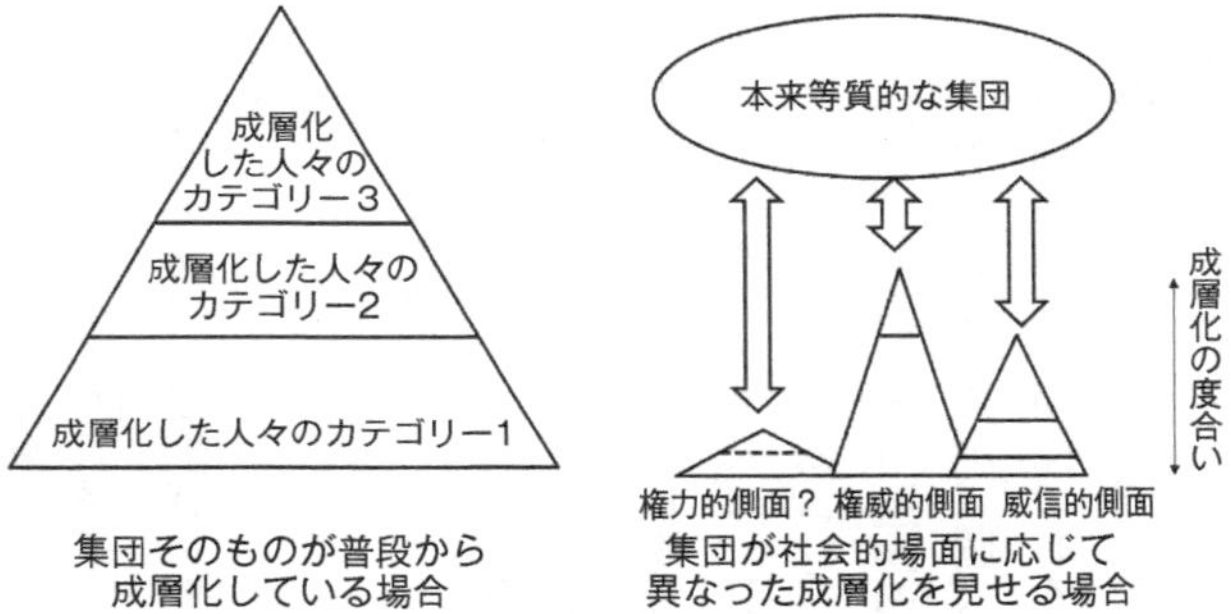

図64　常に階層化している社会と場面によって階層化する社会

の犬歯一一点からなる首飾りとベンケイガイ製の貝輪一六点が伴う成人女性の骨を収納した土器棺墓の事例が検出されている。このような事例は、その墓をつくる、あるいはその墓制を維持するためのエラボレーション（労働力投下量）が非常に高かったと推定され、被葬者の選択性の高さとともに、階層が存在した可能性を検討するにふさわしいものである。

階層化の実態

ただし、その階層化が集団内で常態化していた（ヒエラルヒー）のか、あるいは特定の場合にのみ強く発現するようなもの（ヘテラルヒー）に過ぎなかったのかについては、さらなる検討が必要だろう（図64）（松木二〇〇七）。

集団内で階層化が維持されるには、何らかの形でその立場を引き継ぐ後継者という存在が必要とされるが、後者のような階層化ならば、それは必ずしも世襲でなくても可能だし、各層の内容は、必ずしも経済的不平等に基づく必要もない。もちろん各層の構成者が特定の家族である必要もない。縄文時代の階層化について考えるとき、このような視点を持つことも大事だろう。

持続しなかった階層化

しかしながら、階層性の存在を考慮すべきとしたこれらの地域においても、晩期に入ると集団内での特定の人々の浮上という状況は確認できなくなるようだ。

北海道の札苅《さつかり》遺跡では晩期中葉の土坑墓が二八基確認されているが、それらの長軸方向は北西-南東方向にほぼ一致しており、等質化している。四二号墓からは石刀が出土しているが、他には六基からヒスイ小玉が出土するだけであり、特定集団の突出はみられない。同じく北海道大川《おおかわ》遺跡からは四体合葬例が検出され、p-900土坑墓からは玉類や石棒などが出土しているが、個人・集団いずれも突出したような状況はみられない。

東北地方晩期も同様である。この時期の遺存状態の良好な墓域としては青森県の五月女《そとめ》萢《やち》遺跡の事例がある。五月女萢遺跡における土坑墓群は、地点別に分かれており、それぞれが埋葬小群を構成するものと思われる。これらの土坑墓群で、特定の埋葬小群や個人が突出するような状況、装身具・副葬品を特別に保有しているような状況はみられない。

春成秀爾も東北地方北部における遺跡群を検討し、階層社会の存在を否定的にみている（春成二〇〇二）。典型的な晩期後半の遺跡である秋田県地方《じかた》遺跡などでも特定の埋葬小群や特定の人物が突出するような状況はみられないようだ（阿部・神田二〇一五）。

このような遺跡のあり方は、その地域において、縄文時代後期後半に一時的に複雑な社会状況が現出したものの、それが長期にわたって継続・発展することはなかったことを物語っている。縄文社会の複雑化という話をする場合、その進展が右肩上がりでかつ直線的となる社会モデルをイメージしてしまいがちだが、決してそうではなく、複雑化と単純化を繰り返し、脈動しながら、全体としては次第に複雑化していった、というのが「縄文社会における複雑化」の実態なのだろう（山田二〇一〇）。

では、なぜ階層社会は持続しなかったのだろうか。さまざまな理由が挙げられるだろうが、私が一番重要だと思っているのは人口である。階層・階級といった社会的な成層化が維持されるためには、相当程度の人口が必要である。世界各地の事例をみても、階層化・階級化した社会は数千単位以上の人口を抱えている場合が多い。それと比較して、縄文時代の集落、地域社会の人口（おそらく多くても数百人単位だろう）を考えた場合、一時的に階層化が生じたとしても、それが親から子どもに安定的に世襲され、恒常的に長期にわたって維持されるには少なすぎる（林一九九八）。それが階層社会が持続しなかった理由ではないかと私は考えている。

7　縄文時代・文化の終焉

縄文時代晩期と言えば「亀ヶ岡文化」だが

縄文時代晩期になるといわゆる亀ヶ岡式土器と呼ばれる、精緻で優美な土器が登場してくる。亀ヶ岡式土器とは、青森県亀ヶ岡遺跡出土の土器にちなんだ呼称で、正式には岩手県大洞《おおぼら》貝塚出土土器などを指標として、大洞式土器という型式名が付けられており、大洞B式、B－C式、C1式、C2式、A式、A′式の六期に、さらに細かくは九期に区分される。黒色で、土器の表面が研磨され、薄手で精緻なつくりの精製土器と、表面に縄文をつけただけの粗製土器に分類される。精製土器には、急須のような注ぎ口が付いている注口土器や、さまざまな文様が施された皿、香炉形土器、壺形土器などがあるが、粗製土器は主に煮炊き用の大型の深鉢が多い（図65）。

大洞式土器は東北地方全域に分布するが、北海道の南部から関東地方を越えて近畿地方まで広範囲に分布している。それら各地の遺跡では、東北地方から持ち込まれた、いわば

図65　青森県槻の木遺跡出土の大洞式土器　青森県史編纂室提供

「本場の土器」が出土するだけでなく、模倣した土器や類似した土器型式をつくり出すなど、非常に大きな影響を与えている。二〇一七年には沖縄県の平安山原《はんざんばる》B遺跡からも出土したというニュースが流れたので、読者の皆さんも耳にしたことがあるかもしれない。

この時期の大洞式土器を主体とする当該地域の文化を「亀ヶ岡文化」と呼ぶ。「亀ヶ岡文化」には多くの漆工製品が存在しただけでなく、著名な青森県亀ヶ岡遺跡出土の遮光器《しゃこうき》土偶《どぐう》や秋田県麻生《あそう》遺跡出土の土面《どめん》、土版《どばん》、岩版《がんばん》といった祭祀・呪術具などもあり、これらは美術工芸品としても素晴らしい。そこで、中期の中部高地の土器群などとともにしばしば縄文時代の代表例として取り扱われることが多い。しかしながら、後述するように晩期の「亀ヶ岡文化」の繁栄は数千年間もの長期にわたるものではなく、限定的な時間幅のものだったことを忘れてはならない。

晩期の位置付け

晩期という時期は、縄文時代全体の時間の流れからみた場合、非常に短い期間であり、東北地方の大洞式土器が存続した期間を晩期とするならば、およそ三二〇〇年前から二三五〇年ほど前のだいたい八五〇年間しかない。さらに、灌漑水田稲作の導入をもって弥生時代のはじまり（およそ三〇〇〇年前）とするなら、九州ではわずか二〇〇年ほどの時間幅しかない。

日本列島域に水田稲作がもたらされ、そして灌漑水田稲作の開始を弥生時代開始の指標とするなら、九州北部が弥生時代に入った頃、その時期の東北地方は「亀ヶ岡文化」真っ盛りの大洞B－C式からC1式にかけての頃であったということを、まずはご理解いただきたい。また、関東や中部高地では、灌漑水田稲作の導入は西日本各地に比して時期的に遅れたこともわかっている。このような状況下で、ここまでが縄文時代晩期です、ここからが弥生時代ですと日本列島域を一律に線引きすることは非常にむずかしい。したがって、厳密な意味での縄文時代・文化の終了は、地域によって大きな時間差があったと考えざるをえない。

ちなみに、近畿地方以西の西日本各地で発見される大洞式土器ないしはそれを模倣した土器は、そのほとんどが大洞A式に相当する時期のものである。その前の大洞C2式までの段階ではなかなか西へとは広がらなかったものが、大洞A式土器の時期になると一気に西日本各地に広がっていくという動きを示すことは大変、興味深い現象である。

このことは、この時期にいたって亀ヶ岡文化圏の人々が何らかの理由から西日本を目指したことを示唆している。ちょうどこの頃は、西日本で水田稲作が導入され、次第に本格化していく時期にあたる。その点からみて、設楽博己はこの西行《せいこう》が、水田稲作の情報を求めてであった可能性を指摘している（設楽二〇一八）。亀ヶ岡文化圏の人々が水田稲作に積極的にアクセスを試み、その結果の一つが青森県砂沢《すなざわ》遺跡の、東北地方最古の水田跡であったとする考えも、私にはあながち無謀なものだとは思えない。

九州地方北部に灌漑水田稲作が導入された時点で、それを日本列島規模で弥生時代と呼び、弥生時代に縄文文化が存在したと考えるのか、それとも九州と東北では同時に異なる時代が存在したと考えるのか。この点は、弥生時代をどのように考えるのかにかかっている。これについては、本書のテーマからはやや外れるので、エピローグで考えることにしよう。

参考文献

阿部美穂・神田和彦「秋田市地方遺跡における土壙墓の分析――縄文時代晩期における社会構造研究のための基礎的操作」『秋田考古学』第五九号、秋田考古学協会、二〇一五。

阿部芳郎「縄文のムラと『環状盛土遺構』」『歴史手帖』第二四巻第八号、一九九六。

大谷敏三『北の縄文人の祭儀場　キウス周堤墓群』シリーズ「遺跡を学ぶ」第七四巻、新泉社、二〇一〇。

大塚和義「縄文の祭り」『縄文人の生活と文化』古代史復元第二巻、講談社、一九八八。

大野　薫「近畿・中国・四国地方」『縄文時代集落研究の現段階　列島における縄文時代集落の諸様相』縄文時代文化研究会、二〇〇一。

大林太良「日本の狩猟・漁撈の系統」小山修三編『狩猟と漁労』雄山閣、一九九二。

小片　保・森本岩太郎「人骨概報」『宮野貝塚遺跡調査概報』三陸町教育委員会、一九七〇。

日下宗一郎『古人骨を測る　同位体人類学序説』京都大学学術出版会、二〇一八。

小林達雄『縄文人の文化力』新書館、一九九九。

小林達雄編『縄文ランドスケープ』アム・プロモーション、二〇〇五。

佐々木藤雄「環状列石外縁の掘立柱建物群」『異貌』第三四号、共同体研究会、二〇一〇。

設楽博己「縄文時代の通過儀礼にはどのようなものがあったのか」『新視点日本の歴史』第一巻、新人物往来社、一九九三。

設楽博己『弥生再葬墓と社会』塙書房、二〇〇八。

設楽博己「南西諸島の大洞系土器とその周辺」『東京大学考古学研究室研究紀要』第三一号、二〇一八。

篠田謙一・松村博文・西本豊弘「DNA分析と形態データによる中妻貝塚出土人骨の血縁関係の分析」『動物考古学』第一一号、動物考古学研究会、一九九八。

高倉洋彰「墳墓からみた弥生時代社会の発展過程」『考古学研究』第二〇巻第二号、考古学研究会、一九七三。

高橋　満「土器製塩と供給」『ものづくり』縄文時代の考古学第六巻、同成社、二〇〇七。

谷口康浩『縄文時代の社会複雑化と儀礼祭祀』同成社、二〇一七。

千葉敏朗『縄文の漆の里　下宅部遺跡』新泉社、二〇〇九。

春成秀爾「抜歯の意義（一）」『考古学研究』第二〇巻第二号、考古学研究会、一九七三。

春成秀爾「縄文晩期の婚後居住規定」『岡山大学法文学部学術紀要』第四〇号（史学篇）、岡山大学法文学部、一九七九。

春成秀爾『縄文社会論究』塙書房、二〇〇二。

林　謙作「縄紋社会は階層社会か」『古代史の論点』第四巻、小学館、一九九八。

松木武彦『列島創世記』全集日本の歴史第一巻、小学館、二〇〇七。

松村博文・西本豊弘「中妻貝塚出土多数合葬人骨の歯冠計測値にもとづく血縁関係」『動物考古学』第六号、動物考古学研究会、一九九六。

山田康弘「三内丸山遺跡における墓域の基礎的検討」『特別史跡三内丸山遺跡年報』七、青森県教育委員会、二〇〇四。

山田康弘「装身と表示　装身具の着装意義」『人と社会』縄文時代の考古学第一〇巻、同成社、二〇〇八。

山田康弘『人骨出土例にみる縄文の墓制と社会』同成社、二〇〇八。

山田康弘「縄文時代における階層性と社会構造」『考古学研究』第五七巻第二号、考古学研究会、二〇一〇。

山田康弘「中国地方における縄文時代の親族組織」『先史学・考古学論究』V、龍田考古会、二〇一〇。

山田康弘「墓制の変化と階層化の問題」『季刊考古学』第一三八号、雄山閣、二〇一七。

山本暉久「敷石住居出現のもつ意味」（上・下）『古代文化』第二八巻第二号・三号、古代学協会、一九七六。

エピローグ　縄文時代・文化の本質

1　もう一つの縄文文化

後晩期の西日本縄文文化

東北地方北部に展開した「亀ヶ岡文化」のように爛熟《らんじゅく》をとげる縄文文化もあれば、そのような方向へは進まなかった縄文文化も存在した。たとえば、中国地方の縄文文化である。この地域の文化は、従来イメージされてきたような縄文文化とは少々異なる、いわば「もう一つの縄文文化」ないしは「別の文化」とも言うべきものである。

中国地方の縄文遺跡の少なさは、これまでにもつとに指摘されてきたが、私の感覚では、おそらくは、全時期の遺跡数を合算したとしても、関東地方中期の遺跡数を上回ることはないと思われる。それに比例して人口も少なかったにちがいない。

これらの遺跡のうち、当時の集落のあり方が判明した遺跡はさほど多くはない。集落の様相が把握できる事例としては、たとえば島根県原田《はらだ》遺跡を挙げることができる。

原田遺跡の2区と呼ばれている地点からは、縄文時代晩期の前葉の竪穴式住居跡が二棟、晩期中頃の竪穴式住居跡が三棟検出されている（図66）。これらの住居跡は、楕円形ないしは不整形の平面プランをもち、その規模は長軸五メートルほど、短軸が四メートルほ

図66　島根県原田遺跡の集落　矢印部が住居跡。島根県埋蔵文化財調査センター提供

どである。住居の内部には細い柱穴が存在するものの、中には柱穴が確認できないものもある。また、内部に炉が確認されているものとされていないものとがある。検出された住居跡には、環状に並ぶというような定型的な空間配置を見いだすことはできないが、二棟で一単位をなす傾向をもつ、かなり小規模なものであったと考えられる。

しかし、このことは中国地方の縄文時代の遺跡では珍しいことではない。中国地方における縄文時代集落の住居跡の数は、山口県上《かみ》原田《はらんだ》遺跡の事例をはじめ、だいたい二ないし三棟ほどのものがほとんどで、それにいくつかの土坑が付随するというあり方が一般的だからである。

また、中国地方では、多くの場合、縄文土

器が出土することから縄文時代の遺跡であることがわかっても、そこからなんらかの遺構が検出されることは稀である。時には竪穴式住居跡が一〇〇棟以上、土坑が数百基以上も検出されることのある東日本の縄文集落と比較すると、どうしても中国地方の集落が小規模であることは否めない。

しかしながら、ひとたび視点を東アジアにおける農耕開始以前の狩猟採集文化に転じてみると、縄文時代中期の関東地方における環状集落のような大規模な事例はほとんどなく、韓国の文岩里《ムンナンリ》遺跡やロシアのマリ5遺跡など、むしろ中国地方の縄文文化に見られるような小規模集落の方が一般的である。世界各地の先史時代遺跡を比較した場合、東日本の縄文文化の大規模集落の方が特殊なのだ。少なくとも、農耕開始以前の経済段階において、このような集落構造を持ち、多様な精神文化を育んだ文化は世界史的にも非常に稀有な存在なのである。この点は注意しておいてよい。

さて、中国地方における縄文時代の住居の構造に注目してみると、細い柱を円形にめぐらせて上屋をつくるものが多く、しっかりした屋根を支えるための太い柱を持たないものがほとんどである。これらの中には、住居内部に炉を持たず、竪穴自体の掘り方も比較的浅いものが多く見られる。つまり、中国地方の住居はあまり堅牢な構造のものではなく、耐久性もそれほど高くなかったと想定することができるのだ。

実際、同じ山陰地方の鳥取県妻木晩田《むきばんだ》遺跡などで確認されるような弥生時代中期以降の竪穴式住居の掘り込みの深さ、柱穴の太さに比較したら、当地の縄文時代の住居は脆弱と言うほかない。また、竪穴式住居以外の居住施設の可能性として、たとえば掘立柱建物(平地式住居)を想定することもできなくはないが、柱穴の配置からそう確定できるものは少ない。

一集落の住居が数棟であること、住居の構造がそれほどしっかりとはしていないこと、これらの点に加えて、縄文時代の遺構検出例、特に住居跡の検出例が少なく、その一方で小規模な散布地が多いということは、中国地方の人々が一ヵ所に長期間にわたって通年的にじっと動かず定住し続けるような生活パターンを持っていたのではなく、ある程度の移動も可能とするような柔軟な居住形態を採っていた可能性を示唆する。この場合、「移動」というとすぐさま季節的な移動を思い浮かべ、一つの集落内の人々全員が一斉に動いてしまうような状況を考えてしまう向きもあるが、それは違う。

また、一集落あたり数棟という住居跡のあり方と、先に想定した人口規模の小ささは、人口密度の低さとも連動し、それはそのまま彼らが利用可能であったテリトリー(行動範囲)が、他の地方と比して相対的に大きかったことを示す。人口の少なさと、いざという時には集落の移動・分離・分散・合流が可能なモビリティ、この二つが中国地方の縄文集落の特徴と言えるだろう。

ある程度の人口を抱えた定住生活を長期にわたって継続していくためには、第三章で指摘したように、移動生活におけるメリットを移動・分離・分散以外の方法で解決していかなければならない。たとえば、廃棄物（生ゴミ・排泄物等）の処理の問題である。

少人口下で移動生活をしていた時には、廃棄物は適当に捨てておいても問題はなかった。だが、ある程度の人口を抱えつつ定住生活を行うとなると、安全性・快適性を維持するために廃棄場所を決めるなど、集落の内部空間を計画的に配置・利用することが必要となる。縄文時代の場合、集落内における居住域と墓域の区別、さらに廃棄の場所、送りの場所が決められ、結果として、住居跡や墓、土器溜まりや貝塚が残されたわけである。

定住すると、食料のある場所を求めて移動していくような従来の生活パターンは採れなくなる。したがって、定住するためには、集落からさほど遠くない距離内で、集落の人口を支えるために十分な量の食料を確保することが必要となる。そしてそれをどのようにして確保するか、その方法が課題となる。

さらに定住するようになると、他の人や集団と顔を突き合わせる機会や一緒にいる時間が多くなり、人口密度が高まり、対人コミュニケーションの量が飛躍的に増加する。このことは、従来の移動生活にはなかったストレスを、個人や集団間に生ぜしめることになる。このようなストレスによる対立を回避し解消させるためには、人々の間でさまざまなルールや取り決めごと、もっと進めば「集落（ムラ）の掟」などが必要となる。

また、生活している間には、構成員の死亡や各種の災いなどが降りかかっただろう。これらの災いや不幸から逃避するためには、葬送や魔除けの呪術などの観念的側面を発達させる必要があったはずだ。縄文時代の場合、食料獲得の方法の一つとして、そして葬送や魔除けなどに対応するために呪術が発達し、それが各種の遺構や遺物として残された。

通年的な定住生活を長期にわたって営むには、これらの諸問題に対応できる社会システムを発達させていく必要があった。それゆえ、定住生活が進展していくに従い、またそれと連動して集落内の人口が増加していくに従い、その度合いに応じて「複雑な社会」が形成されていった。この「複雑な社会」は、縄文時代を通して次第に発達していったものであり、草創期から晩期にかけて増加していく道具や施設の多様化、祭祀具の多様化、墓制の多様化などに、その「複雑化」の過程を看取することができる。

しかし、人口が少ない、したがって人口密度が低く、小規模な集落を維持しながら、生活上のさまざまな問題を、人が少ないがゆえに簡易に、最悪の場合には移動・分離・分散という手段によって解決することができるような生活パターンを保持しているのであれば、あえて上述したような「複雑な社会システム」を発達させる必要はない。

小規模集落・少人口下における精神文化

中国地方では、土偶や石棒などといった呪術具は発達せず、これを使用する祭祀場も大規模には発達しなかった。中国地方の遺跡では、中部地方の遺跡のように土偶が一〇〇点単位で出土することはないし、多くても一〇点あるかないか、通常あっても二〜三点である。石棒も同様である。中国地方では、東日本の典型的な事例と比較して、呪術具の数が圧倒的に少ないのだ。

私たちは社会や文化の発展を、大きな建物がある、あるいはモノがたくさんあるといった、量的な見地から測ることが多い。だが、それは限られた一面的な見方である。ない・少ないという意味も合わせて考えるべきなのだ。土偶や石棒などの呪術具の数が多いということは、それだけ当時、それが必要とされた場面があったということにほかならない。物理的・精神的な不安がいっぱいあるがゆえに多くの祈りを捧げなければいけない生活と、不安を移動などの方法によってすみやかに解決し、祈る必要のない生活。どちらの方がより「人間的に豊かな生活」であると、読者の皆さんは思われるだろうか。

一九七〇年代以降、マルクスやパーソンズらの理論（いわゆるグランド・セオリー）が次第に崩壊し、人類の歴史・社会にはさまざまな道程があったことを、多くのカルチュラル・スタディーズが明らかにしてきた。本書でこれまで見てきたように、多様な縄文文化も、私たちが小学校以来、繰り返し教わってきた発展段階説の枠組み（唯物史観）だけではそのすべてを捉えることはできない。その意味で、縄文時代・文化の研究は、人類の来し方・歴史にはさまざまな道筋があったことを、改めて教えてくれるのだ。

2 「縄文」の終焉と「弥生」の開始

弥生時代・文化の定義

これまでにも述べてきたように、現在の日本の歴史叙述では、土器を使用しはじめ、狩猟・採集・漁労によって生計を立て、定住的な生活を始めた時期のことを縄文時代（Jomon Period）と呼び、これに加えて水田稲作を中心とした農耕を行い、食糧を生産するようになった時期のことを弥生時代（Yayoi Period）と呼んできた。英訳すれば明快だが、この二つの「時代」は、新石器時代（Neolithic Age）や鉄器時代（Iron Age）といった世界史的な時代区分を語る際の「時代」とは異なる、いわば日本史限定の「時代」である。それゆえに、**period**（期間）という語があてられてきた。

現在の学説では、弥生時代には、三つの文化が内在している。一つは、弥生文化である。残りの二つは、灌漑水田稲作がそのプロセスのいかんを問わずに入らなかった、あるいは定着しなかったと考えられる北海道に展開した続縄文文化であり、もう一つは南島域における貝塚文化（後期）である。ここでは、一つの時代設定の中に、その内容が異なる三つの文化が含まれていることに注意しておきたい。

さて、縄文時代にイネなどの栽培植物があり、それを中心とする植物管理技術である「農耕」が存在したとする指摘は、過去にも数多くなされてきた。しかしながら、ここ数年、土器についた植物の圧痕などをもとに当時の植物利用のあり方を研究する考古学研究者の多くは、縄文時代晩期以前の時期における穀物栽培、特にイネの存在を否定するようになっている（中沢二〇一六など）。一方で、九州地方における晩期後半の時期にはすでに水田も確認されているところから、この時期を「弥生時代早期」と理解する研究者も多く、縄文時代の「稲作農耕」の存在は厳しい状況にあると言える。

また、土器圧痕の分析から縄文時代にもマメ類、特にダイズやアズキの栽培が行われていたことが明らかにされてきた。しかしながら、耕作地点などが判明しない現状では、マメ類が社会にどのようなインパクトを与えたのか不明であるということも、本書では指摘してきた。

灌漑水田稲作の導入と縄文的世界観の変化

マメ類による「縄文農耕」があったとしても、それが社会構造に与えるポテンシャルは、現状ではあまり高く評価できない。第四章で論じた「特別な人物」の出現も、あえてこれとリンクさせて考える必要はない。その一方で、新たに渡来してきた灌漑水田稲作のもつシステムは、やがては階級を発生させ初期国家への道を歩ませることになったという点で、「縄文農耕」とは質的に異なると言ってよい。

現状では、その背景となる精神文化・社会システムのあり方も含めて、私もやはり灌漑水田稲作の存在が弥生時代・文化を考える際の大きな指標になると考えている（山田一九九九）。縄文と弥生、二つの文化の差異は生業形態のみならず、その生業によってひきおこされる社会システムのあり方そのものの差異として捉えることができるのだ。

灌漑水田稲作を基礎とする社会システムの存在は、

1. 食糧生産地である灌漑水田および付随施設の存在、およびその規模的広がり
2. 食糧対象植物であるコメ（イネ）の存在、およびその量的安定性
3. 食糧生産地の造成や生産食糧の収穫・処理に対応する専用性の高い道具（農具）の存在
4. 生産を精神文化的側面から支える祭祀のためのさまざまな呪術具の存在

という四つの考古学的証拠から推定することが可能である。水田の開墾と経営に対しては、一個人の力量を超えた、相当程度の労力が投下されたことは間違いない。それに伴って、従来の集団労働編成にも漸次変化が生じただろうから、考古学的資料として最低でも右記の1と2が確認できた段階で、当時の生業形態は基本的に食糧生産を基礎に据えたと考えてよいだろう。

ただし、食料採集から食糧生産へという生業方針の転換は、従来の縄文文化的な思考方法の転換を迫るものであったと想定される（山田一九九九）。完成した灌漑水田稲作の伝播は、従来の縄文人の空間認識や植物の利用方法、および集団労働のあり方を大きく変化させた。灌漑水田稲作を受容した西日本の縄文時代の低地は、もともと堅果類の貯蔵や、アク抜きのための水さらし、植物茎から繊維を取りだすなどの食料・材料加工などに利用されていた場所だった。しかし、灌漑水田稲作が始まると、この湿地は灌漑水田という生産の場に変化し、多大な集団労力の投下を伴って大規模な地形改造が行われ、農地として面的な拡大の対象となり、明確な形での土地の占有が行われるようになる。

この空間利用の変化は、花粉分析からも明らかにされている。東京大学教授の辻誠一郎《つじせいいちろう》は、縄文時代にはハンノキなどが繁茂していた低地が弥生時代になると一気に開発され、それまでの原植生とは異なった、新たな二次的植生へと変化した可能性を指摘している（辻一九八九）。また、縄文時代には食料としてさまざまな恩恵を与えてくれたアカガシ亜属やシイ属は、農具などの材料として伐採の対象となった。利用した空間や植物は同じでも、それを使う集団関係、技術体系、およびそれを支えた思想がまったく異なったものであったのだ。そして、これこそが、縄文的な精神文化との決別を促した、そう私は考えている。

時代区分の指標としての灌漑水田稲作

先にも見たように、従来、縄文時代とされていた突帯文土器の時期も、稲作の存在が確実視されるようになるにつれて、弥生時代へと編入させる研究者が多くなってきている。このような研究動向を見る限り、今や縄文時代と弥生時代の境界は、灌漑水田稲作の有無によって区分されていると言っても過言ではない。

弥生時代認定の必要条件の一つが、灌漑水田稲作にあることは間違いない。また、もう一つ忘れてはならないのは、国立歴史民俗博物館教授の藤尾《ふじお》慎一郎《しんいちろう》も指摘するように、一国史の通史的理解として、弥生文化は次の古墳文化へと連続していくという視点である（藤尾二〇一三）。西日本の各地域では、その後、古墳がつくられるようになり、古墳文化へと連続する。この通史的連続性も、認定必要条件の一つだろう。そして、この二つの必要条件の間に入るのが、祭祀や精神文化面も含めた社会の複雑化・成層化という必要条件であり、この三つが揃って初めて認定十分条件となる。

灌漑水田稲作を放棄した地域

このような視点に立った時、問題となる地域が二ヵ所ある。一つは東北地方北部であり、もう一つが関東地方・中部高地である。

東北地方北部には、当初、青銅器をはじめとする金属器はほとんど普及しなかった。また、環濠集落も存在しない。しかし、そのような状況ではあっても、青森県砂沢遺跡の事例に見られるように、灌漑水田稲作の技術そのものは本州北端にまで到達している（図67）。これと時期を同じくして、縄文文化の特徴的な呪術具であった土版や石棒などは姿を消していく。土偶などの一部の呪術具は弥生時代中期になっても残存するが、これもやがては消滅していく。

もっとも縄文的な文物であるこれらの呪術具が消滅していったのは、環濠集落が成立したからでも、金属器が伝来したからでもなかった。灌漑水田稲作という縄文時代にはなかった植物管理技術と、西日本で醸成されたそれに伴うさまざまな観念・思想が、おそらくはセットとして入ってきたからであり、そのセットが従来の集団関係や精神文化の変質な

図67　青森県砂沢遺跡の水田　矢印部分の高まりが畦（あぜ）。弘前市教育委員会提供

いしは置換を促進したからだったのだろう。その意味では、東北地方北部は砂沢式土器の時期に一つの画期があるとみてよい。

ただし砂沢遺跡の水田は、水路はあるものの水口がなく、水田への注水時にはそれこそ水をオーバーフローさせていたような、いわば灌漑設備の不完全な水田であった。また、砂沢遺跡からは鍬や鋤《すき》、石包丁などといった弥生文化では一般的な農具は出土していない一方で、土偶などの呪術具が多数出土するという、きわめて縄文文化的な要素が残存している。とても、縄文時代の人々が水田稲作に飛びついて、すぐさま生業形態や精神文化を一気に転換させたというような状況ではない。

むしろ、水田稲作のパイロットファーム（実験農場）的な様相を持っている。さらに、これらの水田は、稲作が開始されてからあまり時間がたっていないところで放棄されてしまったこともわかっている。その際、実際のカロリー摂取源として十分な役割を果たせていたのか、収量も問題となってくる。期待以上の収量があったなら、簡単には放棄せず、再び水田を造成し、稲作を開始するだろう。だが、それに固執した痕跡はないようだ。このようないわば「縄文がえり」とでも言うような状況を、はたして弥生文化の所産と言うことができるのだろうか。

また、立地的には西日本の弥生時代遺跡のそれと遜色ない青森県垂柳《たれやなぎ》遺跡の水田が最終的には放棄されたことからもわかるように、東北地方北部では、中期の段階で水田稲作をその生業形態から外してしまい（あるいは維持できなかった）、すなわち稲作にともなう社会システムを放棄したために、社会を複雑化・成層化させる方向には進まなかった。当然ながら、古墳時代の指標となる前方後円墳は、岩手県の角塚《つのづか》古墳などの例外的な事例を除き築造されていない。問題は、このような状況を西日本の事例と同列の弥生文化として括ることができるかという点である。

灌漑水田稲作が遅れて導入された地域

関東地方・中部高地で灌漑水田稲作が本格化するのは弥生時代の中期中葉以降であ

る。しかしながら、それに先行する時期には、アワやキビといった、いわゆる雑穀栽培を行っていたことも、近年の研究で明らかにされてきている（たとえば中沢二〇一二、設楽二〇一四など）。また、雑穀の栽培化に応じて縄文時代以来の石器を改変し、これを農具化するとともに、従来の深鉢を変形させて、穀類の貯蔵に適した大型壺をもつくり出していた。

このような文化の変容は、墓や呪術具にも及んでいた。墓制としては大型壺をもちいて土器棺再葬墓という特殊な葬法を発達させていたし、縄文時代の呪術具であった土偶も、女性性の象徴というその本来の性格を変化させて、男女一対となっていた。当然、縄文文化由来の祭祀、ひいては精神文化自体も、それに伴って変化していたと思われる（設楽二〇〇七・二〇〇八など）。このような状況も、西日本からの文化的影響を受けた結果であることは間違いないだろう。

灌漑水田稲作の存在を弥生文化認定の必要条件とした場合、その開始時期は地域によって、かなり異なることがすでに判明している。そのような状況を、縄文時代から弥生時代の移行時期が地域によってずれると理解するのか、それとも弥生文化に組み入れるのか、あるいは「別の文化」として規定するのか、その点が、今や大きな問題となっている。

農耕文化複合

設楽博己は、「農耕文化複合」という概念を用いて、先の関東地方・中部高地の状況を説明しようとしている（設楽二〇一四）。「農耕文化複合」とは、「農耕がたんに文化要素の一つにとどまることなく、いくつかの文化要素が農耕文化的色彩を帯びて互いに緊密に連鎖的に影響しあいながら、全体として農耕文化を形成している」状況を指す。その上で設楽は、日本列島における弥生文化の形成は、「大陸から導入された農耕文化複合を、それぞれの地域や土地における歴史的条件に応じて選択的に受容した結果である」と述べる。設楽の説は、日本列島の農耕文化、およびそれを担った人々の多様性を重視する立場である。これは、農耕の内容を水田稲作に限定することなく、あくまでも弥生文化内の多様性を考える立場でもある。

設楽が述べるように、水田稲作に限定しない「農耕文化複合」を弥生時代の開始とし、そしてこれを弥生文化に含めるとすると、それに対応する社会的な変化はどのように捉えることができるだろうか。たとえば、中部高地の弥生時代前期併行期の段階の墓制は、縄文時代の墓制の伝統を色濃く残す土器棺再葬墓である。ここで問題としなければならないのは、土器棺再葬墓に代表されるような墓制の背景にある社会統合のあり方とアワ・キビなどの雑穀栽培に、西日本における灌漑水田稲作にみられたような、将来的に首長制社会を生み出していくような社会複雑化・成層化へのポテンシャルが存在したかどうかということだ。

だがこれに関しては、設楽自身による「弥生再葬の役割を通じてみた集団間の関係からすれば、弥生再葬墓の社会は祖先祭祀によって緊密に結びついた分散小集団という縄文時代晩期の集団関係、社会関係をほぼそのままに維持しているといってよい」という言葉にあるように（設楽二〇一四）、否定的と考えてよい。

先にも述べたように、新たに伝播してきた灌漑水田稲作の持つ一連の技術・思想を内包するシステムは、やがては首長制社会・初期国家への道程を歩ませる潜在的な方向性を持っていた。そして、水田稲作や雑穀栽培については、遺構や遺物から具体的にその有無を判断することができる。しかし、その背景に上記のようなシステムが存在しなければ、これを弥生文化と捉えることはできないのではないだろうか。

このように考えるのであれば、遅くとも弥生時代後期の段階で灌漑水田稲作を放棄したと思われる東北地方北部を弥生文化の範疇として捉えることはできず、また関東地方・中部高地は、西日本の時間軸で言うところの弥生時代中期中葉以降になって弥生文化へと移行したことになる。

弥生文化の解体と脱構築

これまでみてきたように、縄文文化が稲作を中心とした農耕文化を受け入れて変化していくあり方は、地域によってかなり異なるということがわかるだろう。つまり全国一律に縄文時代から弥生時代へ移行するというような歴史的場面は、描けない。

藤尾慎一郎は、弥生文化を「灌漑式水田稲作を選択的生業構造の中に位置づけた上でそれに特化し、一旦始めれば戻ることなく古墳文化へと連続していく文化である」と定義し、その上で、時空間的な意味での「漸移帯《ぜんいたい》」を意味する「ボカシ」という概念を用いながら、東北地方北部の水田稲作文化を弥生文化の枠外とし、別の文化であると述べている（藤尾二〇一三）。すなわち、弥生文化そのものに対する歴史観および、それに立脚する弥生文化の定義の仕方によって、東北地方北部における状況を弥生文化の中に含めるのか、それとも弥生文化から切り離すのかという二つの立場が示されることになるのだ。

一国史を語る上で、弥生時代という stage（段階）を、列島全域で設定するのはよい。しかしながら、その枠の中には時期差・地域差、さらには生業形態の差に対応したいくつかの phase（様相）が存在したことは、これまでの研究からもはや明らかだ（山田二〇〇九）。また、弥生時代に弥生文化と北海道の続縄文文化、そして南島の貝塚文化（後期）が併存していたことは、すでに定説化された事実である。また、東北地方や関東・中部地方などにおける phase は、九州から近畿地方にかけての西日本各地における phase とも異なる。このような各 phase を地域文化として止揚《しよう》することも、各地の研究が進展した現在であればもう十分に可能だろう。

そして、縄文時代・弥生時代に対応する文化が、縄文文化あるいは弥生文化（北海道における続縄文文化や南島の貝塚文化の問題はひとまず置くとして）一つしかないという歴史の叙述ではなく、各々の地域・時期的実情にあわせた個別の文化を、土器型式・様式や生業形態、居住形態、精神文化、社会構造のあり方などから再設定し、叙述を行う時が来ているのではないか、とも申し述べておきたい（山田二〇一七）。

この場合、設楽博己が述べるように、弥生文化という語をいったん棄却して、その上で、稲作・環濠集落・金属器などといった大陸由来の文化要素を中心に、西日本を中心に地域限定的に「弥生文化」（ないしは別の名称の文化）を再設定することが必要となるだろう。その際、弥生時代の中には、北海道の続縄文文化、南島の貝塚文化以外にも、本州内に複数の文化が設定されることとなる。こうして弥生時代・文化の脱構築が図られるわけだが、これについては本書のテーマから大きく外れるので、また別の機会に論じたいと思う。

参考文献

設楽博己「弥生時代の男女像　日本先史時代における男女の社会的関係とその変化」『考古学雑誌』第九一巻第二号、日本考古学会、二〇〇七。

設楽博己『弥生再葬墓と社会』塙書房、二〇〇八。

設楽博己「農耕文化複合と弥生文化」『国立歴史民俗博物館研究報告』第一八五集、二〇一四。

辻　誠一郎「植物と気候」『弥生文化の研究』第一巻、雄山閣、一九八九。

中沢道彦「氷I式期におけるアワ・キビ栽培に関する試論　中部高地における縄文時代晩期後葉のアワ・キビ栽培の選択的受容と変化」『古代』第一二八号、早稲田大学考古学会、二〇一二。

中沢道彦『先史時代の初期農耕を考える　レプリカ法の実践から』日本海学研究叢書、二〇一四。

藤尾慎一郎『弥生文化像の新構築』吉川弘文館、二〇一三。

山田康弘「縄文から弥生へ　動植物の管理と食糧生産」『食糧生産社会の考古学』現代の考古学第三巻、朝倉書店、一九九九。

山田康弘「縄文文化と弥生文化」『弥生文化の輪郭』弥生時代の考古学第一巻、同成社、二〇〇九。

山田康弘「縄文から弥生へ」『弥生時代って、どんな時代だったのか？』国立歴史民俗博物館研究叢書第一巻、朝倉書店、二〇一七。

おわりに

これまで多くの頁を割いて縄文時代・文化について話をしてきた。私たちが縄文時代・そして文化と呼んでいるものがいかに多様かがご理解いただけたと思う。また、縄文時代が、時代区分上は約一万三〇〇〇年間も継続したと語られることもあるが、本書でも述べたように、その長い期間にはいくつもの画期が存在したことを思い出していただきたい。決して単一・単調の画一的な文化が、長期にわたって存在したのではないのである。

縄文文化の本質は、繁縟な装飾を持つ土器や特徴的な土偶、現代の美術工芸品にも引けをとらない精製の土器にあるのではない。また、単純に狩猟採集経済という下部構造のみにあるのでもない。その本質は、後氷期における急激な温暖化、そして中期以降の冷涼化を伴いながらも総体的には安定的な気候の中で、日本列島域の各地方・各地域でそれぞれに個性的な環境適応が起こり、それと連動して、自然の資源化とその利用技術の発達が促され、さらにそれと連動して、程度の差こそあれ定着性の高い居住形態、すなわち定住生活の採用とともに、それを支える生業形態・集団構造・精神文化の発達が、そして人を含めた資源交換ネットワークの発達が、現代とは比較にならないほどの少ない人口下で継起・連鎖したという点にこそ求められる。

それゆえにこそ、当時の日本列島域で地域差と時期差を持ちつつも、さまざまな文化が展開したのだ。したがって、繰り返すが縄文文化とは、日本列島域の各地で展開した多様な文化の総称と言うことができるだろう。

近年、縄文人を、サステイナブル（環境破壊をすることなく維持・持続できる）でエコロジカルな考えを持ち、自然と共生した人々と評価する向きもある。確かに、そのような評価は当時の人々の一面を照らすものかもしれないが、少ない人口下で定住生活を行い、食料のほぼ一〇〇パーセントを自然の恵みに依存していた縄文人には、そもそも自然と共生する以外のオプションはなかっただろう。そのように考えれば、「自然と共生する」という発想自体がきわめて現代的なものであることにも気が付くはずだ。

また、縄文人は、必ずしも現代的な意味でサステイナブルでエコロジカルな思考を持った人々だったわけではなかった。定住生活が進展するに従って、縄文人は周辺環境にさまざまな働きかけを行うようになった。彼らは必要に応じて森を切り開き、焼き払い、そして有用な植物を管理して自分たちに都合のよい二次的な自然環境をつくり出していた。このような人間本位の自然開発のあり方は、本質的には現代と変わらない。

ただ、ごく少ない人口下で、そして石器によって人力で自然を切り開いていたがために、人々の改変・開発の度合いよりも、そして人々による自然からの食料および各種資源の収奪量よりも、自然の回復力の方が優っていただけだ。その意味では、縄文文化とは、現代における私たちの社会の初現形と言うことができる。このような見方も一面では成立しうるのだという点も、強く主張しておきたい。

縄文時代と現代を比較し、縄文時代をある種の「楽園」「ユートピア」として語ろうとする論調の中では、しばしば「極端に少ない人口」という観点が抜け落ちていることも、あわせて指摘しておきたい。人口の増加と集中による社会変化のあり方は、これまでに述べてきた通りである。また、縄文人はお互いが支え合い、助け合って生きてきたという話が出されることもあるが、それは個人間に多少のあつれきがあったとしても、基本的にはいつの時代もいっしょで縄文時代に限ったことではないだろう。過去に対する過度の美化には慎重でありたい。

さて、本書の主人公であった縄文時代の人々は、いったいどこに行ってしまったのだろうか。人類学的な見地からみた場合、縄文人は決して絶滅してしまったわけではなかった。弥生時代の人々をはじめ、後世の人々の中に吸収されていったというのが実情としては一番正しいだろう。また、それは縄文文化についても同じであり、変化しながらも、次の弥生文化をはじめとする後続の文化の中にさまざまな形で取り込まれていったと言うことができる。

先に示した弥生時代・文化の脱構築という視点は、当然、縄文時代・文化にも適用できる。その視点からみれば、停滞的な縄文文化が限界をむかえて、より高次な弥生文化に置き換わっていったというような旧論は、もはや意味をなさない。

DNA分析でも、私たち現代日本人の遺伝子の中には縄文人から伝わったものが（本土日本人の核DNAで一二パーセントほど）存在していることがわかっている。それだけではなく、私がこれまでの著書で指摘してきたように、死生観などの思想についても私たちに受け継がれている部分があることもわかっている。ならば、縄文人は今も私たちの中に生きている、そう言うことができるかもしれない。

縄文文化の研究は日進月歩である。ここに記した研究成果も、一〇年たったらおそらく古くなり、大きく変わってしまうことだろう。現在の私が知りうる限りの知見を盛り込んだつもりだが、新しい発見によって研究成果が更新されていくことは、学問として健全なあり方だと思う。また、縄文文化は複数の文化の集合体であると述べておきながら、紙数の関係もあり、各地域についてまんべんなく十分な叙述を行うことができなかった。さらには参考とした文献も十全に引用できなかった。寛容を乞うとともに、今後の課題としたい。

本書を執筆するにあたっては、国立歴史民俗博物館名誉教授春成秀爾氏、東京大学教授設楽博己氏、同教授米田穣氏、同准教授近藤《こんどう》修《おさむ》氏、北里大学准教授太田博樹氏、明治大学教授石川日出志氏、国立歴史民俗博物館教授藤尾慎一郎氏、同准教授工藤《くどう》雄一郎《ゆういちろう》氏をはじめ、歴博共同研究「先史時代における社会複雑化・地域多様化の研究」・「人骨出土例による縄文社会論の考古学・人類学・年代学的再検討」のメンバーの方々など、多くの研究者にご教示をいただいた。さらに、多くの先学諸氏のご業績からも学ばせていただいた。この点に対して篤くお礼申し上げたい。また、出版にあたっては講談社現代新書の山崎比呂志氏に大変お世話になった。山崎氏の執筆上のご教示、タイミングのよい原稿の督促がなければ、なかなか筆を進めることができなかった。最後になったが、記して感謝したい。

二〇一八年七月二一日

鶴見川にほど近い寓居にて、愛猫たちとともに。

山田康弘

講談社現代新書　2510

縄《じょう》文《もん》時《じ》代《だい》の歴《れき》史《し》

二〇一九年一月二〇日第一刷発行　二〇二三年一一月二一日第九刷発行

著　者　山《や》田《ま》康《やす》弘《ひろ》

発行者　髙橋明男

発行所　株式会社講談社
東京都文京区音羽二丁目一二―二一　郵便番号一一二―八〇〇一

電　話　〇三―五三九五―三五二一　編集（現代新書）
〇三―五三九五―四四一五　販売
〇三―五三九五―三六一五　業務

装幀者　中島英樹

印刷所　株式会社ＫＰＳプロダクツ

製本所　株式会社ＫＰＳプロダクツ

定価はカバーに表示してあります　Printed in Japan

N.D.C.2.25　325p　18cm
ISBN978-4-06-514368-1

「講談社現代新書」の刊行にあたって

教養は万人が身をもって養い創造すべきものであって、一部の専門家の占有物として、ただ一方的に人々の手もとに配布され伝達されうるものではありません。

しかし、不幸にしてわが国の現状では、教養の重要な養いとなるべき書物は、ほとんど講壇からの天下りや単なる解説に終始し、知識技術を真剣に希求する青少年・学生・一般民衆の根本的な疑問や興味は、けっして十分に答えられ、解きほぐされ、手引きされることがありません。万人の内奥から発した真正の教養への芽ばえが、こうして放置され、むなしく滅びさる運命にゆだねられているのです。

このことは、中・高校だけで教育をおわる人々の成長をはばんでいるだけでなく、大学に進んだり、インテリと目されたりする人々の精神力の健康さえもむしばみ、わが国の文化の実質をまことに脆弱なものにしています。単なる博識以上の根強い思索力・判断力、および確かな技術にささえられた教養を必要とする日本の将来にとって、これは真剣に憂慮されなければならない事態であるといわなければなりません。

わたしたちの「講談社現代新書」は、この事態の克服を意図して計画されたものです。これによってわたしたちは、講壇からの天下りでもなく、単なる解説書でもない、もっぱら万人の魂に生ずる初発的かつ根本的な問題をとらえ、掘り起こし、手引きし、しかも最新の知識への展望を万人に確立させる書物を、新しく世の中に送り出したいと念願しています。

わたしたちは、創業以来民衆を対象とする啓蒙の仕事に専心してきた講談社にとって、これこそもっともふさわしい課題であり、伝統ある出版社としての義務でもあると考えているのです。

一九六四年四月　野間省一

宗教

27 禅のすすめ——佐藤幸治
135 日蓮——久保田正文
217 道元入門——秋月龍珉
606 「般若心経」を読む——紀野一義
667 生命《いのち》あるすべてのものに　マザー・テレサ
698 神と仏——山折哲雄
997 空と無我——定方晟
1210 イスラームとは何か——小杉泰
1469 ヒンドゥー教　クシティ・モーハン・セーン　中川正生 訳
1609 一神教の誕生——加藤隆
1755 仏教発見!——西山厚
1988 入門 哲学としての仏教　竹村牧男
2100 ふしぎなキリスト教——橋爪大三郎 大澤真幸
2146 世界の陰謀論を読み解く——辻隆太朗
2159 古代オリエントの宗教　青木健
2220 仏教の真実——田上太秀
2241 科学vs.キリスト教——岡崎勝世
2293 善の根拠——南直哉
2333 輪廻転生——竹倉史人
2337 『臨済録』を読む——有馬頼底
2368 「日本人の神」入門——島田裕巳

Ⓒ

日本史Ⅰ

1258 身分差別社会の真実——斎藤洋一 大石慎三郎
1265 七三一部隊——常石敬一
1292 日光東照宮の謎——高藤晴俊
1322 藤原氏千年——朧谷寿
1379 白村江——遠山美都男
1394 参勤交代——山本博文
1414 謎とき日本近現代史 野島博之
1599 戦争の日本近現代史 加藤陽子
1648 天皇と日本の起源 遠山美都男
1680 鉄道ひとつばなし——原武史
1702 日本史の考え方——石川晶康
1707 参謀本部と陸軍大学校 黒野耐
1797 「特攻」と日本人——保阪正康
1885 鉄道ひとつばなし2——原武史
1900 日中戦争——小林英夫
1918 日本人はなぜキツネにだまされなくなったのか 内山節
1924 東京裁判——日暮吉延
1931 幕臣たちの明治維新 安藤優一郎
1971 歴史と外交——東郷和彦
1982 皇軍兵士の日常生活 一ノ瀬俊也
2031 明治維新 1858-1881 坂野潤治 大野健一
2040 中世を道から読む——齋藤慎一
2089 占いと中世人——菅原正子
2095 鉄道ひとつばなし3——原武史
2098 戦前昭和の社会 1926-1945——井上寿一
2106 戦国誕生——渡邊大門
2109 「神道」の虚像と実像 井上寛司
2152 鉄道と国家——小牟田哲彦
2154 邪馬台国をとらえなおす——大塚初重
2190 戦前日本の安全保障——川田稔
2192 江戸の小判ゲーム——山室恭子
2196 藤原道長の日常生活 倉本一宏
2202 西郷隆盛と明治維新 坂野潤治
2248 城を攻める 城を守る——伊東潤
2272 昭和陸軍全史1——川田稔
2278 織田信長〈天下人〉の実像 金子拓
2284 ヌードと愛国——池川玲子
2299 日本海軍と政治——手嶋泰伸

日本史Ⅱ

2319 昭和陸軍全史3——川田稔
2328 タモリと戦後ニッポン　近藤正高
2330 弥生時代の歴史—藤尾慎一郎
2343 天下統一——黒嶋敏
2351 戦国の陣形——乃至政彦
2376 昭和の戦争——井上寿一
2380 刀の日本史——加来耕三
2382 田中角栄——服部龍二
2394 井伊直虎——夏目琢史
2398 日米開戦と情報戦——森山優
2401 愛と狂瀾のメリークリスマス　堀井憲一郎
2402 ジャニーズと日本——矢野利裕
2405 織田信長の城——加藤理文
2414 海の向こうから見た倭国　高田貫太
2417 ビートたけしと北野武　近藤正高
2428 戦争の日本古代史—倉本一宏
2438 飛行機の戦争 1914-1945——一ノ瀬俊也
2449 天皇家のお葬式——大角修
2451 不死身の特攻兵——鴻上尚史
2453 戦争調査会——井上寿一
2454 縄文の思想——瀬川拓郎
2460 自民党秘史——岡崎守恭
2462 王政復古——久住真也

世界史Ⅰ

834 ユダヤ人――上田和夫
930 フリーメイソン――吉村正和
934 大英帝国――長島伸一
968 ローマはなぜ滅んだか　弓削達
1017 ハプスブルク家――江村洋
1019 動物裁判――池上俊一
1076 デパートを発明した夫婦　鹿島茂
1080 ユダヤ人とドイツ――大澤武男
1088 ヨーロッパ「近代」の終焉――山本雅男
1097 オスマン帝国――鈴木董
1151 ハプスブルク家の女たち　江村洋
1249 ヒトラーとユダヤ人　大澤武男
1252 ロスチャイルド家　横山三四郎
1282 戦うハプスブルク家　菊池良生
1283 イギリス王室物語――小林章夫
1321 聖書vs.世界史――岡崎勝世
1442 メディチ家――森田義之
1470 中世シチリア王国――高山博
1486 エリザベスⅠ世――青木道彦
1572 ユダヤ人とローマ帝国　大澤武男
1587 傭兵の二千年史――菊池良生
1664 新書ヨーロッパ史 中世篇　堀越孝一 編
1673 神聖ローマ帝国――菊池良生
1687 世界史とヨーロッパ　岡崎勝世
1705 魔女とカルトのドイツ史――浜本隆志
1712 宗教改革の真実――永田諒一
2005 カペー朝――佐藤賢一
2070 イギリス近代史講義――川北稔
2096 モーツァルトを「造った」男――小宮正安
2281 ヴァロワ朝――佐藤賢一
2316 ナチスの財宝――篠田航一
2318 ヒトラーとナチ・ドイツ　石田勇治
2442 ハプスブルク帝国――岩﨑周一

世界史Ⅱ

哲学・思想Ⅰ

哲学・思想Ⅱ

13 論語——貝塚茂樹
285 正しく考えるために 岩崎武雄
324 美について——今道友信
1007 日本の風景・西欧の景観——オギュスタン・ベルク 篠田勝英 訳
1123 はじめてのインド哲学 立川武蔵
1150 「欲望」と資本主義——佐伯啓思
1163 「孫子」を読む——浅野裕一
1247 メタファー思考——瀬戸賢一
1248 20世紀言語学入門 加賀野井秀一
1278 ラカンの精神分析——新宮一成
1358 「教養」とは何か——阿部謹也
1436 古事記と日本書紀 神野志隆光

1439 〈意識〉とは何だろうか 下條信輔
1542 自由はどこまで可能か 森村進
1544 倫理という力——前田英樹
1560 神道の逆襲——菅野覚明
1741 武士道の逆襲——菅野覚明
1749 自由とは何か——佐伯啓思
1763 ソシュールと言語学——町田健
1849 系統樹思考の世界——三中信宏
1867 現代建築に関する16章 五十嵐太郎
2009 ニッポンの思想——佐々木敦
2014 分類思考の世界——三中信宏
2093 ウェブ×ソーシャル×アメリカ 池田純一
2114 いつだって大変な時代——堀井憲一郎

2134 いまを生きるための思想キーワード——仲正昌樹
2155 独立国家のつくりかた 坂口恭平
2167 新しい左翼入門——松尾匡
2168 社会を変えるには——小熊英二
2172 私とは何か——平野啓一郎
2177 わかりあえないことから 平田オリザ
2179 アメリカを動かす思想 小川仁志
2216 まんが 哲学入門——森岡正博 寺田にゃんこふ
2254 教育の力——苫野一徳
2274 現実脱出論——坂口恭平
2290 闘うための哲学書——小川仁志 萱野稔人
2341 ハイデガー哲学入門 仲正昌樹
2437 ハイデガー『存在と時間』入門——轟孝夫

日本語・日本文化

105 タテ社会の人間関係　中根千枝
293 日本人の意識構造——会田雄次
444 出雲神話——松前健
1193 漢字の字源——阿辻哲次
1200 外国語としての日本語——佐々木瑞枝
1239 武士道とエロス——氏家幹人
1262 「世間」とは何か——阿部謹也
1432 江戸の性風俗——氏家幹人
1448 日本人のしつけは衰退したか——広田照幸
1738 大人のための文章教室　清水義範
1943 なぜ日本人は学ばなくなったのか——齋藤孝
1960 女装と日本人——三橋順子
2006 「空気」と「世間」——鴻上尚史
2013 日本語という外国語　荒川洋平
2067 日本料理の贅沢——神田裕行
2092 新書　沖縄読本——下川裕治 仲村清司　著・編
2127 ラーメンと愛国——速水健朗
2173 日本人のための日本語文法入門——原沢伊都夫
2200 漢字雑談——高島俊男
2233 ユーミンの罪——酒井順子
2304 アイヌ学入門——瀬川拓郎
2309 クール・ジャパン!?　鴻上尚史
2391 げんきな日本論——橋爪大三郎 大澤真幸
2419 京都のおねだん——大野裕之
2440 山本七平の思想——東谷暁